hanser**blau**

MIKI SAKAMOTO

Eintauchen in den Wald

MIT WALDGÄNGEN GELASSEN UND GLÜCKLICH WERDEN

hanserblau

Für Alexandra

1. Auflage 2019

ISBN 978-3-446-26198-3
© Miki Sakamoto-Reichholf
Alle Rechte der deutschen Ausgabe:
© 2019 Carl Hanser Verlag GmbH & Co. KG, München
Umschlag: FAVORITBUERO, München
Motive: © Shutterstock.com
Satz im Verlag
Druck und Bindung: Friedrich Pustet, Regensburg
Printed in Germany

*»Nicht so schnell doch, geh langsam,
denn Du musst nirgends hin als zu Dir selbst!«*

Literaturnobelpreisträger Juan Ramón Jiménez (1916)
in *Eternidades*

EINE VORBEMERKUNG

»Du musst nirgends hin als zu Dir selbst!« Dieser Satz von Juan Ramón Jiménez hat mich sehr beeindruckt. Er könnte fernöstlicher Lebensphilosophie entnommen sein, die uns zur Gelassenheit anhält. Und wirklich läuft im täglichen Leben alles viel zu schnell. Wir kommen kaum noch mit. Schon die Kinder sind überlastet. Kaum dass sie lesen können, hängen sie an Handys und an ihren Playstations oder starren auf Bildschirme. Ihre Welt ist virtuell geworden. Konzentrationsstörungen und Hyperaktivität nehmen stark zu. Nicht nur bei Kindern, sondern auch bei Erwachsenen. Man will/muss immer erreichbar sein. Denn wer nicht mindestens so schnell ist wie die große Mehrzahl der Mitläufer, fällt in diesem gnadenlosen Wettrennen unweigerlich zurück. Nur die noch Schnelleren kommen voran. Sie sind die Fitteren. Um noch fitter zu werden, joggen sie. Sie besuchen Fitnessstudios oder strampeln auf dem Fahrrad Kilometer um Kilometer. Puls und Blutdruck kontrollieren sie dabei beständig. Denn nur die Besten erzielen jene Höchstleistungen, die zählen. Gut so! Wirklich? Bewegung ist wichtig. Zweifellos. Wir Menschen sind unserer Natur nach Läufer. Keine Hocker. »Wer rastet, der rostet!«, lernte ich im Deutschunterricht. Daraus schloss ich, dass Japaner nicht rosten können. Weil sie nicht rasten. Ich bin Japanerin und weiß, dass es in Japan unmoralisch sein kann, Urlaub zu nehmen. Urlaub zum Nichtstun. Schier undenkbar! Seltsam anders ist die Einstellung hier in Deutschland: Man arbeitet viel, um Urlaub machen zu können. Ist das die bessere Alternative? Süffisante Anmerkungen bekam ich darüber zu hören: »Wir brauchen Stress im Urlaub, um den Stress in der Arbeit auszuhalten!« Aber auch: »Entschleunigung ist das

Gebot der Zeit. Wir sollten innehalten, sonst gehen wir am Stress zugrunde.«

Eines ist gewiss: Um unser Fühlen und Denken, um das Mentale, geht es beim körperlichen Fitnesstraining nicht. Entspannung im Kopf lässt sich weder herbeijoggen noch per Smartphone bestellen. Puls und Herzschlag messen die Leistung des Körpers. Zum mentalen Wohlbefinden sagen sie uns nichts. Meditation ist für mich auch keine Lösung. Wenn sie tief und gut werden soll, erfordert sie zu viel Zeit und zu große Isolation. Bis der Zustand der inneren Ruhe erreicht ist, muss man sich Zwängen aussetzen: Dem Zwang, abzuschalten. Dem Zwang, sich nicht zu bewegen. Dem Zwang, die Gedanken aus dem Kopf zu zwingen. Nicht alle schaffen das, schon gar nicht auf Anhieb und bei akutem Bedarf. So wie man auch nicht plötzlich viele Kilometer am Stück joggen kann. Training muss vorgeschaltet werden. Intensives Training. Ein Ort der Stille muss vorhanden sein oder geschaffen werden. Wer von Stress umgeben bleibt, wird sich schwertun, den eigenen Stress abzubauen.

»Der Weg ist das Ziel«, heißt es im Taoismus. Gewiss, das kann der Weg des Fitnesstrainings sein. Auch der Weg zur Versenkung in tiefe Meditation. Mein Weg ist ein anderer: Der Gang in den Wald, in die Natur. Fitnesstraining ist dieser Waldgang sicher nicht. Auf Waldpfaden suche ich auch nicht nach meditativer Entrückung. Im Wald schalte ich weder in meinen Beinen den Laufmotor an, noch im Kopf das Denken aus. Anstelle des Muskeltrainings pflege ich die erholsame Langsamkeit. Die Meditation ersetze ich mit meiner Öffnung für das, was um mich herum im Wald geschieht. Die Sinne dürfen und sollen im Wald meine Aufmerksamkeit lenken, nicht die Gedanken. Den Rest des Tages hat man ohnehin genug zu denken. Mit dieser Einstellung öffne ich mich und gewinne durch diese andersgeartete Aufmerksamkeit innere Ruhe und Entspannung.

So eine Öffnung ist das Gegenteil der Abschließung, wie sie beim Fitnesstraining und auch bei der Meditation geschieht. Beim

Waldgang will ich nicht »ganz Muskel« sein. Auch kein nichts denkendes Selbst. Beides ist egozentrisch. Und isoliert. Körperlich fit zu sein ist notwendig. Aber diese Fitness ist nicht alles. Warum, das werde ich im Einführungsteil näher erläutern. Hier möchte ich nur meine Position klarstellen: Die Position der Mitte zwischen körperlichem Stress und geistig erzwungener Leere durch Meditation. Mit dieser Position nehme ich teil an der Fülle des Lebens, das uns umgibt. Es ist die Position der Lernenden, die aufnimmt, was die Sinne über die Natur vermitteln. Für diese Offenheit gibt es eine Bezeichnung: *Shinrinyoku* 森林浴. Der Ausdruck ist japanisch, das Prinzip kommt aber halb aus Deutschland. Auch das werde ich im Einführungsteil erläutern. Die Übersetzung klingt höchst kurios: Waldbaden. Das kann zwar herrlich sein, so man einen sauberen, gut temperierten Waldsee in der Nähe hat. Aber mit »Wald-Baden« ist nicht ein Bad im Waldsee gemeint. Das deutsche Wort ›Eintauchen‹ charakterisiert viel besser, worum es geht, nämlich um das Sich-Hineinbegeben in den Wald. Um ihn mit seiner ganzen Atmosphäre aufzunehmen. Um den Wald zu sehen, zu hören, zu riechen, zu schmecken, zu fühlen, zu erahnen. Nur so wird er wirklich *Wald*. Dann hört er auf, bloße Kulisse zu sein. Eine solche bleibt er für all jene, die durch den Wald joggen, mit Kopfhörern an den Ohren, und Blicken, die nur auf die Strecke gerichtet sind. Kulisse ist er auch für Spaziergänger, die sich intensiv miteinander unterhalten oder unablässig via Handy kommunizieren. Als Kulisse fließt der Wald an den Radfahrern vorbei, die mit Sturzhelm und Schutzbrille hindurchrasen, als müssten sie vor etwas fliehen.

Meine Waldsicht werden Sie in Schilderungen finden, die von bestimmten Tagen, Ereignissen und Jahreszeiten handeln. Darin versuche ich, Eindrücke, Erlebnisse und Beobachtungen wiederzugeben, die mich fasziniert haben. Es sind persönliche Berichte. Alles Geschilderte kann man jedoch selbst erleben in anderen Wäldern, in Forsten oder Auwäldern. Meine Eindrücke kamen zustande, indem ich »im Walde so für mich hinging«. So hat es Goethe in seinem Gedicht »Gefunden« ausgedrückt. Genau auf diese Weise habe ich »gefunden«, wovon ich schreibe. Ähnliches werden auch Sie finden. In Wäldern überall in diesem Land. Wobei Sie hoffentlich Stress abbauen und zu einem entschleunigteren Leben finden.

Im Shinrinyoku bildet das mit allen Sinnen Aufgenommene die Essenz. Diesen zentralen Inhalt möchte ich vermitteln. Shinrinyoku hat mir gutgetan, sehr gut! Das behaupte ich ganz gewiss nicht deshalb, weil ich Japanerin bin und ein japanisches Konzept anpreisen möchte. Waldgänge mache ich seit mehr als zwanzig Jahren. Und die meiste Zeit davon hatte ich keine Ahnung, dass es Shinrinyoku gibt. Als Therapie und einfach zum Wohlfühlen. Aber aus eigener Erfahrung wusste ich, dass Shinrinyoku auf subtile Weise glücklich macht. So wie es Juan Ramón Jiménez wohl gemeint hat:

»Wer sich nicht auf der Schwelle des Augenblicks,
alle Vergangenheit vergessend,
niederlassen kann …,
der wird nie wissen, was Glück ist.«

Miki Sakamoto im Herbst 2018

I
SHINRINYOKU

GÄNGE IN DEN WALD

Waldgänge, wie ich meine Waldspaziergänge lieber nenne, weil ich nicht einfach spazieren gehe, tun mir gut. Deshalb mache ich sie regelmäßig. Möglichst alle paar Tage. Manchmal fast jeden Tag. Für eine Stunde oder zwei nehme ich mir die Zeit dazu. Selten dauern sie länger, gelegentlich werden sie auch etwas kürzer. Wie es die Zeit erlaubt und wie das Wetter ist. Ich mache sie das ganze Jahr über. Auch dann, wenn die Witterung nicht so gut ist. Dass ein Gang in den Wald sogar bei schlechtem Wetter reizvoll werden kann, das brachte mir mein Hund bei. Er hatte andere Vorstellungen als ich und war wetterfest. Nur zu viel Nässe mochte er nicht. Wenn wir in einen kräftigen Regen gerieten, drängte er nach Hause. Nun sind Spaziergänge bei jedem Wetter nichts Besonderes. Auch nicht, wenn man sie im Wald macht. Wodurch wird der Waldspaziergang zu Shinrinyoku? Das muss man erfahren. Verordnen lässt es sich nicht.

Wie Waldgänge am besten gelingen, muss jeder selbst herausfinden. Meine Art wird nicht für alle passen oder gar so etwas wie ideal sein. Wir Menschen sind verschieden, sehr verschieden. Dennoch verhalten wir uns keineswegs so individuell, wie es der Einzigartigkeit eines jeden von uns entspräche. Das Bedürfnis, sich anderen anzugleichen, gemeinsam etwas zu machen, ist sehr ausgeprägt. Bereitwillig werden wir zu Mitläufern. Weil etwas gerade als Trend läuft. Das will ich hier nicht vertiefen. Ich weiß nur zu gut, wie stark der Hang zur Gruppenbildung wirkt und wie er die Beteiligten sich in ihrem Tun angleichen lässt – man denke nur an das Bild von »Japanern auf Europaurlaub«, ein Klischee, sicher, aber auch ein gutes Beispiel für die Macht der Konformität.

Japan ist extrem dicht besiedelt. Es bleibt nicht viel Freiraum zur persönlichen Entfaltung. Daher schätze ich die Möglichkeiten hier in Deutschland, Österreich und überhaupt in Europa, als Individuum zu leben, so sehr. Doch im Wald allzu allein zu sein, ist mitunter auch nicht angenehm. Wie man in den Wald geht, ist ein Problem, das von der Person und den Umständen abhängt. Dafür gibt es kein Patentrezept. Moderne Technik bietet beruhigenden Schutz davor, sich nicht zu verirren, sowie die Möglichkeit, jederzeit Hilfe rufen zu können. Sich zu vergewissern, dass das Handy funktioniert, gehört daher zur wichtigsten Startbedingung für den Waldgang. Allerdings gibt es in Deutschland vielerorts Funklöcher, erstaunlicherweise! Mein Vorschlag, wie Sie die passende Form des Waldspaziergangs finden: Beginnen Sie mit einer kleinen Gruppe, gehen Sie zunächst nicht ganz allein. Und auch nicht auf Pfaden, die sehr einsam sind.

Der Wald sollte jedoch nicht überlaufen sein wie Stadtparks. Wo *zu* viele Menschen unterwegs sind, verliert er seinen Reiz. Die heil- und erholsame Wirkung geht zurück oder sie kommt erst gar nicht zustande. Um diese aber geht es letztlich. Sonst bleibt der Gang in den Wald ein simpler Spaziergang, ein Wort, das aus dem Lateinischen stammen soll und bedeutet, durch einen Raum zu gehen (*spatium ire*), was in meinen Ohren etwas zu sehr nach Herumirren klingt. Da ich mich in einem Wald nicht leicht zurechtfinde, will ich ein Herumirren vermeiden. Wo viele Menschen unterwegs sind, kommt man nicht so leicht vom Wege ab. Meine Waldgänge bewegen sich daher möglichst in Zonen, die nicht zu einsam, aber auch nicht zu überlaufen sind. Was das für jemanden persönlich bedeutet, ergibt sich auch aus der Erfahrung. Die Umstände schränken ohnehin meistens stark ein. Wald ist nicht beliebig verfügbar. Wir müssen den Wald besuchen, den unsere Umgebung bietet, wie immer er beschaffen ist.

Die Wälder, in die ich gehe, eignen sich für meine Art von Waldgang besonders gut. Sie sind nicht überlaufen. Die Wege sind übersichtlich genug.

Ich kann Rundwege gehen. Außerdem unterscheiden sich die Wälder meiner Umgebung in Südostbayern sehr stark voneinander. Es gibt Fichtenhochwald, Buchenhochwald und Mischwald im Staatsforst und in Privatwäldern. Hinzu kommen wildwüchsige Hang- und Schluchtwälder und die Auwälder am Fluss. Mit diesen Möglichkeiten kann ich meine Waldgänge abwechslungsreich gestalten. Von Tag zu Tag und im Jahreslauf, ganz nach Belieben. Das ergibt sich aus den nachfolgenden Schilderungen. Sie sollen charakterisieren, wie ich die Wälder und das Leben in ihnen in all den Jahren aufgenommen habe. Vielleicht lässt sich daraus bereits ganz unmittelbar nachvollziehen, warum mir die Waldgänge guttaten.

Die freie Zugänglichkeit der Wälder in Deutschland ist etwas Großartiges. Sie bedeutet aber, dass höchst unterschiedliche Lebensstile und Vorstellungen von Nutzung und Erholung in der Natur – etwa die von Förstern, Jägern oder Radfahrern – mitunter ganz heftig aufeinanderprallen. Das lässt mich manchmal am Individualismus, wie er in Europa herrscht, doch ein wenig zweifeln. Aus diesen Konflikten heraus verstehe ich, warum der Waldgang der Japaner, ihr Shinrinyoku, anders ist als seine Übertragung auf die europäischen Verhältnisse. Am liebsten hätte ich natürlich das Beste von beidem. Doch das ist ein unrealistischer Wunschtraum. Also strebe ich nach so guten Waldgängen, wie es die Umstände gerade zulassen. Vielleicht, so die Hoffnung, wird man dafür bald bessere Bedingungen schaffen, weil Shinrinyoku gesund ist und der Gesellschaft nützt.

Shinrinyoku, das häufig unnötigerweise getrennt geschrieben wird, ist Japanisch und bedeutet, wie oben angemerkt, wörtlich übersetzt Waldbaden. Diese Übertragung verwirrt eher, als dass sie klärt. Betrachten wir den japanischen Ursprung genauer, dann wird deutlich, dass Baden im umgangssprachlichen Sinne nicht gemeint ist. Shinrinyoku gibt es in Japan offiziell erst seit 1982. Es handelt sich also keineswegs um ein traditionelles Verfahren, sondern um eine Neuentwicklung.

Die Anregung dazu kam aus Deutschland. Folgendes hat sich zugetragen: Ein japanischer Forstwissenschaftler, Professor Murao Koichi 村尾行一, erkannte bei seinem mehrjährigen Aufenthalt in Deutschland in den 1970er Jahren neben der forstwirtschaftlichen auch die Bedeutung des Waldes für Gesunderhaltung und Erholung. Nach seiner Rückkehr regte er beim obersten Chef für Wald- und Forstwirtschaft im japanischen Landwirtschaftsministerium Akiyama Tomohide 秋山智英 die Nutzung der japanischen Wälder für Erholung und Rehabilitation an. Im Jahre 1981 veröffentlichte dann der Biometeorologe Professor Kamiyama Keizo 神山恵三 in einer japanischen forstwissenschaftlichen Zeitschrift den Artikel »Rätsel des Waldes«. Darin schrieb er auch über die Phytoncide genannten Wirkstoffe, die von den Bäumen abgegeben werden und sich günstig auswirken sollen auf die Gesundheit der Menschen. Wir nehmen sie als aromatisch riechende Substanzen wahr. Sind ihre Mengen in der Waldluft gering, bemerken wir nichts davon. Aber sie wirken dennoch. Als Phytoncide hatte bereits 1928 der russische Biochemiker Boris P. Tokin diese Stoffe bezeichnet, die gegen Mikroben wirken. Wir empfinden sie als Aromastoffe und schätzen sie entsprechend, ohne uns dabei bewusst zu machen, was sie bewirken (können).

Ob Lavendel oder Fichtennadelöl, Eukalyptus oder Minzduft, all diese Stoffe bilden eine Art chemische Schutzatmosphäre um die Pflanzen, die sie absondern. In diesen Schutzschild hinein begeben wir uns beim Waldgang.

Der Biometeorologe Professor Kamiyama stellte umfangreiche Messungen zu ihrer Wirkung auf die Menschen an. Er hatte bereits im Jahr 1980 mit P. Tokin zusammen ein Buch darüber veröffentlicht. So untersuchte er die Reaktionsfähigkeit von Mäusen in Käfigen ohne oder mit aromatischen Blättern und prüfte die Waldluft mit Aktivkohle. Sein Ziel war es, die Wirkung des Waldes auf den menschlichen Organismus medizinisch genauer zu erforschen. Und zwar nicht nur auf Kranke, sondern speziell auch auf gesunde, aber unter dem Stress des Alltags stehende Menschen. Die mit der sprichwörtlich japanischen Gründlichkeit durchgeführten Untersuchungen zeitigten erstaunliche Erfolge.

Akiyama Tomohide, der oben genannte oberste Forstchef, nahm die Anregung auf, die sich im seltsamen Titel »Das Rätsel des Waldes« des Biometeorologen versteckte, und machte 1982 das »Waldbaden« mit der neu geprägten Bezeichnung 森林浴, Shinrinyoku, in den Medien publik (z. B. über die große Zeitung *Asahi*).

Yoku 浴 bedeutet nicht nur baden, sondern meint auch heilen. Enthalten ist dieser Begriff in den Bezeichnungen für Sonnenbad Nikkoyoku und Sandbad Sunayoku. Bad und baden als Heilmethode findet sich in den ältesten japanischen Schriften als »Kojiki« seit Anfang des 8. Jahrhunderts. In »Fudoki«, den Berichten über Natur und Geologie, sind Heilquellen für sechzig japanische Provinzen angeführt, darunter auch zahlreiche vulkanische Quellen und Aschelager. Baden dient daher generell in Japan nicht nur der Körperreinigung, sondern mehr noch der Entspannung und Gesunderhaltung. Deswegen wurde Shinrinyoku rasch als vorbeugende Therapie gegen Stress und zur Verbesserung von Atmung und Kreislauf offiziell anerkannt und bald auch intensiv von allen Bevölkerungsschichten praktiziert.

Im Februar 1983 erfuhr der Biometeorologe Kamiyama von dem Internisten Yoshinaga Tetsuo 吉永徹夫, der 1958 in Bad Wörishofen gelebt und die Kneippkur kennengelernt hatte, über deren Wirkung. Der Arzt Yoshinaga war gerade dabei, auf seinem Landsitz eine Klinik aufzubauen, in der sodann Shinrinyoku mit Kneippkuren kombiniert wurde. Kamiyama aber fand seine Untersuchungen über die Wirkung der Waldluft in bester Übereinstimmung mit den Kneippkuren. Die Wirkung des Waldes auf den menschlichen Organismus wurde somit nicht nur gefühlsmäßig, sondern mehr und mehr auch wissenschaftlich bestätigt.

Inzwischen hatte der in Japan lehrende chinesische Arzt Dr. Li Qing 李卿 die positiven Wirkungen der von den Bäumen abgegebenen Aromastoffe, den Phytonciden, ebenfalls festgestellt, und ihre Wirksamkeit als Abwehrstoffe genauer untersucht. Ende der 1980er Jahre begann Prof. Miyazaki Yoshifumi 宮崎良文 mit weiteren Experimenten und Messungen mit modernen Analysegeräten, wie die Messung des Stresshormons Cortisol im Speichel und der präfrontalen Gehirnaktivität über Nahinfrarotspektroskopie.

Nachdem »Die Rätsel des Waldes« 1983 auch als Buch erschienen war, stieß der Lehrer Iwao Uehara 上原 巌 auf den Kern des Shinrinyoku-Ansatzes. Das Buch enthält bereits einen Artikel, der für Shinrinyoku in Deutschland Bad Wörishofen mit den Kneippkuren als besonderes Beispiel behandelt. Höchst beeindruckt davon entschloss er sich, seinen Beruf an einer landwirtschaftlichen Fachschule aufzugeben. Denn er war mit seinen Schülern oft in den Wald gegangen, um sie dort in schwierigen Situationen zu beraten, anstatt nur im Klassenzimmer zu sitzen. Die Schüler, so sein Eindruck, wurden dadurch aufgeschlossener. Ihre Aggressivität nahm ab. Doch es gelang ihm nicht, die Waldwirkung konkret zu fassen. Also ließ er sich das zustande gekommene Pensionsgeld auszahlen, fuhr damit nach Europa, abermals nach Bad Wörishofen, und studierte dort intensiv die Kneippkuren, vor allem die Gänge in den Wald.

Mit seinen Erfahrungen und umfangreichen Unterlagen begründete er einen neuen Zweig der Umweltwissenschaften an japanischen Universitäten, machte seinen Magister und Doktor in diesem Fach und entwickelte Shinrinyoku systematisch weiter zu Shinrinryohou, der Waldtherapie. Die Forstbehörden hatten großes Interesse daran, weil die gesundheitsfördernde Wirkung den Wald stark aufwertete.

Die Zeit war günstig. In der Hektik des japanischen Lebens war deutlich geworden, dass die westliche, auf spezifische Erkrankungen ausgerichtete Medizin die zunehmenden gesundheitlichen Probleme nicht lösen konnte. Auch Ärzte und Psychologen wiesen darauf hin, dass viele Erkrankungen von Stress ausgelöst wurden. Sie nahmen in den Städten, insbesondere in den Mega-Städten, in beängstigender Weise zu. Tokio, schon im 19. Jahrhundert eine der größten Städte der Welt, wuchs weiter. Gegenwärtig leben mehr als 38 Millionen Menschen in dieser gigantischen Metropole, in der es weder Slums noch Schmutz gibt. Eine solche Zusammenballung von Menschen war auf Dauer nur möglich durch striktes Befolgen von Regeln, durch höchste Präzision in den tageszeitlichen Abläufen, auch im Verkehr mit besonderer Pünktlichkeit, und durch eine umfassende Rücksichtnahme aller auf alle. »Der Nagel, der heraussteht, wird eingeschlagen«, heißt es in Japan. Diese Haltung drückt treffend den Zwang zur Angleichung aus. Das äußerlich reibungsarme Zusammenleben der Menschen erzeugt aber viel inneren Stress. Dagegen vorzugehen wurde zum Gebot der Zeit, als sich das japanische Wirtschaftswunder seinem Ende zuneigte und die Lebensqualität auf hohem Niveau stabilisiert werden sollte.

Die japanischen Ärzte suchten daher nach ergänzenden Alternativen zur westlichen Medizin, die sie selbst global in eine Spitzenposition gebracht hatten. Das drückte sich auch darin aus, dass es seit 1987 je fünf Medizinnobelpreise für Japaner sowie für Deutsche gab. Alternative Medizin, das beinhaltete auch den Rückgriff auf die alte, traditionell ganzheitliche Behandlung. Die von Professor Kamiyama zusammengefassten Befunde zur gesundheitsfördernden Wirkung der Waldumwelt wurden daher nicht bloß von irgendwelchen Randgruppen beachtet, die ohnehin einen andersartigen Lebensstil anstrebten. Denn Stress betraf und betrifft fast jeden. Auch die jungen Leute. Diese sogar ganz besonders, weil es für sie immer schwerer wurde, in der alternden japanischen Gesellschaft eine angemessene Position zu erlangen. Die Lage war in den 1980er und 1990er Jahren in Japan also derjenigen vergleichbar, die wir gegenwärtig in Deutschland haben. Die Botschaft, die der Forstwissenschaftler Professor Murao und der Biometeorologe Professor Kamiyama über die Forstbehörden höchst erfolgreich verbreitete, und die von Professor Uehara in der Praxis umgesetzt wurde, lautete schlicht: Geht in die Natur hinaus, zur Vorbeugung vor Erkrankungen!

Aber wie effizient ist Shinrinyoku wirklich für Körper und Geist? Wirkt es nur kurzfristig, oder lässt sich eine anhaltende Wirkung erzielen? Inzwischen ist bewiesen, dass die Wirkung längere Zeit anhalten kann. Uehara propagierte, dass nicht erst Erwachsene, sondern möglichst schon die Kinder in den Wald gehen sollten. Die deutsche Erfindung des ›Kindergartens‹, die als Begriff nicht nur direkt ins Englische, sondern sinngemäß in viele Sprachen übernommen worden ist, bot sich dafür geradezu an. Doch die Erfolge blieben bescheiden. Waldkindergärten sind in Japan wie in Deutschland nach wie vor Raritäten. Uehara setzte Waldtherapie zudem für die Behandlung geistig Behinderter ein. Der Bezug zur Natur bildet dabei stets Grundlage und Ausgangsbasis für die Entwicklung ganzheitlicher Konzepte. Dies betonte er erneut bei einem Kongress zur Waldtherapie im September 2017, der in Heringsdorf auf Usedom stattfand.

Der Rückbezug auf die Natur fand aus zwei Gründen leichter Eingang in die japanische Gesellschaft als das westliche Gaia-Konzept, das die Erde als Gesamtorganismus darstellt. Der erste Grund liegt in der traditionellen, wenig bis gar nicht von konfessionell-religiösen Denkweisen beeinträchtigten Verbindung der Japaner zur Natur. Diese wird symbolisch vertreten durch die Sonnengöttin Amaterasu 天照大神, die höchste Gottheit im Shintoismus. Eine kategorische Trennung von Mensch und Natur, wie im westlichen Denken, liegt den Japanern, wie generell den Ostasiaten, fern. Sie tun sich auch schwer mit der christlichen Denkweise, die von vornherein alles in »gut« oder »schlecht« trennt und die Natur, auch die Natur der Menschen, zumeist auf die Seite des Bösen rückt. Japaner betrachten die Natur sehr respektvoll. Sie haben Ehrfurcht vor ihr und ihrem Wirken. In Japan beherrscht seit alten Zeiten ein friedvoller Glaube mit demütiger Haltung und Gesinnung den Umgang mit der Natur. Entstanden ist er im Gebirge. Man nennt ihn Sangaku-Shinkou 山岳信仰. Umgeben von Natur und den Wald als Altar empfunden, wird Wohlgefühl erweckt. Man spürt demütig Dankbarkeit, die sich zu einem tiefen Glücksgefühl steigern kann. Mit der Natur als Quelle allen Lebens fühlen sich die Menschen verbunden, ohne gleich mystisch zu werden. Dieser Andachtsmoment, diese Andachtshaltung, die aus europäischer Sicht meist für Naturreligion gehalten wird, ist in Japan seit je her vorhanden. Im Shinrinyoku fließen daher die körperlichen und die geistigen Wirkungen zu einer Einheit zusammen.

Der zweite Grund ergibt sich aus der Bewaldung der japanischen Inseln. Wald bedeckt rund 70 Prozent der Landfläche, hat also einen mehr als doppelt so hohen Anteil wie in Deutschland. Von zwangsläufig waldlosen Regionen wie im Großraum Tokio abgesehen, ist Wald also fast überall in Japan in der Nähe der Städte und Ortschaften vorhanden. Häufig reicht er bis unmittelbar an den Rand der Orte. Das Land ist dünn besiedelt, die Städte sind dementsprechend dicht bebaut. Das Zusammenleben der Menschen gestaltet sich zwangsläufig viel enger als es den durchschnittlich 336 Menschen pro Quadratkilometer in Japan entspricht. In Deutschland sind es mit 231 Menschen pro Quadratkilometer ein Drittel weniger, rechnen wir die Zahl der Menschen allerdings so um, dass die Waldflächen (und damit auch die nicht direkt besiedelten Berge) ausgenommen werden, steigt die Siedlungsdichte für Japan auf fast 1100 Menschen pro Quadratkilometer. Das sind dann schon Großstadtverhältnisse.

Die Methodik und das Gedankengut der Kneippkuren ließen sich in Japan aus diesen beiden Gründen am besten mit Gängen in die Wälder umsetzen. Atem- und Konzentrationsübungen in der Waldesstille wurden zur Intensivierung der Therapie hinzugefügt. Sie sollten bewirken, dass in der begrenzten Zeit, die den Japanern für Shinrinyoku zur Verfügung steht, eine größtmögliche Wirkung erzielt wird. Wiederum reichen die speziellen Übungen weit zurück. Entwickelt wurden sie von zwei buddhistischen Mönchen namens Saichou 最澄 und Kukai 空海. Nach umfangreichen Studien in China hatten sie im 9. Jahrhundert ein Waldkloster gegründet. Körperliche Betätigungen mit meditativer Konzentration im Wald bildeten einen maßgeblichen Teil ihrer täglichen Übungen. Die aus Deutschland mitgebrachte Kur ließ sich mit dieser historisch-japanischen Wurzel bestens vereinigen.

Shinrinyoku ist eine Präventivmedizin. Sie soll die Anforderungen des täglichen Lebens ausgleichen. Wenn man in den Wald eintaucht, bewegt man sich daher nicht in Eile, sondern in *kontemplativer Muße*. Unsere Gedanken treten zurück. Die Wahrnehmung richtet sich auf den Wald. Die Sinne öffnen sich für die Außenwelt und nehmen Geschehnisse wahr, die sonst ausgeblendet bleiben. Das damit verbundene, aktive Empfinden der eigenen Sinne, nicht nur des Sehens, sondern auch des Hörens, Riechens und Fühlens, erzeugt ein besonderes Wohlgefühl. Die Wahrnehmung des Waldes im Shinrinyoku kehrt gleichsam die meditative Konzentration nach außen. Sie richtet sich nicht nach innen wie beim Yoga. Beide Formen führen auf ganz unterschiedlichem Wege zu innerer Ruhe. Der Wald kann seine Wirkungen nur entfalten, wenn wir dies zulassen.

Shinrinyoku als mentale Ergänzung zum körperlichen Fitnesstraining entwickelte sich in den modernen Hochleistungsgesellschaften rasch zu einem globalen Trend mit Schwerpunkt in Japan, Korea und China. Zahlreiche Varianten entstanden, darunter auch stark esoterisch ausgerichtete. Das japanische Original wie auch meine persönliche Version, die ich in diesem Buch darlege, haben mit Esoterik jedoch nichts zu tun.

WIE SHINRINYOKU PRAKTIZIERT WIRD

Innerliche Ruhe, Gemächlichkeit in der Bewegung und Stressvermeidung sind die besten Voraussetzungen für das Genesen. Zu Recht gelten sie auch als wichtige Vorbeugung vor Erkrankungen. Bewegung in der frischen Luft ist die beste Medizin! Um welche »frische Luft« es sich dabei handeln soll, davon gleich Genaueres.

Viele Japaner praktizieren Shinrinyoku. Sie tun das zumeist in der Gruppe (wie bei Japanern üblich), nach festgelegtem Zeitplan und unter guter Anleitung, oft auch begleitet von medizinischer Betreuung. Die Ärzte orientieren sich dabei im Grunde seit dem 19. Jahrhundert an deutschen Verhältnissen bzw. an solchen, die sie für diese halten: »Gesundheit ist Pflicht für jeden Bürger!« Deutschland wird als Waldland angesehen und den Deutschen eine besondere Beziehung zum Wald zugeschrieben. Auch die deutsche »Nachhaltige Waldwirtschaft« gilt in Japan als nachahmens- und erstrebenswert.

Wie oben bereits betont, wird Shinrinyoku in Japan nicht als esoterische Übung praktiziert. Vielmehr gilt die aktive Betätigung im Wald schlicht als ein Mittel, die Gesundheit zu erhalten oder zu fördern, und zwar durchaus im Sinne einer ganzheitlichen Medizin über das Zusammenwirken von Geist und Körper. Das entspricht der altgriechischen Auffassung vom »gesunden Geist im gesunden Körper«. Bereits im 5. Jahrhundert vor der Zeitenwende hatte Herodicus von Selymbria die körperliche Bewegung in der Natur zur Gesunderhaltung verordnet. Hippokrates führte das Konzept in die wissenschaftliche Medizin jener Zeit ein. Es gehört also zu den Urerfahrungen der Menschen, nachdem sie das städtische Leben begonnen hatten. Doch wie so viel gutes Wissen musste auch dieses immer wieder neu entdeckt und den Verhältnissen der jeweiligen Zeit angepasst werden.

DIE WIRKWEISEN DES SHINRINYOKU

1 Die im Wald von den Bäumen und/oder dem Boden (von Pilzen) abgegebenen Stoffe, wie ätherische Öle, Terpene und andere Aromastoffe, werden über Lunge und Haut aufgenommen. Sie verbessern die Wirkung der Atmung, und zwar umso mehr, je größer die Oberfläche ist, über die diese Aromastoffe in den Körper gelangen können. Da dieser beim Schwitzen Wasser, Salze und anderes von innen nach außen verfrachtet, kann die Haut beim sportlichen Waldlauf weit weniger davon aufnehmen als bei ruhigem Gehen. Die größte Wirkung wird im Sommer mit viel freier Haut erzielt. Das beim üblichen Sonnenbaden nötige Einschmieren mit Sonnencreme verschließt jedoch die Hautporen. Im Waldschatten braucht die Haut keinen derartigen Schutz. Die Aufnahme von ätherischen Ölen und anderer Pflanzenstoffe über die Haut entspricht medizinisch der Einnahme sogenannter Spurenstoffe beim Essen und Trinken, also den Spurenelementen in der Nahrung und den Mineralstoffen im Trinkwasser. Wie intensiv unser Körper selbst Stoffe

über die Haut abgibt, verrät indirekt der Spürhund, wenn er dank seiner besonders leistungsfähigen Nase dem Weg, den ein bestimmter Mensch genommen hat, noch lange gezielt zu folgen vermag. Auch wenn schon Stunden vergangen sind. Im Wald öffnen sich die Poren der Haut für das Eindringen von Spurenstoffen schneller und leichter als in der Stadt oder draußen auf den (mit Giften behandelten) Fluren, weil die in der Waldluft enthaltenen Aromastoffe anregend wirken. Senkung von Blutdruck, Abbau von Cholesterin im Blut, Kräftigung und Stabilisierung der Herztätigkeit sind Folgen dieser Gesamtwirkung auf den Körper. Die Menge des Stressstoffes Cortisol geht zurück. Das Immunsystem wird gestärkt. Viele Befunde deuten darauf hin, dass Terpene von den (Nadel-)Bäumen die Killerzellen im körpereigenen Abwehrsystem anregen. Dass sie Bakterien töten oder zumindest deren Vermehrung im Körper in Schach halten können, ist schon lange bekannt. Bei der Behandlung von Atemwegsinfektionen werden Aromen genutzt wie in der Sauna mit Latschenkiefer- oder Fichtennadelöl. Solche Stoffe werden Phytoncide genannt. Die Bezeichnung drückt aus, dass es sich um Pflanzenstoffe (Phyto-) handelt, die Krankheitserreger töten (-cide). Ob auch das sogenannte Anti-Krebs-Protein LHPP zunimmt, wie von manchen Richtungen der (esoterischen) Alternativmedizin angenommen wird, bleibt offen (und wird in Japan offenbar auch nicht besonders thematisiert). Schmerzlindernd sind die Terpene für die meisten Menschen jedenfalls. Durch medizinische Messungen nachgewiesen sind die Abnahme des Stressstoffes Cortisol im Speichel und von Adrenalin, die Entspannung der Gehirnaktivität im Bereich des Stirnlappens (präfrontaler Cortex) und damit verbunden die Senkung des Blutdrucks. Offenbar angeregt wird das sogenannte parasympathische Nervensystem, das für die autonomen Regulierungen im Körper verantwortlich ist. Beispielsweise wird verstärkt Cholesterin abgebaut. Ausführlich hat dies alles Prof. Miyazaki in seinem auch auf Deutsch erschienenen Buch über Shinrinyoku zusammengestellt. Auf die umfangreichen Befunde stützt sich die offizielle staatliche Anerkennung von Shinrinyoku als Vorsorgemaßnahme.

2 Diese physischen Wirkungen ergänzt der psychische Bereich. Gelingt es beim Waldgang – was nicht leicht fällt, sondern gelernt und trainiert werden muss – die Gedanken vom Tagesgeschehen und von den bevorstehenden Aufgaben frei zu machen, damit sich das Bewusstsein auf das konzentriert, was die Sinnesorgane vermitteln, dann ist der entscheidende Wechsel vollzogen. Denn nun bestimmt nicht mehr all das unser Denken, was Stress und Belastung verursacht, sondern die Natur um uns herum. Sie kann wirken. Das Ausschalten der inneren Unruhe, die von unseren Gedanken ausgelöst wird, eröffnet erst die vielfältigen Möglichkeiten, das Leben wahrzunehmen, das uns im Wald umgibt. Dazu gehören auch die höchst unterschiedlichen Eigenrhythmen der Lebewesen. Sie reichen von den scheinbar nur ruhig dastehenden Bäumen bis zum Umherflitzen von Insekten, von beruhigend leisen Tönen, die sich kaum zuordnen lassen, bis zu hervorquellendem Gesang von Vögeln. Das Gehör und auch der Tastsinn beim Berühren der Pflanzen gewinnen Einfluss auf uns. Sie drängen das ansonsten dominante Sehen zurück. Über die Benutzung der elektronischen Medien wird in unserer Zeit jedoch gerade das Auge extrem strapaziert (Smartphone, Facebook, PC-Arbeit). So können – überraschenderweise – beim Waldgang die Augen auf angenehme Weise ausruhen, auch wenn weit mehr bewusst gesehen und betrachtet wird als ansonsten üblich. Das geschieht, weil die Konzentration auf das Virtuelle vollkommen wegfällt und ersetzt wird. Den Zustand, der so erreicht wird, nenne ich *nach außen gerichtete Meditation*. Um diese Alternative zur üblichen Meditation, die sich nach innen richtet und das Abschalten der Einwirkungen von außen zum Ziel hat, geht es (mir) ganz besonders. Wie entspannte Aufmerksamkeit genau funktio-

niert und welche Früchte sie im Laufe des Jahres tragen kann, darum geht es in Teil II des Buches.

③ Ein idealer Beginn für die heilsamen Waldgänge wäre der Waldkindergarten. Denn so lange der Körper noch stark wächst, nimmt er besonders viel aus der unmittelbaren Umwelt auf. Schadstoffe wie Schutzstoffe. Es gehört zu den Paradoxien unserer Zeit, dass Kinder davon abgehalten werden, sich im Wald aufzuhalten und zu betätigen, weil sie vor seinen Gefahren geschützt werden sollen. Dass man ihnen damit das Gute des Waldes vorenthält und sie für ihr Leben schädigt, will die auf extreme Sicherheit bedachte Gesellschaft nicht wahrhaben. Vermeintlicher Schutz wird so zur nachwirkenden Bedrohung. Dass ich bei meinen vielen Waldgängen so gut wie nie Kinder angetroffen habe, kann ich nur als Irrweg unserer Gesellschaft bezeichnen. Bezeichnenderweise mutierte der Kinder-*garten* zur Kita. Mit welchem Recht wird geklagt, dass die Kinder nur noch am Smartphone hängen und in ihrer virtuellen Parallelwelt leben, wenn man ihnen die echte vorenthält?

WARUM IN DEN WALD?

Wer den Duft von Heide, von frischem Heu und von blühenden Wiesen kennt, wird fragen, »muss es denn der Wald sein?« Könnten, ja sollten wir nicht einfach auf die Fluren hinausgehen, wo wir mehr Sonne bekommen als im Wald? Bietet der Stadtpark nicht auch Ähnliches? Ja, Park und Flur haben auch einiges zu bieten, doch unsere Nase zeigt uns an, dass etwas faul ist: Wir riechen die Gülle, die auf Deutschlands Fluren alljährlich in der kaum vorstellbaren Menge von 310 Milliarden Litern verteilt wird. Sie stinkt nicht nur zum Himmel, sondern überall hin bis weit in die Ortschaften hinein. Nur in Großstädten und in entsprechend großen Wäldern bekommen wir kaum noch etwas ab vom Güllegestank und seiner gewiss nicht gesundheitsfördernden Wirkung. Autoabgase, Reifen- und Straßenabrieb belasten wiederum sowohl am Rand von Parks, ähnlich wie auf dem Land die Luft. Die brisante Problematik der vom Autoverkehr verursachten Feinstaubbelastung in den Städten ist gegenwärtig in aller Munde, doch auch auf dem Land ist die sprichwörtliche gute Luft selten geworden.

Die Fluren werden zudem seit Jahrzehnten anhaltend massiv vergiftet. Schädlingsbekämpfungsmittel, die die unterschiedlichsten Lebewesen töten sollen, werden praktisch flächendeckend ausge-bracht. Es lässt sich nicht vermeiden, dass davon viel vom Wind ver-weht wird. Direkt, während sie versprüht, und indirekt, wenn sie mit aufgewirbeltem Staub fortgetragen werden. Dem Wald, voraus-gesetzt er ist groß genug und nicht bloß ein Waldstückchen in der Flur oder am Stadtrand, gebührt also ganz klar der Vorzug, wenn wir hinreichend saubere Luft atmen und schützende Stoffe durch die Haut aufnehmen möchten. Oder das Leben in der Natur erleben wollen, auf das kein Gift eingewirkt hat. Die Wälder sind deshalb für uns alle von größter Bedeutung. Am allerwichtigsten sind die Staats- und Kommunalwälder, weil sie uns gehören – uns, der Bevölkerung – und kein Privatbesitz sind. Bei den Gewässern, den Seen, Flüssen und Stränden ist die Bedeutung für die Allge-meinheit längst erkannt und ihre freie Zugänglichkeit gesetzlich entsprechend gesichert. Sehr viel Geld wurde in die häusliche und kommunale Abwasserreinigung und in die Erhöhung der Wasser-qualität von Seen investiert. Nur mit bedingtem Erfolg, denn wenn Gülle ungereinigt, in mehrfacher Menge der häuslichen Abwässer, frei auf den Fluren ausgebracht wird, können die Gewässer niemals so sauber werden, wie sie es sein sollten. Massenentwicklung von Algen und modriger Gestank warnen uns insbesondere an klei-neren Gewässern vor allzu freimütigem Baden. Immer häufiger müssen Badeverbote verhängt werden, weil die Wasserqualität gefährlich schlecht geworden ist. Dem »Bad in guter Waldluft« stehen solche Einschränkungen nicht entgegen. Vorausgesetzt wiederum, der Wald ist groß genug, um von den Einwirkungen der Fluren und vom Verkehr abzuschirmen. An entsprechend warmen Tagen sollten wir daher das Bad in der Waldluft am besten mit fast der gesamten Körperoberfläche genießen können. Shinrinyoku im Idealfall wäre dies. So seltsam ein Fast-Nackt-Waldbaden zunächst klingt, das gewöhnliche Sonnen- und Luftbaden am Badesee zeigt, dass die Motivation, der Haut Gutes tun zu wollen, bei vielen groß ist. Und Shinrinyoku ist sogar besser für sie als ein bloßes Sonnenbad.

EXKURS: BERÜHMTE WALDGÄNGER

Waldspaziergänge bringen nicht nur jene Klarheit und Erleuchtung, wie sie in verschiedenen Formen der Meditation angestrebt werden. Viel häufiger sind es die sogenannten guten Einfälle, die sich plötzlich einstellen. Wer hat es nicht selbst schon erlebt? (Falls tatsächlich nicht, ist es höchste Zeit, mit Waldgängen anzufangen!) Aus vielen Biografien geht hervor, dass Forscher und Denker ausgiebige Spaziergänge machten. Charles Darwin gehört als zentrale Figur der Naturwissenschaften dazu. Wir verdanken ihm die Entdeckung des Werdens in der Natur, die Evolution. Auch die berühmten Physiker Niels Bohr und Werner Heisenberg erhielten Inspiration aus Waldspaziergängen. Denkend wandeln insbesondere Philosophen, sagt uns ein verbreitetes Klischee. Dessen Ursprung ist aber nicht der Waldspaziergang, sondern die klassisch-griechische »Wandelhalle« der *Peripatoi* (Umhergeher) im Lyzeum (*Lykaion*), also jenem gelehrten Schultyp, in dem einst Aristoteles und Theophrast lehrten und der nach den Wolfskopf-Skulpturen benannt ist, mit denen es geschmückt war.

Diese kulturgeschichtliche Rückblende ist aus zwei Gründen interessant für mich: Erstens wird Buddha häufig dargestellt, wie er unter dem Bodhi-Baum saß, meditierte, und die Erleuchtung bekam. Dieses Bild ist das fernöstlich-positive Gegenstück zum Baum der Erkenntnis der Bibel, von dessen Früchten die Vertreibung aus dem Paradies ausging. Buddha gab sich, so meine Deutung, nicht unmittelbar körperlich, sondern geistig Shinrinyoku hin. Zweitens war mein Hund, mit dem ich so viel im Wald unterwegs war, mein lebendiger Wolfskopf, der Größe nach wie auch als Beschützer. Hatte ich ihn dabei, konnten sich meine Gedanken auf die Natur richten, die uns umgab. Ich wusste, dass ich mich auf seine Sinne verlassen durfte, sollten meine zu sehr abschweifen. Weil sich im Kopf ein Haiku zu formen begann oder weil ich mich in die Betrachtung einer Blüte oder eines Schmetterlings vertiefte.

WARUM ICH SHINRINYOKU MACHE

In meiner frühen Jugend war ich schwer krank. Ich musste Fastenkuren machen, viel zuhause bleiben und mich stark einschränken. Nach konsequenter Befolgung der ärztlichen Vorschriften gesundete ich allmählich. Diesen Zustand zu erhalten, blieb für mich eine beständige Herausforderung. Jahrzehntelanger Kendo-Sport, Jogging und die intensive Benutzung eines Hometrainers gewährleisteten mir physische Gesundheit. Mit Autogenem Training versuchte ich die mentale Balance zu halten. Vor allem nachdem ich einen Hörsturz erlitten hatte und wenn der Blutdruck zu hoch angestiegen war. Bluthochdruck beeinträchtigt massiv die Stimmung. Sie verbesserte sich ganz von selbst, wenn ich Waldspaziergänge machte;

ruhige Waldgänge ohne körperliche Anstrengung, auf denen ich zunächst meine Gedanken einfach frei schweifen ließ. Allmählich fingen dann meine Sinne an, Regie im Kopf zu führen. Das Geschaute, Gehörte, Gefühlte trat in den Vordergrund. So kam ich, ohne dass ich es so recht bemerkte, zum Shinrinyoku. Die Waldatmosphäre wirkte. Und sie wirkte umso stärker, je regelmäßiger ich die Waldgänge machte.

Immer besser vernahm und erkannte ich die Rufe und Gesänge der Vögel. Ich fing an, die Waldluft zu riechen und den Wind oder Regen im Gesicht bewusst zu spüren. Das Spiel von Licht und Schatten unter den Bäumen wurde zur beinahe hypnotisierenden Verlockung. Mit Staunen und tiefer Freude nahm ich wahr, dass sich nicht bloß Stechmücken und Bremsen für mich interessierten, sondern auch Schmetterlinge auf die Haut geflogen kamen. Ein nie gekanntes Gefühl erfasste mich, als einmal beim Lagern im Wald eine Schlange, eine Kreuzotter, auf mich zu glitt. Als ob ich sie irgendwie angezogen hätte. Eine Goldammer teilte mir ihr Nahen mit. Der satt zitronengelb gefiederte Vogel, ein prächtiges Männchen, hüpfte neben mir fast zum Greifen nahe aufgeregt durchs Gebüsch und warnte unüberhörbar heftig. Nicht mich, sondern wahrscheinlich seine Jungen, die ausgeflogen waren und sich irgendwo in meiner Umgebung versteckt hielten.

Die Kreuzotter glitt wenige Zentimeter neben mir vorbei. Ihre gespaltene Zunge beroch, aber betastete mich nicht. Hell gesäumt hob sich das dunkle Zickzack-Band vom Rest des Schlangenkörpers ab. Ich war so sicher, dass sie mich nicht beißen würde, dass ich überhaupt keine Angst bekam. Ich war einfach fasziniert. Kreuzottern hatte ich schon öfters in diesem lichten Kiefernwald gesehen. Meistens traf ich sie, wenn sie sich am frühen Vormittag an sonniger Stelle aufwärmten. Über den aufgerollten Körperschlingen lagen sie, mit ihrem Kopf nach außen gerichtet. Aus schmalen schlitzförmigen Pupillen betrachteten sie, was sich näherte. Wurde es ihnen zu warm oder fühlten sie sich zu sehr von der Menschennähe gestört, glitten sie davon und verschwanden im Dickicht. In solchen Momenten begriff ich, dass es eine andere Form von Meditation gibt. Eine, die mit Eindrücken und Erlebnissen aus der Natur gegen den Stress wirkt und das Denken in friedliche Bahnen lenkt.

Was ich anfangs nur vermutete, wurde mit den Jahren zur Gewissheit: Meine Art von Shinrinyoku ergänzt geradezu spiegelbildlich die physischen Wirkungen der Waldluft. Es ist alles gut, was dabei dem Körper zugutekommt. Als ich in japanischen Büchern die Ergebnisse von biometeorologischen Untersuchungen las, die beim Shinrinyoku an zahlreichen Personen durchgeführt worden waren, stellte ich fest: Ja, so ist es. Auch ich empfinde es so. Meine Blutdruckmesswerte zeigen es. Was den medizinischen Befunden fehlte, war die andere Seite, die psychische. Mit ihr, mit der Steigerung des geistigen Wohlbefindens, rundet sich Shinrinyoku zu einer ganzheitlichen Therapie. Inzwischen behaupte ich, dass ebenso wie die Aromastoffe der Bäume in der Waldluft dem Körper guttun, auch alles, was mir die Sinne aus dem Wald zutragen, der mentalen Gesundheit zugutekommt. Die Einheit von Körper und Geist wird gestärkt. Und das haben wir in unserer so stressigen Zeit bitter nötig.

LICHT

Dunkle Figuren
kahler Bäume
wirft das Licht
auf den Schnee

Zögernde Schritte
der bereiten Natur
werden hell erleuchtet

Das Licht
es durchstrahlt
alle Hoffnungen
zum Nahen des Frühlings

Miki Sakamoto, 2014
aus dem Gedicht »Licht«
in *Vergängliche Spuren*

II

IN DEN WALD ...

VORBEMERKUNG

Jede Jahreszeit hat ihre Reize. Jeder Tag im Wald bringt Neues, Besonderes. Shinrinyoku muss man zu keiner bestimmten Zeit beginnen. Für den Anfang brauchen wir lediglich die richtige Einstellung, mit der wir in den Wald gehen. Er soll nicht länger bloß Kulisse sein, die im Sommer Schatten bietet. Ziel des Shinrinyoku ist es, sein Wesen zu erfassen und seine Wirkungen zu erfahren. Denn der Wald lebt. In dieses Leben tauchen wir ein, wenn wir uns bei den Waldgängen dafür öffnen. Darum geht es im Shinrinyoku. Doch während uns der Wald im Spätherbst und Winter ziemlich leer und wie in Tiefschlaf verfallen vorkommen mag, überwältigt seine Lebensfülle im Frühsommer. Jedes Jahr muss ich mich erneut damit vertraut machen. Zu viel entschwindet im Wechsel der Jahreszeiten. Und kehrt wieder, wenn es an der Zeit dafür ist.

Deshalb beginnt das Shinrinyoku-Jahr für mich im Frühling. Im Vorfrühling, um genauer zu sein. Das ist die Zeit, in der in meiner japanischen Heimat die Ume blüht. In wintermilden Gegenden, wie dem Rhein-Main-Gebiet, entspricht die Mandelblüte dem Erblühen dieser fernöstlichen Pflaumenart mit ihren intensiv gelbroten Blüten, den Vorboten der Kirschblüte. Sie lösen jene Erregung aus, die bei vielen Japanern Wochen später mit der überquellenden Fülle der Kirschblüten das tiefe Gefühl erzeugt, an der Schwelle eines neuen Lebens zu stehen. Da müssen sie einfach hinaus zu den wie mit rosarotem Schaum überzogenen Alleen und Hainen der Kirschbäume, um die kurze Phase ihrer Blüte möglichst intensiv zu erleben. Die Kirschblüten hier in Mitteleuropa sind im Vergleich dazu ein schwacher Abglanz, der kaum wahrgenommen wird. Doch sie bringen uns im Frühsommer das, was den japanischen Zierkirschen fehlt: Früchte, Kirschen in den verführerischsten Formen. Ein Hochgenuss, den ich sehr schätze. Der Erstfrühling wird in Deutschland auf andere Weise sichtbar. Darauf musste ich mich einstellen. Und auch, dass hier die Wälder ganz anders aussehen als in Japan. Daher war es gut für mich, Shinrinyoku mit dem Vorfrühling zu beginnen. So fand ich besser hinein in die mit der Jahreszeit rasch zunehmende Fülle der Wälder Mitteleuropas.

VORFRÜHLING

Der Winter hielt sich lang. Verspätet war er gekommen. Richtigen Frost gab es erst im Februar. Als ich am 2. März einen kurzen Gang durch den Auwald machte, überstieg die Temperatur nachmittags noch nicht den Gefrierpunkt. Auf dem Fluss, an dem ich lebe, trieben Eisschollen. Motorsägen kreischten im Auwald wie schon seit Wochen, weil die von Herbststürmen entwurzelten oder geknickten Bäume aufgearbeitet wurden. Da wollte keine Shinrinyoku-Stimmung in mir aufkommen. Am nächsten Tag versuchte ich es im Forst bei nunmehr ein paar Grad über Null. Doch kaum war ich im Wald, vertrieben mich die riesigen Holzharvester. Denn noch mehr als im Auwald wurde im Staatsforst Holz geerntet. Die Straßen waren so glatt gefahren, dass ich darauf kaum gehen konnte. In den Schneeresten daneben ging es auch nicht besser. Dabei verspürte ich nach den Wochen der Kälte das dringende Bedürfnis nach Frühling in mir. Meinen Freunden und guten Bekannten ging es ebenso. Sie hatten, wie sie mir auf Bayerisch sagten, den Winter satt.

Im Garten wurde indessen erkennbar, dass der Wandel zum Frühling bevorstand. Die Schneeglöckchen hatten grüne Blattbüschel mit einzelnen weißen Spitzen getrieben. Ein paar milde Tage, vom Föhn unterstützt, würden sie auch draußen im Auwald hervorlocken. Mitte März blühten sie in den Gärten. Aber das Wetter blieb zu kalt. Der Vorfrühling offenbarte sich in kleinen Dosierungen. Immer wieder unterdrückte die nasskalte Witterung das Drängen der Blumen und das Schwellen der Knospen. Schlenderte ich durch den Auwald, fand ich die mich am meisten beeindruckenden Signale des Frühlings mehr in der Erinnerung: Ende Februar oder Anfang März warteten die Tage meistens mit föhnblauem Himmel und milder Luft auf. Ich genoss sie in vollen Zügen. Zwischen den schlanken, bleigrauen Stämmen der Erlen schaukelten unzählige weiße Blütenglöckchen mit grüner Fassung: die Vollblüte der Schneeglöckchen. Ich kniete nieder, um dieses Frühlingswunder aus der Perspektive zu betrachten, in der die Bienen anfliegen und sich von unten her in die Glöckchen hineinschwingen. Und da sah ich sie neben mir: Flache karminrote Schalen mit leicht aufgewölbten hellbraunen Rändern. Manche hatten mehrere Zentimeter Durchmesser, sodass sie den Eindruck klaffender, mit Blut gefüllter Wunden machten. Als ich mich hinabbückte, um sie genauer zu betrachten, drang mir der aromatisch-pilzige Geruch des Bodens in die Nase; frisch und alt zugleich. Frisch, weil das Wachstum wieder begonnen hatte. Alt, weil der Boden, der den Winter über von feuchter Streu und dürrem Laub bedeckt gewesen war, nun die Aromen der Zersetzung freigab. Bei diesem, inzwischen schon viele Jahre zurückliegenden Erlebnis war mir klar geworden, dass der Boden atmet. Und dass sein Atmen meinem eigenen ähnlich ist. Mit jedem Atemzug nehme ich auf, was er abgibt. Er, der Boden, aber auch die Büsche und Bäume, die darauf wachsen. Die frische Luft, die sie schaffen, verbindet sich mit der alten des Bodens und der von mir ausgeatmeten.

Die Pilze, Scharlachrote Kelchbecherlinge in diesem Fall, drücken lediglich augenfällig aus, was in der Erde vor sich geht. Natürlich wusste ich von den Wurzeln, den Bäumen, den Blättern oder Nadeln und dass beim Wachstum der Pflanzen Sauerstoff abgeschieden wird: Sauerstoff, den die Tiere wie auch wir Menschen zum Leben brauchen. Mit jedem Atemzug nehmen wir teil am großen Kreislauf. Doch was hatte ich von diesem Wissen tatsächlich verstanden? Unser Atmen vollzieht sich automatisch. Wir müssen nicht darüber nachdenken, außer es gibt plötzlich eine Störung, sodass wir »keine Luft mehr kriegen«. Was wir beim normalen, alltäglichen Atmen aufnehmen, bemerken wir in aller Regel nicht. Weil die Luft zum Atmen von Natur aus in Ordnung ist, fehlen uns empfindlichere Sinne für ihre Inhaltsstoffe. Doch die Luft ist längst nicht mehr überall, sondern eher nur noch ausnahmsweise gut, und das betrifft uns alle.

Das Atmen der Natur zur Zeit der Schneeglöckchenblüte ganz direkt und bewusst zu empfinden, gehörte zu den Schlüsselerlebnissen, die mich zum Shinrinyoku gebracht haben. An jenem Tag und an zahlreichen weiteren im Vorfrühling anderer Jahre fing ich an, mich dem Wald zu öffnen. Tausende, Millionen Schneeglöckchen vor mir, jedes in der schlichten Schönheit, die wir Japaner so sehr schätzen, die blutroten Pilze dazwischen wie absichtlich dekorativ auf den Boden gesetzt, und die Luft, die ich dabei einatmete, all das versetzte mich in eine fast tranceartige Stimmung. Ich erinnere mich daran besonders gut, weil ich das später oft in ganz ähnlicher Weise wieder erlebte. Etwa wenn der Föhnwind, der im noch winterkahlen Wald auch in Bodennähe wehte, plötzlich einen süßlichen, entfernt an Rosen erinnernden Duft herantrug. Dann blühte in der Nähe eine kleine Staude Seidelbast. Einen einzigartigen Duft verströmen diese Blüten, deren Altrosa so wenig auffällt, dass ich die Seidelbastbäumchen meistens übersah, obwohl ihre Zweige dicht besetzt waren mit den kleinen röschenartigen Blüten. Wie schwach, wie ungeübt meine Nase doch war. Der Wind musste mir die Duftfahne zutragen.

Die leuchtend gelben Zitronenfalter hatten den Luftzug nicht nötig, um blühenden Seidelbast als Nektarquelle im Vorfrühlingswald zu finden. Ihre winzigen Fühler sind empfindsamer als meine im Vergleich dazu riesengroße Nase. Während ich im Auwald kniete und die Schneeglöckchen bewunderte, gaukelten sie von verschiedenen Seiten heran und landeten auf den Blüten. Zum Hingreifen nahe. Aber ich störte sie nicht. Sie schienen mir viel zu kostbar, zu zerbrechlich. Die Zitronenfalter überwintern ganz ungeschützt irgendwo im dichten Buschwerk oder in hoher Streu im Wald. Die Unbilden der Witterung können ihnen nichts anhaben. Fröste bis unter minus zwanzig Grad halten sie aus. Raureif mag sie überziehen. Sie tauen danach wieder auf, als ob nichts gewesen wäre. Mir bewusst zu machen, dass eine so zerbrechliche Schönheit wie der Zitronenfalter ganz ungeschützt im Freien allen Widrigkeiten der Witterung trotzt, erfüllte mich mit Staunen und Bewunderung. Wie dick hatte ich mich oftmals einhüllen müssen, um überhaupt hinausgehen zu können in den Winterwald! Als ob ich in Sibirien wäre. Der zarte Falter übersteht alles ohne Schutz. Im Frühling fliegt er in schier unglaublich reiner Schönheit.

Dieses Leben bewusst wahrzunehmen, das es außerhalb und unabhängig von mir gibt, entwickelte sich im Lauf der Jahre zum Kern meines Shinrinyoku. Man pflegt achtlos vorüberzugehen. Allenfalls wird »ein Schmetterling« registriert und gleich wieder vergessen. Doch »Schmetterling« allein ist zu wenig. Er hat einen Namen, der zugleich Schlüssel dafür ist, Einblick in seine Lebensweise zu gewinnen. Rasch wurde mir klar, dass ich umso mehr von meinen Waldgängen hatte, je besser ich das benennen konnte, was ich sah. Erkennen ist mehr als sehen; viel mehr. Es öffnet die Tiefe. Ohne Erkennen gibt es kein Verständnis. Meine buddhistische Prägung hatte zwar verhindert, mich selbst als Mensch scharf getrennt von der Natur zu betrachten. Diese Art des westlichen Denkens war und ist mir fremd. Aber das vielfältige Leben, das uns umgibt, erschließt sich nicht einfach von selbst. Man muss bereit sein, das Gesehene aufzunehmen und zu vertiefen. Das gelang mir, wenn ich meinem

Hund in die Augen sah. Mit seinem Blick war er mir näher als manche Menschen, deren Tun für mich manchmal unbegreiflich ist. Nur wenige Lebewesen versuchen die Distanz zum Menschen von sich aus zu überbrücken wie der Hund. Bei den allermeisten Tieren müssen wir versuchen, einen Zugang zu ihnen zu finden, wenn wir sie verstehen möchten. Das schien mir anfangs für Rehe und Hasen schwierig genug, für Schmetterlinge und Käfer aber kaum möglich. Die Bäume und anderen Pflanzen oder gar die Pilze versetzt man ohnehin in eine eigene Welt, die uns, so meine anfängliche Haltung, völlig verschlossen bleibt. Dass sich das ändern kann, erfuhr ich allmählich im Lauf der Jahre. Mein Hund wies mir vieles, was er mit seiner Nase erfasste. Doch war er blind für so manche Schönheit, die mich faszinierte. Die Scharlachroten Kelchbecherlinge interessierten ihn nicht. Offenbar sagte ihm ihr Geruch nichts und ihr Blutrot sah er als Farbe gar nicht. Über Schneeglöckchen tapste er hinweg. Mehr und mehr wurde mir gewahr, was seine Weltsicht von meiner trennt und wie die Sinne in vielfältiger, gleichwohl unterschiedlicher Weise zusammenwirken. Sie informieren nicht getrennt über die Außenwelt, sondern erzeugen beständig ein Weltbild. Im Kleinen wie im Großen aus unseren Erfahrungen und Kenntnissen. Doch ums Kleine, um das direkte Erleben im Wald, ging es mir und geht es im Shinrinyoku.

Oft bewunderte ich dabei meinen Hund, wenn er mit schlafwandlerischer Sicherheit genau den richtigen Waldpfad fand, den wir ein halbes Jahr oder noch länger nicht mehr gegangen waren. Ich hätte mich hoffnungslos verlaufen. Verweilte ich jedoch, um einem Vogelgesang zu lauschen, wurde er nach kurzer Zeit unruhig und wollte weiter. Mochte das Rotkehlchen noch so reizend in den Frühlingsabend hineinsingen. Oder der Specht so weithin schallend trommeln. Für ihn war das wohl nur Beiwerk wie das Rauschen der Blätter im Wind. Aber ein Mäusepiepsen ließ seine Ohren hochschnellen. Auf diese Weise lernte ich viel von ihm, wurde achtsamer. Die Kulisse Wald löste sich nach und nach auf. Sie wurde lebendig und ergiebig. Das ging über die Jahre so und fing mit jedem Frühling aufs Neue an.

MÄRZWINTER

Die letzten Tage hatte es immer wieder geschneit. Viel Schnee war es nicht, aber genug, dass geräumt werden musste. Nachts gab es leichte Fröste. Besserung war nicht in Sicht. Frühlingswetter zum Verzweifeln. Der stürmische Nordwind steigerte auch nicht gerade das Verlangen, hinauszugehen. Ich wollte mich dennoch überwinden und dem miesen Wetter trotzen. Bei Sonne und Wärme fällt Shinrinyoku leicht. Doch seine Wirkung nimmt gerade dann zu, wenn die Witterung nicht so gut ist. Nehmen wir draußen den Regen als Regen, den Wind als Wind und die Temperatur gerade so wahr, wie sie ist, konzentriert sich unser Innenleben auf sich selbst. Den Weg im Forst, der vor dem Wind schützt, empfinden wir nun ähnlich wie das Wild, das sich in die Dickungen zurückzieht. Unter widrigen Außenbedingungen wird sogar ein einförmiger, jahraus jahrein dunkler Fichtenhochwald zur Zufluchtsstätte. Das Miauen eines Hähers, der den Ruf des Bussards imitiert, muntert auf. Weil er *mich* entdeckt hat und mich necken möchte mit seinem gefälschten Katzenruf, wie ich mir in dem Augenblick einbilde.

Erst seit ein paar Minuten bin ich heute, Mitte März, im Fichtenhochwald. Morgens überzog Reif die Dächer und Autos. Jetzt, am Nachmittag, kommt es mir noch kälter vor, obwohl die Luft einige Grad über Null hat. Das liegt am Wind. Ich versuche, in ihn hineinzuriechen, was er bringt. Neuen Schnee oder mildere Witterung? Die Diagnose meiner Nase fällt höchst ernüchternd aus: Frühjahrszeit ist Güllezeit. Ich muss also tiefer in den Wald und fort von den großen Forststraßen, durch die der Wind fegt, um dem Gestank zu entkommen. Erst wo sich auf dem schmalen Forstweg die Kronen der Fichten fast berühren, rieche ich nichts mehr von der braunen Flut, die unser übergroßer Fleischkonsum verursacht. Zu sehen gibt es nun allerdings auch so gut wie nichts mehr. Dieses »Nichts« blendet die kerzengerade in Reih und Glied stehenden Stämme der Fichten ebenso aus wie das Moos, das jetzt hellgrün, wie von innen her angestrahlt, aufleuchtet. Handspannenlange Zapfen liegen unter den Bäumen. Die meisten sind, wie ich bei genauerer Betrachtung sehe, so bearbeitet, dass die an ihrer Spitze harzigen Zapfenschuppen weit abstehen. Spechte oder Eichhörnchen haben die Samen zwischen den Schuppen herausgeholt. Je nachdem, wer der Bearbeiter war, sehen die Zapfen anders aus. Einige haben die Winterstürme abgerissen. An den Endstücken der Zweige noch hängend, liegen sie am Boden. Das Harz an ihnen klebt. Ein wenig davon zerreibe ich zwischen den Fingern. Dann kann ich das erfrischende Aroma riechen. Dass an den Fingerkuppen schmutzige Stellen zurückbleiben, stört mich nicht. Zu Hause lassen sie sich abwaschen. Das Geruchserlebnis ist's wert.

Regen hat eingesetzt. Zwar habe ich einen Schirm mit, aber der ist zwischen den Bäumen hinderlich. Die dichten Kronen fangen ohnehin einen Großteil auf. Erst auf dem Rückweg werde ich auf der breiten Forststraße den Schirm benutzen. Der Anorak hält genug ab. Noch genieße ich es eine Weile, auf dem Moos zu gehen. Schweben ist fast treffender, so weich setzen meine Schritte auf. Ich kann mir vorstellen, dass manche Last, die psychisch bedrückt, auf dieser Moosbodenwelt leichter wird. Und den Weg frei macht für neue Kräfte, die der Körper mobilisiert. Längst habe ich im Halbdunkel des Fichtenforstes Wind und Wetter vergessen. Als mir beim Rückweg der Regen doch ins Gesicht schlägt, weil ich den Schirm gegen den Wind nicht halten kann, fühle ich mich trotzdem besser. Vielleicht sogar deutlich besser, als es beim gleichen Gang an einem schönen Tag der Fall wäre. Schlechtwettertage gehören zum Frühling dazu. Wie die guten Stimmungen erst über die nicht so guten ihre Qualität erreichen, kennzeichnen sie das Auf und Ab. Auf die Bilanz kommt es an. Und sie wird positiv. Das ist das Schöne am Frühling.

Am Parkplatz am Waldrand angelangt, fällt mir auf, was ich bei der Ankunft übersehen hatte. Ein Dutzend großer, blasslilafarbener Krokusse und drei goldgelbe Winterlinge blühen dort. Jemand hat im Vorjahr Gartenabfälle unter die Bäume geworfen. Auch wenn man dies gewiss nicht gutheißen sollte, so beeindruckt mich dieses Blühen an einem Ort, an dem zwar kein Schnee mehr liegt, aber alles ganz winterlich aussieht. Krokuskelche und weit offene, goldene Sternchen von Winterlingen bei diesem Wetter. Wenn das kein Hoffnungszeichen auf Frühling ist! Beschwingt und durchwärmt kehre ich heim. Und nehme mir vor, bald wieder übers Moos zu gehen. Am liebsten möchte ich darauf tanzen.

FRÜHJAHRSFALTER

Wie um die Ungunst dieses Frühlings noch zu steigern, fällt heuer Ostern auf Ende März. Und immer noch haben wir Winter. Das hat man davon, möchte ich fast trotzig sagen, wenn man Ostern so hin- und herpendeln lässt. Ich begreife nicht, warum dieses Fest vom Mond abhängt, Weihnachten aber nicht. Die Natur macht es anders und für mein Gefühl viel besser. Lange mussten die Blumen und die Tiere des Frühlings warten. Aber sie sind bereit. Das Wetter wird ihnen die Tage bringen, die sie brauchen. Kalender sind zu starr. Was sie versprechen, halten sie meistens nicht. Vom Diktat der Kalenderzeit versuche ich mich zu lösen, soweit es geht. Immer dann, wenn ich mich nach den Rhythmen der Natur richten und mich in sie hineinfügen kann, geht es mir am besten. Jetzt, in den ersten Apriltagen, ist es wieder so weit.

Der Nachwinter ist überwunden. Milde Regenschauer hatten in der Nacht den Wechsel angekündigt. Würde ich draußen gewesen sein, hätte ich die Erdkröten gesehen, wie sie von ihren Verstecken im Wald zu den Tümpeln und Teichen wandern. Dort laichen sie. Heute finde ich wahrscheinlich ihre langen, doppelreihig mit schwarzen Eiern besetzen Gallertschnüre. Kreuz und quer durchziehen sie die Pfützen im Forst. Sie haben sich in den tiefen Furchen gebildet, die von den schweren Holzernte-Maschinen in den weichen Waldboden gedrückt worden waren. Solche Erwartungen erfüllen sich, wenn das Wetter gepasst hatte. An diesem Ostermontag ist es endlich frühlingshaft schön und ich begebe mich zu einem abgelegeneren Teil des Forstes, um nicht zu vielen Menschen zu begegnen.

Beim Start registriere ich noch mit Freude, dass erste Knospen unserer Sternmagnolien im Garten aufgehen. Sie haben also die Frostnächte im Februar überstanden. Wir hatten sie unter Plastikplanen zu schützen versucht. Nun ist klar, dass sie nicht erfroren sind. Beschwingt durch die Genugtuung, dass sich unsere Mühen gelohnt haben, nehme ich mir den großen, etwa sechs Kilometer langen Rundweg im Forst vor. Die gute Stimmung blendet das Dröhnen weitgehend aus, das sich über den Baumwipfeln ausbreitet, weil ein Sportflugzeug über dem Staatsforst Runden dreht und dabei Loopings macht und Steilstürze übt. Im Englischen Garten in München herrscht zu Ostern zuweilen weniger Lärm. Ich habe mir vorsorglich Ohrstöpsel mitgenommen. Natürlich verzichte ich auf sie, wenn der Flugzeuglärm nicht allzu schlimm wird und nicht zu lange dauert. Ich möchte die Gesänge der Vögel hören. Noch singen die wenigen, die bereits aus ihren Winterquartieren zurückgekommen sind, recht zaghaft. Die kalte Witterung hat die Entwicklung der Insekten gebremst, von denen sie leben. An ihrem Herumhuschen im Gebüsch beiderseits der Forststraße sehe ich, dass sie intensiv nach Futter suchen. Nur zwischendurch gibt ein Zilpzalp seine Strophe von sich, die den Ohren der Europäer zufolge so klingt, wie sie den kleinen, unscheinbar graugrünen Vogel nennen. Was ich vernehme, klingt nicht wie »zilp-zalp«, ist aber auch für mein Gehör unverwechselbar. Mit den Strophen der Mönchsgrasmücke habe ich größere Mühe. Mal sind sie leise, wie nebenbei vorgetragen oder nicht ernst gemeint, dann wieder so laut, dass ich meine, das müsse ein anderer Vogel sein, der da singt. Seit ich den Ehrgeiz habe, die Vögel, die ich an meinen Shinrinyoku-Strecken höre, zu erkennen, verwirrt mich ihre Vielfalt eher mehr. Besonders gern mag ich die weichen, langsamen Triller des Rotkehlchens. Sie scheinen aus dem Buschwerk geradezu herauszukullern. Fast bis Mitte März hatte eines bei uns im Garten überwintert und gelegentlich auch gesungen. Dann fanden wir es tot. Völlig unverletzt lag es auf der Terrasse. Es war verhungert oder erfroren, weil es zu schwach geworden war. Meine Versuche, es mit speziellem Futter aus hartgekochtem Ei durchzubringen, waren gescheitert. Zu tief waren die Fröste im Februar gewesen, zu lange hatte der Winter angedauert. Der Fund machte mich traurig. Aber als drei Tage später wieder Rotkehlchengesang im Garten erklang, fühlte ich mich vom Wirken der Natur ergriffen: Ein anderes Rotkehlchen hatte das Revier bereits in Besitz genommen. Hätte ich den Vorgänger – oder war es eine Vorgängerin, denn Männchen und Weibchen lassen sich bei Rotkehlchen nicht unterscheiden, und beide singen im Winter und Vorfrühling – nicht tot aufgefunden, hätte ich von dem Wechsel gar nichts bemerkt. Die feinen Unterschiede in ihren Liedern erfasst unser Ohr nicht. Sie sind ja auch nicht an uns gerichtet, die perlenden Rotkehlchentriller.

Heute fällt mir auf, dass nur wenige Vögel im Wald singen. Es werden auch gegen Abend nicht mehr. Viele Zugvögel sind noch nicht zurück. Und der Nachwinter hat sicherlich große Verluste verursacht. Nur bei den Zitronenfaltern offenbar nicht, denn sie fliegen, wie man das an einem sonnigen Tag Anfang April erwarten kann. Und zwar nicht nur Männchen, die so intensiv zitronengelb sind und mit keinem anderen Falter verwechselt werden können, sondern bereits erste Weibchen. Diese ähneln so sehr Großen Kohlweißlingen, dass sie auch von den Vögeln verwechselt werden. Die Kohlweißlinge enthalten Giftstoffe, die ihre Raupen aus den Futterpflanzen, den Kohlgewächsen, aufgenommen und über die Puppe an die fertigen Schmetterlinge weitergegeben haben. Das schützt die Kohlweißlinge vor den Vögeln. Die Weibchen des Zitronenfalters tragen keine solchen Schutzstoffe in sich, da deren Raupen an anderen Pflanzen fressen. Sie können sich leisten, frei durch den lichten Frühlingswald zu taumeln. Allerdings dürfen sie dabei nicht zu häufig werden, sonst lernen die Vögel schnell, auf die feinen Unterschiede zu achten.

An einem Tag wie diesem, an dem bei schönstem Wetter noch wenig umherfliegt, kann ich jedem Pfauenauge nachschauen und die Zitronenfalter einzeln bewundern. Nach mehr als einem halben Jahr des Ruhens in Winterstarre wirken sie munter, wie frisch aus der Puppe geschlüpft. Sie fliegen an mir vorbei, oft genau in meiner Kopfhöhe, weil sie die Forststraßen und -wege als Leitlinien benutzen. Kommen sie auf mich zu, weichen sie nur auf etwa Armlänge aus, ohne den Kurs zu ändern. Sie sehen mich, bemerken gewiss auch meine Bewegungen, stufen mich aber offenbar als ungefährlich ein. Menschen sind für Zitronenfalter und andere Schmetterlinge träge, sehr langsame Bestandteile ihrer Umwelt, und als solche ohne Bedeutung. Bedeutungslos zu sein für so ein Lebewesen, das gefällt mir! Bewundernd sehe ich ihnen wiederum nach, den Zitronenfaltern, wie jedes Jahr im Frühling. Da sitzt er urplötzlich vor mir: Ein Admiral wärmt sich mitten auf dem Weg auf, die Flügel zur Sonne ausgebreitet. Die karminroten Binden nahe dem Außenrand beider Flügelpaare bilden in dieser Haltung mit dem samtbraunen Inneren ein großes Auge. Vielleicht wirken sie auch so auf Vögel, sollten sie diesen eindrucksvollen Falter zu fangen versuchen. Admirale gibt es alljährlich in unterschiedlich großer Zahl. Sie sind nicht selten, in manchen Jahren durchaus häufig. Das Überraschende an diesem Exemplar ist die Zeit, das so frühe Vorkommen. Denn der Admiral ist ein Wanderfalter. Die zu uns kommenden fliegen im Frühsommer von Südeuropa und Nordafrika ein. Ihre Nachkommen wandern im Hoch- oder Spätsommer wieder zurück, je nachdem, wie früh der Einflug erfolgte. Der 2. April ist nun extrem früh. Normalerweise treffen die ersten Zuwanderer Mitte bis Ende Mai bei uns ein, manchmal auch erst Anfang Juni. Dass der Admiral vor mir bei uns überwintert haben könnte, ist in höchstem Maße unwahrscheinlich, hatte der Februar doch Fröste bis unter minus zwanzig Grad gebracht. So eine Kälte überstehen diese Schmetterlinge nie und nimmer. Ich bestaune ihn gebührend und wünsche ihm guten Weiterflug, wohin auch immer seine Reise gehen mag.

Über diesen Schmetterling nachdenkend, setze ich meine Route fort. Er hat wahrscheinlich schon die Sahara und das Mittelmeer überflogen, war an den Südrand der Alpen gelangt und von den südlichen, über die Berge wehenden Winden mitgetragen worden. Wie durch ein kleines Wunder landete er vor meinen Füßen auf der Forststraße. Und ich hatte die Muße, ihn zu betrachten, während er sich aufwärmte. Die Straße verläuft in Richtung Nordost. Genau dies war offenbar seine Richtung. Ein Schmetterling, so zart, dass sein Gewicht kaum zu spüren ist, wenn er sich auf die Hand setzt, und doch ein Weltenwanderer.

Dem dröhnenden Sportflugzeug ist inzwischen der Sprit ausgegangen. Es hat sich entfernt. Über dem Wald herrscht Ruhe. Auf meinem Weg nach Hause treffe ich niemanden mehr. An einem großen Ameisenhaufen überlege ich kurz, ob ich eine Hand ins Gewimmel legen sollte, um das Krabbeln auf der Haut zu spüren. Vorsichtig selbstverständlich, um die Ameisen nicht wirklich zu (ver-) stören. Sie würden meine Hand untersuchen, da und dort mit ihrer

Ameisensäure bespritzen und meinen Arm erkunden. Gelegentlich habe ich das Bedürfnis, dieses Gefühl zu erleben. Heute verzichte ich darauf. Die Ameisen sind damit beschäftigt, ihren meterhohen Bau, einen stumpfen Kegel in halbschattiger Lage, einem Frühjahrsputz zu unterziehen. Altes Material schleppen sie nach draußen. Innen wird gearbeitet, dass ich es sirren höre. Zwei größere Dellen an der Seite lassen erkennen, dass der Schwarzspecht da war und ihnen zugesetzt hat. Später, wenn es Ameisenpuppen gibt, wird er öfters nachsehen, nach ihnen stochern und sie mit seiner langen Zunge herausholen. Ich mag den Specht. Seine klangvollen und weithin klagenden Rufe charakterisieren für mich den Hochwald. Aber ich mag auch die Ameisen. Partei brauche ich nicht zu ergreifen. Ihr Tun ist Leben im Wald. Und beider Leben ist aufs Engste mit den Bäumen verbunden. Auf dem Heimweg fällt mir ein, dass ich heute gar nicht bewusst und intensiv durchgeatmet hatte. Die Überraschungen des Lebendigen hielten mich in Atem.

BLÜTENSTERNE AM WEG

Im Forst blieb er am längsten liegen, der Schnee des Nachwinters. Es gab kaum Föhn in diesem März, der kälter war als die meisten, die ich in den letzten Jahrzehnten in Deutschland erlebte. Bei Föhn steigt mein Blutdruck manchmal bis zum Kopfschmerz. Am stärksten wirkt er im Frühjahr, wenn ich noch auf den Winter eingestellt bin. Die Umstellung ist schwierig genug, wenn man am Ufer des warmen Meeres ganz im Süden Japans aufgewachsen ist. Da kommt mir der Föhnwechsel hier zu schnell. Anfangs meinte ich, das müsse nur an mir liegen. Doch mit den Jahren, in denen ich Föhn und Bayern erlebte, wurde mir klar, dass die Bayern, jene südlich der Donau lebenden, die sich für die echten halten, noch föhnfühliger sind.

Manchmal empfinde ich den bayerischen Hinweis auf den Föhn ähnlich wie unsere japanische Verbeugung, die Bescheidenheit ausdrücken soll, aber mitunter als eine Entschuldigung missverstanden wird, auch wenn es noch gar nichts zu entschuldigen gibt. Wir verneigen uns trotzdem. So tief, dass es mir inzwischen schwerfällt, mich auf japanische Weise zu verbeugen; mir fehlt die Übung.

Es fällt jedoch niemandem auf, dass meine Verbeugung nicht mehr vollendet ist. Dabei drängt es mich gelegentlich, so zu reagieren, wie ich es von Kindesbeinen an gelernt habe, wenn mich jemand ganz freundlich mit »Grüß Dich« oder halb österreichisch mit »Servus« begrüßt. Jemand, den ich garantiert nicht kenne. Und der auch nichts von mir will. Sogar Radfahrer grüßen, obwohl sie gar keine Zeit dazu haben, so schnell wie sie vorbeistrampeln. Mein Hallo als Antwort hören und mein Lächeln sehen sie meistens nicht mehr.

Heute bin ich in Stimmung, alle zu grüßen, mit denen ich zusammentreffe. Aber es begegnet mir niemand an diesem grandios schönen Frühlingstag, der in reinem Blau erstrahlt. Am Rand des Waldweges verträufelt der Schnee.

Zentimeter nur können sie fallen, die dicken, silbrig glänzenden Tropfen, herab von den Schneewehen, die noch im Schatten des dunklen Fichtenhochwaldes liegen. Zentimeter, die ihre schmutziggraue Kante vom Boden trennen. Wie kann der Tropfen so kristallklar werden, wundere ich mich, wenn er herausschmilzt aus so viel Straßenstaub, den die verharschten Schneereste eingeschlossen haben. Ein makellos gelber Zitronenfalter fängt meine Gedanken über reine Wassertropfen aus schmutzigem Schnee auf. Kaum habe ich ihn entdeckt, trägt ihn der Föhnwind fort. Ich bin sicher, dass es einer war. Längst ist es Zeit für diesen Frühlingsfalter. Aber im Wald bestimmt eben nicht der Kalender die Zeit. Hier herrscht die Eigenzeit der Natur. Stets ist sie ein Kompromiss zwischen Tageslänge und Wetter, nie genau und doch immer richtig.

Am besten wissen es die Pflanzen; und sie beweisen es mir mit

Tausenden, Zehntausenden Sternchen in tiefem Himmelblau und Wolkenweiß, derer ich gewahr werde, als ich den Fichtenwald verlasse und in ein großes Stück Buchenwald komme. Zunächst sehe ich sie kaum, so sehr werde ich vom Licht überflutet. Ungebremst, lediglich durch ein Gitterwerk von Ästen feinschattig unterteilt, fällt die Fülle der Strahlung in den Wald und lässt den Boden aufleuchten. Das Braun des dürren Buchenlaubes vom letzten Herbst erhält von diesem Föhnlicht einen seidig-goldenen Lackglanz. Aus diesem heraus strahlen sie, die Sterne, die weißen und die blauen. Die weißen sind Buschwindröschen, die blauen die so banal benannten Leberblümchen. Beide gehören zur Gattung der Anemonen. Ihr mir so fremd klingender Name enthält das altgriechische Wort für Wind. Gemeint war wohl der eher angenehme Wind des Frühlings, nicht der zerstörerische, den wir Taifun nennen.

Ich neige mich hinab zu ihnen und sehe ihnen zu, wie sie schwanken: sanft, zitternd, ohne Rhythmus. Gerade so, wie sie der Windhauch am Waldboden erreicht. Zu lange darf ich nicht schauen, sonst wird mir schwindlig. Windröschen, ja, Busch-Windröschen für die weißen Sternchen, der Name passt. Blauwindröschen wäre mir allerdings lieber als Leberblümchen. Gerade jetzt, wo es nicht einmal ihre dreilappigen Blätter gibt, die einst als Zeichen dafür erachtet worden waren, dass sie »gut« seien gegen Leberleiden. Weil auch die Leber dreilappig ist. Woher man das wusste, frage ich mich. Welche Leber sollte gemeint gewesen sein? Die von Menschen? Meine so gut wie nicht vorhandenen Kenntnisse menschlicher Leberformen reichen aus, um jede Ähnlichkeit mit den Blättern des Leberblümchens abzustreiten. Mich faszinieren sie aus ganz anderen Gründen. Sie sind jetzt in der Blütezeit der Leberblümchen noch gar nicht da. Allenfalls finde ich alte vom letzten Herbst, die weitgehend verdeckt und ziemlich mitgenommen vom Winterwetter unter dem Buchenlaub liegen und vor sich hin rotten. Der Spätsommer und Herbst des letzten Jahres war ihre Zeit. Sie wuchsen, während die Blüten verblühten. Unscheinbar, zäh und mit leicht purpurn getönter Unterseite erzeugten sie nach und nach all die Stoffe, die im Frühling für die Bildung der Blüten gebraucht werden. Die blauen Sternchen der Leberblümchen kommen ohne Blätter aus dem Boden. Sie recken sich empor, so gut es geht, manchmal fast zwei Handbreit hoch, um ans Frühlingslicht zu gelangen. Weit spreizen sie ihren himmelblauen Blütenblätterkranz und präsentieren eine goldgelbe Mitte, die als kleiner Kegel herausragt. So warten sie auf die frühen Wildbienen, die ihr Signal erfassen, richtig deuten und sie besuchen.

Honigbienen erkenne ich. Hier, mitten im Hochwald! Mehrere Kilometer ist der nächste Ort entfernt. Dennoch sind die Bienen bis zu ihnen und auch zu den in Gruppen blühenden Buschwindröschen geflogen. Ich bin schon froh darüber, dass es die Forststraßen gibt, die so geradlinig verlaufen, dass ich mich nicht verlaufen kann. Wie aber finden die kleinen Bienen diese Blüten am Waldboden? Zu sehen sind sie für uns erst, wenn man nahe genug gekommen ist, um ihre Farbflecke und Glanzmuster vom Lichtfleckenspiel unterscheiden zu können, das die Sonne auf den Waldboden wirft. Da staune ich gleich doppelt über das für mich unfassbare Zusammentreffen von Bienen und Blütensternen, die aufeinander angewiesen und sich doch so fern sind. Nie empfand ich das deutlicher als an so einem Tag, an dem der Winter zu Ende ging und die Föhnwärme mit dem Tageslicht ankam. Da war es innerhalb von wenigen Stunden Frühling geworden. Klar und überblickbar ist der Buchenwald. Die Sonne durchleuchtet ihn. Sie erwärmt die Bienen, sodass sie fliegen können. Sie öffnet die Blüten zu Sternchen, sodass diese als Signale wirksam werden. Sie durchdringt mich. Mein Schlendern wird leichtfüßig. Ich bin bereit zu grüßen, falls jemand des Weges kommt. Schönes als Erlebnis anderen mitzuteilen, ist ein zutiefst menschliches Bedürfnis. Mein Hund versteht das nicht, so sehr ich mir auch einbilde, ihn zu verstehen. Käme jemand mit einer Hündin oder mit irgendeinem Hund, mit dem er sich nach kurzer Begrüßung versteht, zählt für ihn nur noch der andere Hund, wird der Frühling um ihn herum nebensächlich. Es verhielte sich nicht anders an einem trüben Tag. Mein Hund ist auch nicht traurig, dass wir niemanden treffen. Ich weiß, daheim wird er einfach Hunger haben und mich drängen, ihm Futter zu geben. Meine Begeisterung für die blauen und weißen Sternchen am Waldboden teilt er nicht. Als ich sie bewunderte, hatte er nicht einmal Lust, an einem Baumstamm das Bein zu heben, um zu signalisieren »ich war hier«. Umso mehr, sage ich mir, muss ich selbst die Sternchen im Frühlingslicht genießen. An solchen Tagen, die buchstäblich ein Geschenk des Himmels sind.

AURORA

Selten schön ist in diesem Jahr das Aprilwetter. Da zieht es mich besonders oft hinaus in den Wald mit seiner Frühlingsluft. Herb-frisch und erwärmend zugleich wirkt sie, während ich gemächlich Schritt für Schritt dahingehe, als ob ich schweben würde. Denn es steckt eine Leichtigkeit im Licht, das von den jungen Blättern mit ihrem besonderen Grün zurückgeworfen wird. Den Auwald erfüllt es. Im Forst, wo ich gestern meinen Rundgang machte, war es noch spätwinterlich düster, fast zu dunkel. Die hohen Fichten werden noch Wochen brauchen, bis auch sie ihr neues Grün schieben. Der Auwald ist ihnen weit voraus mit seiner Helligkeit.

Nichts denkend sehe ich weißen Faltern mit orangeroten Flügelspitzen zu, wie sie vor mir, gerade kniehoch über dem Boden, am Wegrand entlang taumeln. Unverkennbar sind sie, die Männchen des Aurorafalters. Ihre Schönheit ist frühlingszart. Zu verletzlich fast, wie mir scheint. Betrachte ich sie genauer, etwa wenn sie sich mit ausgebreiteten Flügeln auf sonnigem Sitzplatz aufwärmen, fällt mir kein Fehl, keine Verletzung auf. Ihre Flügel sind makellos. Klappen sie diese nach Tagfalterart nach oben zusammen, wird ihre moosgrün marmorierte Unterseite sichtbar. Ein so zauberhaftes Muster ziert sie, dass ich spontan denke, ihr könnte höchstens eine altjapanische Tuschezeichnung an Feinheit gleichkommen. Der Aurora erhebt sich, schaukelt weiter, ziellos schlendernd wie auch ich, aber dem Weg folgend. Ganz von selbst halte ich mich aus purer Bequemlichkeit auch an diese Leitlinie, wenngleich ich jetzt im April noch ohne weiteres quer durch den Auwald gehen könnte. Die locker stehenden, bleigrauen Erlenstämme lassen genug Platz. Nicht einmal bücken müsste ich mich. Ihr Astwerk breitet sich weit über meiner Kopfhöhe aus. Das im Sommer und Herbst brusthohe Gestrüpp, das den Boden bedeckt, ist während des Winters in sich zusammengesunken. Wie auf einer groben Matte könnte ich darauf gehen. Doch ich folge dem Weg, folge der Gewohnheit und folge dem kleinen Falter mit den orangefarbenen Spitzen, der vielleicht gleichfalls aus Bequemlichkeit die menschengemachte Passage durch den Auwald benutzt. Und nicht abzweigt in den Wald hinein, wo sich die weißen Glöckchen der Frühlingsknotenblumen bodenwärts neigen, weil ihre Blütezeit vorüber ist. Vor dem Verblühen hatten sie sich noch emporgereckt, die Blütenblätter mit ihren grünen, gelb getönten Spitzen, und sich vom leichten Wind schaukeln lassen, der durch den Auwald zieht. Spät waren sie aufgeblüht in diesem Frühjahr, dem der Winter nicht weichen wollte. Die Sonne kam kaum durch die schier endlosen Wolkenstaffeln, die übers Land drifteten. Früh verblühen sie nun, weil auf das späte Winterende ein verfrühter Frühsommer folgte und uns einen sommerlichen April bescherte.

Zur Betrachtung der Frühlingsknotenblumen bin ich stehen geblieben. Als ich mich umschaue, tänzelt der Aurorafalter hinter mir den Weg zurück, den wir gemeinsam genommen hatten. Offensichtlich hatte ich ihn mit meiner Bewunderung nicht irritiert. Beruhigt von diesem Gefühl, nicht als Störenfried wahrgenommen worden zu sein, fällt mir ein, worauf ich heute eigentlich hoffe. Seit Tagen warte ich darauf, seit das Aprilwetter so außergewöhnlich schön geworden ist. Das niederbayerische Sprichwort, das mir mein Mann mit auf den Weg gegeben hat, bekräftigte die Erwartung: »Am 13. kann er kommen, am 14. soll er kommen, am 15. aber muss er da sein!« Und nun höre ich es wirklich, das erste »kuckuck, kuckuck« des Jahres als doppelten Doppelruf und ein paar Augenblicke danach als Rufreihe. Nun ist er vollständig, der Frühlingsauwald, denke ich. Zumindest für meine Ansprüche an die Rufe und Gesänge der Vögel. Weitere Stimmen werden dazukommen, wenn der Kuckuck da ist. Das fürchte ich sogar ein wenig. Weil mich die Vogellieder überfordern mit ihrer Fülle und Vielfältigkeit. Vogelchor wird das vielstimmige, frühmorgens geradezu überbordende Konzert genannt. Doch Chöre und Konzerte sind aufeinander abgestimmt. Dirigenten haben sie im Griff mit Gesten klarer Strenge. Dem Vogelkonzert fehlt der Dirigent. Nein, mir fehlt er. Dass jeder Vogel singt, wie er will und wann er Lust hat, stellt mich beim Bestimmen vor riesige Herausforderungen. Den Kuckuck möchte ich mir als Dirigenten wünschen. Das wäre allerdings, wie ich weiß, ein geradezu perverser Wunsch, ist er doch ein Parasit, der seine Eier von Wirtseltern bebrüten und seine Jungen von ihnen aufziehen lässt. Dabei verlieren diese die eigene Brut. Sie hassen ihn, den so schön rufenden Kuckuck. Sicher nicht wie wir etwas hassen, sondern auf instinktive Weise, indem sie ihn angreifen und zu vertreiben versuchen, wo immer sie ihn sehen. Vor allem in der Nähe ihrer Nester stürzen sie sich auf den Kuckuck. Unser Frühlingsbringer bringt ihren Bruten Verderben.

Eigentlich hatte ich mich nur erfreuen wollen an den ersten Kuckucksrufen. Aber dann kam doch das Wissen um sein Wesen hinzu und erzwang das Nachdenken. Im Weiterdenken finde ich das Gleichgewicht zwischen Hörgenuss und emotionaler Anteilnahme am Schicksal der kleinen Wirtsvögel. Einige von ihnen werden hier im Auwald in wenigen Wochen anstelle der eigenen Jungen den Jungkuckuck im Nest haben und mit viel Mühe großziehen. Sie unterliegen wie alle dem unerbittlichen Gesetz, dass nur ein kleiner Teil des Nachwuchses überleben kann. Ein sehr kleiner, wenn es viele Bruten gibt. Woran Eier oder Junge zugrunde gehen, ist letztlich gleichgültig. Auch für die Betroffenen. Vier junge Teichrohrsänger im Röhricht großgezogen zu haben, kommt als Anstrengung für das Elternpaar der Aufzucht eines Kuckuckskindes gleich. Fallen die vier Jungen, kurz bevor sie das Nest verlassen können, bei einem Sommergewittersturm aus dem Nest, war die Mühe ebenso vergebens wie bei der erfolgreichen Aufzucht eines Kuckucks an ihrer Stelle. Überleben sie zunächst, gehen dann aber auf dem Flug ins ferne afrikanische Winterquartier zugrunde, war der Aufwand, den die Eltern getrieben haben, gleichfalls vergebens. Überleben durchschnittlich zwei der vier Jungen pro Brut, erhält sich der Bestand. Also schädigt der Kuckuck seine Wirtsvögel nicht, wenn seine Parasitierung kaum mehr als zehn Prozent der Nester betrifft. Solche Verluste beeinträchtigen die Häufigkeit der Wirtsvögel nicht. Weit mehr ist der Kuckuck von den Rohrsängern, Rotkehlchen oder Bachstelzen abhängig; auf Gedeih und Verderb sogar. Gut und Böse haben keine Bedeutung in der Natur. Sie sind Menschenwerk, kristallisiert aus Gefühlen. Wie auch meine, unsere so positive Reaktion auf den Kuckucksruf aus der Welt der Gefühle kommt. Vielleicht, denke ich, befriedigt das Füttern des nimmersatten Jungkuckucks Gefühle der Wirtsvögel. Wir wissen nichts davon, sondern wundern uns nur, dass der Kuckuck Erfolg hat. Seit Jahrmillionen und ganz ohne Ge-winn-Verlust-Rechnungen. Der Kuckuck hat mich so sehr beschäf-tigt, dass ich vergaß, weiterzugehen. Dafür wanderten die Gedanken umso mehr. Daheim fühle ich mich entspannt und durchdrungen vom grünen Frühlingslicht des Auwaldes und vom Nachklang der Kuckucksrufe. Auf meinen Waldgängen werden sie mich die nächs-ten Wochen als Leitmotiv aus der Fülle der Vogelgesänge begleiten. Das »kuck-uck« ist ein Motiv, auf das Kuckucke und Menschen stark reagieren. Seltsam genug, dass es so tief in uns eindringt.

KIRSCHBLÜTENZEIT

Wie fest gewordener, rosaroter Schaum überziehen Blüten den Baum im Nachbargarten. Einige seiner Äste hängen zu uns herüber. Ich fasse einen und ziehe die Blütenpracht zu mir heran, die auf dünnen Stielen von ihm herabhängt. Erinnerungen werden wach. Sie gewinnen Gestalt. Reihen, Alleen, Haine voll von diesem Rosa. Nur Rosa, nichts sonst. Ein blauer Himmel darüber. Kirschblüten-zeit in Japan. Selbst die Menschen macht sie rosa, die dorthin strö-men, wo die Zierkirschen am schönsten blühen. Die Kirschblüte ist ein nationales Ereignis. Als Woge läuft sie über die japanischen In-seln vom Südwesten mit seinem milden, fast mediterranen Klima hinauf nach Nordosten, wo noch meterhoch Schnee liegt, wenn meine Heimatinsel Kyushu bereits erblüht. Der Frühling kommt in Japan mit vorhersagbarer Genauigkeit. Man kann sich einrichten auf die Zeit der Kirschblüte. Wo und wann sie ihren Höhepunkt er-reicht, wird von den Medien mitgeteilt. Wie schnell sie wieder ver-geht, auch weil diese überschäumende Fülle zartester Blütenblätter so empfindlich auf das Wetter reagiert. Wenn sie auf der Nordinsel Hokkaido endet, ist es auf der Südinsel Kyushu schon nahezu sommerlich. Wie die Kirschblüte selbst, durchläuft die Japaner in dieser Jahreszeit eine Welle von Gefühlen. Europäer würden es sentimental nennen. Aber das trifft nicht den Kern. Die Kirschblüte empfinden wir als Gleichnis des Lebens, das sich so herrlich entfaltet, allzu schnell den Höhepunkt erreicht und wieder in Verfall übergeht. Dennoch erneuert es sich beständig. Eine neue Blüte kommt, wird bewundert, verehrt, in Haikus gefasst und zutiefst bedauert, wenn nach wenigen Tagen die rosigen Blätter fallen, den Boden bedecken, braun werden, vergehen. Die Kirschblütenreise macht uns die Hinfälligkeit des Augenblicks bewusst. Wir verneigen uns vor der Schönheit der Kirschblüten. Sie sind etwas Erhabenes, Einzigartiges. Junge Paare feiern ihre Hochzeit wenn möglich unter den Kirschblüten. Viele schreiben Liebesbriefe oder lassen sich beschneien von den Blütenblättern, wenn sie der vom Meer her wehende Frühlingswind von den Bäumen reißt, fortwirbelt und mitunter einen rosaroten Schneesturm erzeugt.

Ihre Schönheit dient dem Anblick; dem Augenblick, denn kaum mehr können wir davon erfassen. Die Blüten der Zierkirschen sind steril. Aus ihnen entstehen keine Früchte, keine Kirschen so lippenstiftrot wie ich sie von hier kenne. Und ihre Süße, ihr Aroma schätze. Die Blüten duften auch nicht. Ihre Schönheit ist fürs Auge. Ich weiß, dass die anderen Kirschbäume, die jetzt draußen in den europäischen Wäldern erblühen, ihre viel zurückhaltendere Schönheit mit süßen Früchten ausgleichen. Daher ist heute mein Ziel die Kirschblüte im Wald.

Dort kenne ich eine Stelle, wo mehrere Hundert Wildkirschbäume wachsen. Ein Mantel hoher Fichten umschließt diese Insel des Lichts im dunklen Forst. Im Frühjahr zieht es Falter und Vögel dorthin. Wie auch mich. Da mag ich die Helle, nicht den Schatten, wie an heißen Hochsommertagen. Die Vögel empfinden dies offenbar ähnlich. Sie singen nirgends im Forst so intensiv und so dicht beisammen wie im Wildkirschhain. Schneller als sonst gehe ich auf ihn zu.

Als ob ich es nicht erwarten könnte, die Kirschblüte zu sehen; diese andere, die viel weniger aufdringlich wirkt, fast zu verborgen, zu zurückhaltend. Die Wildkirschbäume tragen ihre kleinen Röschenblüten hoch oben in den Kronen und recken sie dem Licht entgegen. Von unten, von der Forststraße aus, kann ich kaum erahnen, wie sie aus luftiger Höhe betrachtet aussehen. Anders als die Zierkirschen haben die Wildkirschen beim Erblühen bereits Blätter getrieben. Ihr zartes junges Grün, gelblich getönt, nimmt mir zu viel Sicht auf die Blüten. Sie hängen auch nicht nach unten, wie die der gefülltblütigen Zierkirschen, die keine Bienen, Hummeln oder andere Insekten zu erwarten haben, weil sie weder Pollen noch Nektar bieten. Die einfachen fruchtbaren Blüten recken sich dem Licht entgegen. Ich höre das Summen der Bienen. Es beruhigt mich und nimmt mir das leichte Gefühl der Enttäuschung, dass die natürliche Kirschblüte nicht so berauschend schön wirkt. Sie ist nicht für uns Menschen gemacht. Auch wenn wir die Früchte der veredelten Kirschbäume so schätzen. Veredelt, verführerisch mit ihrem Rot und ihrer prallen Fülle, dürfen nur die Kirschen sein, nicht die Blüten. Diese müssen bei ihrer alten Natur bleiben.

Natürlich weiß ich das. Doch in diesen Minuten, die ich bei strahlendem Sonnenschein am Wildkirschbaumhain stehe, wird mir dieses Wissen wieder einmal richtig bewusst. Ich empfinde Verbundenheit mit den Blüten, den Bienen, den Früchten, dem Kreislauf von Erblühen und Vergehen. Lebewesen ganz unterschiedlicher Art sind miteinander verwoben. Die Bienen brauchen die Blüten, wie diese die Bienen benötigen. Wie stümperhaft und beschämend unergiebig war letztes Jahr mein Versuch, die Blüten an den kleinen Apfelbäumen in unserem Garten von Hand, mit einem Pinsel, zu bestäuben. Woher sollte ich den passenden Pollen nehmen? Eigneten sich die beiden etwas verschiedenen Apfelsorten für die kreuzweise Bestäubung? Notwendig war sie geworden, weil das Wetter zu schlecht und die Bienen zu rar gewesen waren. Ein Körbchen Äpfel, mehr nicht, war die Frucht meines Bemühens gewesen. Wäre es um Kirschblüten gegangen, hätte ich die Möglichkeit gar nicht ernsthaft in Betracht ziehen können. Zu hoch sitzen sie, zu delikat sind ihre feineren Blüten. Hier im Wald fliegen nun nicht nur Bienen zu ihnen, sondern auch zahlreiche andere Insekten. Sogar Schmetterlinge sehe ich, wie sie in vier oder fünf Metern Höhe tänzelnd herumsuchen und sich schließlich (wie mögen sie die Wahl getroffen haben?) auf einer Kirschblüte niederlassen. Später, im Juni, werde ich die Ergebnisse dieser Blütenbesuche unten auf der Forststraße finden. Als abgefallene, halbreife oder reif gewordene Wildkirschen, aber auch in anderer Form: Voller Kirschkerne liegen dann schwarze Kothäufchen von Mardern am Boden. Die Marder haben sich die süßen Früchte schmecken lassen. Die Kerne verzehrten sie gleich mit. Sie können das Fruchtfleisch davon nicht lösen. Nach der Passage von Magen und Darm sind sie dann für eine Woche oder zwei in den Exkrementen der Marder zu finden. Mancher der irgendwo im Wald einzeln aufgewachsenen Wildkirschbäume mag so seinen Anfang genommen haben. Verfrachtet vom Marder und abgesetzt an günstiger Stelle keimte der Kern erfolgreich, wuchs auf und wurde Baum. Auch von Vögeln können Kirschkerne verfrachtet werden. Amseln und Drosseln, auch Stare mögen die reifen Kirschen. Die Edelkirschen picken sie nur an. Sie sind zu groß, um als Ganzes verschluckt zu werden. Das macht diese Vögel zur Kirschenzeit ziemlich unbeliebt. Die anderen, die wilden Kirschen verschlucken die Vögel ganz. Und verteilen die Kerne ähnlich wie die Marder.

All das haben wir ausgeschaltet mit der Züchtung japanischer Zierkirschen, die nichts weiter als schöne Blüten liefern. Es wird sie nur so lange geben, wie sich Menschen darum kümmern und sie über Stecklinge vermehren. Sie sind domestiziert, wie andere Pflanzen auch, die wir als Quelle von Nahrung oder Futter für Tiere nutzen. Manche, wie der Mais, können überhaupt nicht selbstständig überleben. Andere, wie die meisten unserer Obstbäume, schlagen, sich selbst überlassen, mit ihren Kernen zurück auf die Wildformen. Daran erinnerte mich ein am Beginn der Forststraße stehender, gerade üppig blühender Apfelbaum. Gelegentlich nehme ich mir im Hochsommer einen Apfel davon mit. Er wird sie tragen, so lange er stehen bleiben darf. Sein Verbleib ist nicht sicher, denn ein Apfelbaum gehört nicht zu den Forstbäumen. Sollten aber Kerne aus seinen Äpfeln, die sich gewiss auch Marder und Rehe schmecken lassen, irgendwo zum Keimen kommen und neue Apfelbäumchen erzeugen, werden sie, alt genug geworden zum Fruchten, viel kleinere, bitter schmeckende Äpfel tragen.

Im Wildkirschbaumhain singen mehrere Mönchsgrasmücken. Geradezu überlaut kommt mir ihr Gesang vor. Er übertönt die Triller eines Rotkehlchens. Nur das »zilp-zalp« des Zilpzalps bleibt in seiner Einfachheit klar. Dann schmettert ein Zaunkönig seine Strophe, als ob er sich dabei selbst überschlagen wollte. Die Vögel holen mich mit ihren Gesängen zurück aus meinen Gedanken zu den Blüten, den Insekten, den Früchten und ihren Nutzern. Mit einem Satz von Johann Heinrich Pestalozzi im Sinn gehe ich zurück. Er hatte geschrieben: »Das Herz gibt allem, was der Mensch sieht und hört und weiß, die Farbe.« Das passt, denke ich, und passt auch nicht. Denn auch die Bienen und die Vögel sehen Farben, mit denen sie das verbinden, was in ihrer Welt des Sehens zählt. Nicht nur wir Menschen.

SCHWEFELWOLKEN

Aprilwetter ist Aprilwetter. Meistens bedeutet diese Selbsterklärung nichts Gutes. Auf Tage, in denen der »Frühling sein blaues Band wieder flattern lässt durch die Lüfte«, wie es im Gedicht des deutschen Spätromantikers Eduard Mörike heißt, folgen solche mit

Schneesturm und Frost oder strömendem Regen. Doch irgendwann gibt es die Jahre, in denen der April zum Mai gerät und dies in bestem Sinne. 2018 war so ein Jahr. Da wurde der April sogar ein verfrühter Sommermonat mit Sonne satt und ohne Kälterückschläge. Aus diversen Nachrichten erfuhr ich, dass es der seit 130 Jahren sonnigste und wärmste April gewesen ist. 130 Jahre sind für mich kein Bezug, mit dem ich etwas anfangen kann. Meine Skala sagt mir, dass ich in den Jahrzehnten, die ich in Deutschland lebe, keinen einzigen annähernd so schönen April erlebt habe. Doch dies ist bereits ein Urteil aus der Rückschau. Während er kalendarisch noch lief, der April 2018, erlebte ich die Schönheit der Tage, nicht ihre Bilanz. Schnee und Kälte fehlten mir dabei nicht. Der fehlende Regen wurde nicht als Mangel empfunden, denn im März hatte es genug geregnet und viel zu kaltes Wetter gegeben. Was kann man da anderes tun, als sich einfach über jeden schönen Tag freuen?

Über manche Begleiterscheinungen fing ich aber an, mich zu wundern. Zuerst kam Saharastaub. Dieser war uns angekündigt. Verglichen mit dem Staub, den die Fahrzeuge auf den Forststraßen aufwirbelten, wenn sie bei trockenem schönem Wetter darüber hinwegdonnerten, schwer beladen mit Baumstämmen oder zur Holzernte in die Rückegassen einfahrend, wäre der Saharastaub ein angenehm feiner Puder gewesen. Ihn hätte ich lieber gehabt als den schweren Staub der Forststraßen oder den gifthaltigen, den der Wind von den Feldern verwehte. Gegen Monatsende kam aber gelber Staub in richtigen Wolken. Bei meinen Waldgängen sah ich, dass die Ränder der Forststraßen gelb geworden waren. Im Auwald gab es das Gelb auch, aber weit weniger intensiv. Im Forst trieb der Wind mitunter dichte Schleier vor sich her. Gegen die Sonne wurden sie besonders auffällig. Da schimmerten sie gelbgolden. Mich wunderte, dass meine Nase nicht sogleich zu tröpfeln anfing und die Augen nicht anschwollen. Also kam ich auch nicht außer Atem. Die Quelle des gelben Staubes zeigte mir mein Mann. Die Fichten blühten. Das tun sie zwar jedes Frühjahr, in manchen aber besonders stark. 2018 war ein solches Ausnahmejahr. Die letzte Massenblüte der Fichten lag elf Jahre zurück. Sie war damals noch stärker. Die Pollenmassen, die der Wind aus den Fichtenbeständen über die Autobahn München-Salzburg wehte, erreichten die Stärke von dichtem Nebel. Die Autos mussten entsprechend langsam und mit Licht fahren.

So schlimm war es noch nie, las ich irgendwo Anfang Mai 2018. Ein Jahrzehnt ist eine zu lange Zeitspanne für die Medien. Pollenmassen sammelten sich an Fluss- und Seeufern zu schmutzig-gelben Schichten an. Sie klebten auf den Autos und machten Schlagzeilen. Also musste dieser Pollenflug »schlimm« sein. Dabei reagieren nur sehr wenige Allergiker auf Fichtenpollen. Ein Tausendstel Gräserpollen kann bei empfindlichen Menschen die hundertfache Wirkung des gelben Nebels von Ende April/Anfang Mai 2018 verursachen. Eine allergische Reaktion setzte nicht ein. Ich atmete normal, wenn auch nicht unbedingt aus vollen Zügen. Provozieren wollte ich mein Immunsystem nicht. Die nächsten Waldgänge verlegte ich in den Auwald. Dort war trotz sommerlicher Wärme von 25 Grad kein Insektenschutz nötig. Zwar bin ich an den harschen Duft von Zedan gewöhnt, der mich vor Bremsen und Stechmücken schützen soll, ich verzichte aber gern darauf zugunsten der natürlichen Düfte, zumal im Frühling.

BLÜTENDUFT

Ein ganz besonderer Duft durchzieht den Auwald an schönen Frühlingstagen. Er kommt von den Traubenkirschen. Anders als die Blüten der Wildkirsche sehe ich ihr Erblühen sofort und meistens schon aus größerer Entfernung. Denn die in handspannenlangen Trauben beisammen sitzenden Blüten der Traubenkirschen neigen sich rund um die Kronen nach außen. Viele kleinere und kleine Traubenkirschbäume blühen bereits. Ihre Blüten muss man nicht hoch oben suchen oder aus der Ferne, an einem Hang etwa, ansehen. Mit ihrer Blüte verleihen sie dem Auwald ein besonderes Aussehen. Die Traubenkirschen wachsen besonders an den Rändern der Auwaldparzellen und blühen dort sehr üppig. Wie mit elfenbeinweißem Schaum überzogen, heben sie sich vom Grün der Erlen, Weiden und dem helleren, gelblichen der Pappeln ab. Doch es ist weniger der Eindruck der Blüten selbst, der den Auwald in der zweiten Hälfte des Aprils oder um die Wende zum Mai charakterisiert. Weit mehr ist es der Duft, den die Blüten der Traubenkirschen absondern. Dieser erfüllt die Auen so sehr, dass ich ihn sicher zu Recht Duft des Frühlings nenne. Kein anderer übertrifft ihn. Höchstens lokal nähert sich der Duft der Holunderblüte an der Schwelle zum Frühsommer der Intensität der Traubenkirschblüte. Sie ist einzigartig, unverkennbar und für mich unbeschreibbar. Weil mir bezeichnende Worte dafür fehlen. Betörend-betäubend süß sagt mir als Charakterisierung nicht wirklich etwas über die Qualität dieses Duftes. Auch nicht dass er »schwer« sei. Die Maiglöckchen, die etwa gleichzeitig oder etwas später blühen, duften völlig anders. Mit Rosenduft kann ich ihn auch nicht vergleichen. Also bleibt er der Atem des Frühlings im Auwald. Für mich.

Wenn gut einen Monat später der Schwarze Holunder blüht, wird sein Duft Erinnerungen an die Traubenkirschen wachrufen. Noch später, gegen Mittsommer, durchzieht stellenweise der definitiv als süßlich zu charakterisierende Duft der blühenden Linden den Wald. An Stärke und Eigenart kommen sie alle den Traubenkirschen nicht nahe. Als Duftnote mag ich Holunder und Linde lieber. Gut, dass sie nicht gleichzeitig blühen. Das wäre eine Duftkatastrophe. Weit genug getrennt voneinander hält sie die Jahreszeit. Auch in der Tageszeit unterscheiden sie sich. Die Traubenkirschen rieche ich am stärksten vormittags, wenn sich die Luft im Auwald nach der feuchten Kühle der Nacht aufwärmt. Der Holunder duftet am intensivsten in den späten Stunden des Frühsommerabends, der in die Nacht übergeht. Die Linden haben am Vormittag und ein zweites Mal am Nachmittag ihre Zeit. Da bekommen sie besonders viel Bienenbesuch. Doch so ganz sicher bin ich mir in dieser Einschätzung nicht. Denn auch ich habe meine Tageszeiten. Nicht immer und gewiss nicht gleichmäßig intensiv nehme ich die Düfte auf, die mich umgeben. Ich muss dafür in Stimmung sein. Vielleicht liegen die Unterschiede auch an der Feuchte der Luft oder am Staub, den sie enthält. Nach vielen Jahren der Waldgänge weiß ich das noch immer nicht. An manchen Tagen nehme ich Gerüche intensiver wahr, an anderen kaum. Bei Frauen sind solche Unterschiede ausgeprägter als bei Männern. Auch und gerade, was unangenehme Gerüche betrifft. In jedem Frühling fällt mir dies im Wald besonders auf. Mag sein, dass es eine Verbindung mit den Vogelgesängen gibt. Sie erwecken das Gehör aus dem fast zur Norm gewordenen Zustand des Abschaltens. Zu viel Lärm würde sonst auf uns eindringen. Doch wenn ich den feinen Nuancen der Vogellieder zuhöre, meine ich, dass sich auch meine Nase stärker der Welt zuwendet, die mich umgibt. Erfahrene Waldläufer sagten mir, dass sich im Wald die Sinne schärfen. Wir nehmen Details wahr, die wir sonst übersehen, fangen Gerüche auf, über die wir uns wundern, und hören Töne und Geräusche wie durch Verstärker. Das Rascheln von Mäusepfoten oder Vogelfüßen im Laub am Waldboden etwa, das Zirpen der Heuschrecken hart an der oberen Grenze unseres Gehörs. Ein Falter fällt uns auf, der kein Blatt ist, eine Raupe, die so aussieht als ob sie ein dürrer Stängel wäre, und wir sehen das Loch, das eine Hummel in die Blüte einer Taubnessel gebissen hat. Sie holte sich den Nektar, ohne sich in die für sie zu enge Blüte hineinzuzwängen, und nutzte sie damit ohne Gegenleistung.

Angeregt durch den Duft sehe ich sie mir genauer an, die Blüten-trauben der Traubenkirsche. Kleine, winzig kleine Käfer sind die häufigsten Besucher. Sie fressen den Pollen der Blüten. Ihre Rös-chen drücken die enge Verwandtschaft mit den Süßkirschen sowie den Birn- und Apfelbäumen aus. Sie gehören zu den Rosengewäch-sen. Als einfache, offene Teller präsentieren sie den Pollen. Aus der Mitte ragt der weibliche Blütenteil mit der Narbe empor. Darauf muss der richtige Pollen gelangen. Der richtige heißt Pollen der gleichen Art, aber nicht vom selben Baum oder gar von der Blüte selbst. Ich bin beim Betrachten aus nächster Nähe den Blüten nun so nahe, dass mir ihr Duft zu aufdringlich wird. Bienen besuchen sie anscheinend eher wenig. Später, im Juli, sehe ich, dass sich nur ver-einzelt kleine schwarze Kirschen gebildet haben. Sie sind essbar, schmecken aber so adstringierend bitter, dass ich spätestens die dritte, die ich versuche, wieder ausspucke. Warum sind die Trauben-kirschen nicht voller Kirschen wie die Weintrauben voller Beeren? Reagieren Bienen, Hummeln und andere Blütenbestäuber zu wenig auf ihren Duft? Die Wildkirschen haben im Gegensatz zu ihnen Frucht angesetzt, obwohl sie ihre Blüten hoch oben im Kronenbe-reich des Waldes präsentierten. Die Traubenkirsche ist mir ein Rät-sel. Wie so vieles im Auwald. Seine Fülle beeindruckt, erdrückt mich mitunter aber auch.

BLÜTENWEGE

Braun und dürr waren die Wegränder im Forst und im Auwald den Winter über. Nur im Moos hatte sich das Grün gehalten und in man-chen Blättern der Brombeerranken. Ein stumpf gewordenes, dunk-les Grün, das nur dann etwas glänzte, wenn schmelzender Schnee oder Regen einen Wasserfilm darüber gezogen hatten. Als im Auwald die Schneeglöckchen erblühten, blieb es im Forst unter den hohen Fichten weiterhin düster wintertot. So war es jedes Jahr.

Doch nun in diesem besonderen April des Jahres 2018 reagieren die Frühlingsblumen auf die außergewöhnliche Wärme und die subtropische Sonnenflut gleichsam über Nacht. Die Buschwindröschen recken ihre weißen Blütensterne der Sonne entgegen. Blausternchen bilden blaue Bänder entlang der Wege, die durch den Auwald führen. Mehrfach bemerke ich weiße unter ihnen. Diesen ansonsten normalen Blausternen fehlt das Blau in den Blüten. Ob die Bienen auch zu ihnen fliegen und die Blüten bestäuben? Mir fehlt die Muße, mich in die Nähe zu setzen und den Bienen zuzusehen, wie sie von Blüte zu Blüte fliegen und vielleicht auch die Weißen besuchen. Dicke Hummelköniginnen lenken mich ab. Leise brummend kommen sie angeflogen, kugelrund, schwarz bepelzt mit weißgrauem Körperende und gelbem Band hinterm Kopf. Die Blausternchen, ob blau oder weiß, interessieren sie anscheinend nicht. Dicht über dem Boden suchen sie offenbar nach etwas, das mir nicht aufgefallen ist. Merkwürdig hellrosafarbene, schuppige Gebilde von der Größe dicker Finger ragen dort aus dem Boden hervor. Flach bogenförmig krümmen sich ihre Enden diesem wieder entgegen. Die Hummeln drängen sich heran. Dank ihrer Führung erkenne ich, dass es Blüten sind. Ganze Büschel dicht aneinander sitzender Blüten. Zugehörige Blätter gab es nirgends. Nur Blüten, die aus dem Boden herausragten. Die Hummelköniginnen, die gerade erst ihre Überwinterung beendet haben und neue Energie brauchen, zwängen ihre Rüssel in diese Blüten hinein. In eine nach der anderen. Beim genaueren Schauen entdecke ich, dass Dutzende solcher Blütentrauben direkt aus der Erde hervorgekommen sind. In lockeren Kreisen oder Halbkreisen umstehen sie die Bäume meistens ein paar Handbreit von den Stämmen entfernt.

Dem kleinen Bestimmungsbuch für Frühlingsblumen, das ich mir mitgenommen hatte, entnehme ich, dass es sich um die Schuppenwurz handelt. Die Pflanze gehört zu den Rachenblütlern mit röhrenförmig-tiefen Blüten, an deren Grund Nektar abgesondert wird. Viel Nektar offenbar, denn die Hummeln suchten sehr intensiv danach. Die Schuppenwurz schmarotzt an Baumwurzeln und bildet keine eigenen Blätter. Nur Blütenstände treibt sie im April. An deren Stielen sind winzige, entfernt an Blätter erinnernde Schuppen zu erkennen – daher ihr Name. Wieder einmal fand ich, dass sich die Botaniker einen schöneren deutschen Namen für so eine besondere Pflanze hätten einfallen lassen können. Schuppenwurz ist zu banal, nichtssagend.

Viel besser gefällt mir, was ich finde, als ich den Namen eines Blümleins im Buch suche, das mir am Rand des Weges aufgefallen ist. Aus einer feinen Blattrosette, die dem Boden aufliegt, reckt sich ein drahtdünner Stängel etwa zehn Zentimeter in die Höhe, verzweigt sich oben ein wenig und trägt an jedem Ende eine winzig kleine weiße Blüte. Hungerblümchen heißt es, Frühlings-Hungerblümchen. Dass so etwas Winziges überleben kann! Das krasse Gegenstück finde ich wenige Schritte weiter an einer Stelle, wo es am Straßenrand feuchter wird. Dort durchbrechen gerade rosafarbene, struppige Kegel die Bodenoberfläche. Wiederum ergibt erst der zweite, der genauere Blick, dass es Blüten sind, die herauswachsen. An einem sonnigeren Ort wären sie schon weiter entwickelt. Stumpf kerzenförmig ragen sie weithin sichtbar in die Höhe, diese Blütenstände voller rötlicher Einzelblüten. Auch sie werden von Hummeln und Bienen eifrig besucht. Dass die Pflanze Pestwurz heißt, Rote Pestwurz, musste wohl von alten Zeiten herrühren, als Europa von dieser Seuche heimgesucht worden war. Damals glaubte, nein: hoffte man, dass der unangenehme Geruch der Blätter die Pest vertreiben würde. Sie ist giftig. Ihre Blätter wurden in der Volksmedizin als Abtreibungsmittel gegen Würmer und zur Behandlung eiternder Hautverletzungen verwendet. Diese Blätter werden riesig. Schier unglaublich groß. So groß, dass sie am Stiel eine kinderfaustgroße Öffnung freilassen müssen, durch die das Wasser sommerlicher Starkregen ablaufen kann. Umgedreht setzt man sich ein großes Pestwurzblatt einfach auf den Kopf, sollte man von einem Platzregen überrascht werden. So erzählte man mir. Vorstellen kann ich mir das zwar, ausprobiert habe ich es jedoch noch nie. Jetzt, zur Zeit der Blüten der Roten Pestwurz, gibt es an ihnen noch keine Blätter. Diese kommen später. Im Juli sind sie zu voller Größe herangewachsen. In einem größeren Bestand decken sie alles zu. Unter ihnen bleibt es finster und kühl schattig. Das mögen die Mücken und die Bremsen. Deshalb weiche ich im Sommer der Pestwurz aus.

»Wurz« und »Kraut« sind sehr häufige Pflanzennamen, mit denen ich mich vertraut machen musste. Mit dem Kraut, das wir zu Hause essen, gibt es meistens keinen Zusammenhang. Wie auch die »Wurz« nicht unbedingt mit den Wurzeln zu tun haben muss. Sprachen werden besonders schwierig, wenn man in solche Bereiche eindringen will oder muss. Vor ein paar Jahren kam daher ein Missverständnis zustande. Wir waren mit Gästen unterwegs. Es gab sehr viel Interessantes zu sehen. Fast auf Schritt und Tritt, zumal die Gäste aus der Großstadt gekommen waren. Als wir am Wegrand an einer Gruppe blühender Pflanzen vorüberkamen, deren Blüten sich durch violette Lippe und gelbe, helmartige Blütenblätter auszeichnen, wurde ich gefragt, was das sei. Der Name, den ich spontan nannte, verblüffte sie so sehr, dass sie mich ungläubig anstarrten. »Bunte Zahnlücke« hatte ich die Pflanze genannt. Das war tatsächlich nicht ganz richtig, denn sie heißt »Bunter Hohlzahn«. Doch das ist für mich gerade so zum Lachen, wie meine »Bunte Zahnlücke«.

Der Fehler ließ sich leicht richtigstellen. Besser wurde die Benennung dieser hübschen Pflanzen dadurch trotzdem nicht, meine ich. Meine Kenntnis weiterer höchst seltsamer Pflanzennamen mehrte sich mit der Zeit. Auch sie hatten mit Zähnen zu tun: Zweizahn, Zahnwurz, Zahntrost, Löwenzahn, wobei meine Vorstellungskraft bei diesem noch eher einen Papiertiger hervorzubringen vermag als den Zahn eines Löwen. Die Zähne bereiteten den Menschen früher große Probleme. Zahnschmerz, faulende Zähne und zahnloses Alter gehörten zum Leben. In den Pflanzennamen spiegeln sich die alten Zeiten.

Zu meinem Frühlingsblumenstrauß, den ich mir bei meinem Gang entlang der Waldpfade im Kopf zusammenzubinden versuche, gehören im April die Haselwurz und das Lungenkraut. Von der Haselwurz sind es die handtellergroßen, runden, oberseits stark glänzenden Blätter, die im Frühlingslicht auffallen. Weil sie insbesondere an den Rändern der Wege zu finden sind, über die mehr Sonne auf den Waldboden trifft als im dichten Baumbestand, auch wenn dieser noch keine Blätter trägt. Sehe ich sie, die Blätter der Haselwurz, erwacht in mir ein kleiner Ehrgeiz und ich will die Blüten finden. Das ist alles andere als leicht. Denn sie tun genau das Gegenteil der Schuppenwurzblüten. Sie verstecken sich am, mitunter sogar im Boden unter den Blättern. Sie sehen wie Knospen aus, grünlich mit drei leicht violetten, spitz auslaufenden Zipfeln. Das Innere ist dumpf fleischfarben-bräunlich. Sehe ich sie mir mit einer nur leicht vergrößernden Lupe an, bekomme ich den Eindruck, ich schaue auf einen zum Zubeißen geöffneten, kleinen Rachen. Ameisen, Käferchen und andere Bodeninsekten, die in diese Halbröhren hineinkriechen, übertragen den Pollen und bewirken die Bestäubung. Aber die Haselwurz ist darauf nicht unbedingt angewiesen. Sie kann auch ohne Fremdbestäubung Samen bilden. Ein seltsames

Gewächs also, das so stark abweicht vom Frühlingsdrang der Blüten, sich zum Licht hin zu entwickeln und zur Sonne zu öffnen.

Zwischen den grün glänzenden Scheiben der Haselwurzblätter gibt es andere Pflanzen, die richtige Blüten in Glöckchenform ausbilden und sich damit deutlich über den Auwaldboden hochrecken. Ihre Besonderheit ist ein Farbwechsel. Die jungen, noch nicht von Bienen oder Hummeln besuchten Blüten sind rosa, jungfräulich. Ist der Geschlechtsverkehr vollzogen, weil männlicher Pollen auf die weibliche Narbe übertragen worden ist, färbt die Blüte sich blau. Meinen Informationsquellen entnehme ich, dass dabei der Farbstoff der Gleiche bleibt. Was sich ändert, ist der Säuregrad. Rot, sauer, schlägt auf Blau um, wenn der Zellsaft neutral bis leicht basisch wird. Irgendwie erinnerte ich mich, dass wir diesen Farbumschlag im Chemieunterricht hatten. Dass er in der Natur so direkt eine Rolle spielt und nicht bloß Lernstoff war, verwundert mich. Zu selten ergibt sich eine konkrete Anwendung des im Unterricht Gelernten. Lernt man also doch fürs Leben? Nun ja, der Farbwechsel der Blüten des Lungenkrautes, wie diese Frühlingsblume heißt, muss nicht unbedingt zum Lebenswissen gehören. Aber den Grund zu kennen, macht mir Freude und schafft gute Stimmung. Das leise Quaken der Frösche und Kröten, die im nahen Tümpel laichen, gehört auch zu diesen kleinen Freuden. Die Kröten gurren mehr, als dass sie quaken. Ihre Paarungsrufe wirken weich und zurückhaltend. Ihr Verhalten ist das Gegenteil. In manchen Frühjahren erschreckte es mich.

Ein Laichgewässer, das Naturschützer für sie angelegt hatten, erwies sich als Magnet für die Erdkröten. Es leben keine Fische darin. Das Wasser ist klar und in einem größeren Randteil gut durchsonnt. Eine nicht landwirtschaftlich genutzte Wiese umgibt den Tümpel. Auwälder grenzen an. Für die Kröten sind dies ideale Verhältnisse, leben sie doch den Sommer über in den Wiesen und Auen. Aber im Frühjahr brauchen sie das fischfreie Laichgewässer. Nach dem langen Winter, der bis Anfang April angedauert hatte, war jetzt Hochbetrieb im Krötentümpel. Dutzende Krötenmännchen hingen mit weit ausgebreiteten Beinen an der Wasseroberfläche. Von Zeit zu Zeit erzitterte diese um sie herum ein wenig. Dann hörte ich ihr Gurren. Durchs Fernglas schaute ich in ihre goldglänzenden Augen. Das Unschöne der warzigen Krötenhaut trat zurück. Die kleinen grasgrünen Laubfrösche, die sich an Schilfstängeln festhielten, gefielen mir zwar viel besser, aber die Schönheit der Krötenaugen hatte durchaus ihren Reiz.

Eine Bewegung, ein Stoßen und Drehen in der Tiefe, zerstörte meine verklärte Schau auf die Kröten. Was ich erblickte, musste mein Gehirn erst zu entwirren versuchen. Ein dichtes Knäuel aus Krötenleibern wälzte sich hin und her. Mit dem Fernglas erkannte ich mehr, als sich die Kugel öffnete und bogenförmig streckte. Ein »Krötenzopf« hatte sich gebildet. Ganz unten, schon weiß an den Beinen und am Kopf, von dem nur noch das vorderste Stück aus der Masse der Körper ragte, befand sich ein großes Krötenweibchen. Ein Männchen hielt es von der Rückenseite her mit einem Würgegriff um die Kehle umklammert. Auf diesen saß, gleichfalls klammernd, ein weiteres Männchen. Wiederum eines auf diesem; ich kam auf sieben Männchen. Das Weibchen war zu Tode gedrückt. Es hatte sich nicht mehr ausreichend wehren können. Vielleicht würde das unterste Männchen auch bald sterben. Noch aber zeigten schwache

Stoßbewegungen seiner Hinterbeine an, dass es lebte. Der Krötenzopf war eine Folge des Männchenüberschusses. Mehr als ein Dutzend weiterer Krötenmännchen schwebte über dem sich wieder zur Kugel aus Krötenleibern zusammenrollenden Zopf an der Wasseroberfläche. Es gab sonst keine Weibchen, aber bereits viele Eischnüre, die kreuz und quer zwischen den Schilfhalmen ausgespannt waren. Mit schwarzen Eiern jeweils in Doppelreihen darin. Die Weibchen, die diese Eischnüre abgesetzt hatten, waren dem Ansturm der überzähligen Männchen offenbar glücklich entgangen. Jetzt verstand ich, weshalb die Krötenweibchen häufig schon mit einem auf ihrem Rücken reitenden Männchen ankommen. Das hatte ich zuvor komisch und lächerlich empfunden. Das Paar laicht nach der Ankunft am Tümpel sofort. Beim Austreten der Eier aus der Kloake des Weibchens besamt sie das Männchen. Und löst sich danach ab. Es bleibt am Tümpel und wartet auf eine zweite oder dritte Chance, die Eischnüre eines anderen Krötenweibchens besamen zu können. Jedes Weibchen versucht, sich so schnell wie möglich dem weiteren Zugriff der Männchen zu entziehen. Mir wurde fast schwindlig beim Nachdenken über das Krötenleben. Als ich zwei Wochen später wieder hinkam, wimmelte es im Krötentümpel vor schwarzen Kaulquappen. Die flachkugeligen Wesen mit den dünnen, durchscheinenden Schwänzen wuselten nur so umher. Ein großer Erfolg? Mitnichten, musste ich mir bewusst machen. Von den Tausenden und Abertausenden werden nur einige wenige als fertige kleine Kröten mit vier entwickelten Beinen und einem zum Stummel zusammengeschmolzenen Schwanz das Gewässer verlassen. Die meisten werden von den eigenen Geschwistern aufgefressen, weil es zu wenig Nahrung gibt. Erwürgte Weibchen, Massentod von Kaulquappen, beides gehört zum Krötenleben. Es ist Natur. Meine Betrachtungen an den Frühlingsblumen waren verglichen damit erholsam schön. Die Wunder der Blüten lenken jedoch allzu leicht ab von der rauen Lebenswirklichkeit. Das ist wohl auch gut so.

Das Flöten der Amseln zu erkennen und von anderen Vogelliedern zu unterscheiden, fiel mir leicht. Ihr Gesang war stets der erste im Jahr, den ich bei meinen Morgengängen mit dem Hund zu hören bekam. Im Februar fingen sie meistens schon an zu singen, spätestens im März, wenn der Winter kalt und schneereich war. Das fiel mir deshalb auf, weil die Amseln in München viel früher ihre Morgenlieder hören ließen. In der Regel bereits im Januar, spätestens Anfang Februar. Im Wald waren sie auch nicht die Ersten. Dort begannen die Misteldrosseln, ihre braungrauen Verwandten mit der gefleckten Brust, lange vor den Amseln mit dem Singen. Ihr Lied klingt seltsam melancholisch. Manchmal meine ich, eine Amsel würde singen, aber noch nicht in der richtigen Stimmung dazu sein, wenn ich das Flöten der Misteldrossel höre.

In der Frühjahrsreihe der Sänger kommen als nächste die Buchfinken. Ihr »Schlag«, wie ihr Lied auf Deutsch genannt wird, kommt mir nicht wie eine Folge von Schlägen vor. Aber anders beschreiben kann ich es auch nicht, wie sich das Buchfinkenlied in meinen Ohren anhört. Ich habe genug Schwierigkeiten damit, »l« und »r« auseinanderzuhalten. In den gesprochenen Worten klingen sie für mich fast ununterscheidbar gleich. Nicht etwa, weil ich schlecht höre. Mein Gehör ist einfach in der frühen Kindheit anders geprägt worden. Im Japanischen gibt es keine klare Trennung zwischen »l« und »r«. Das »R« genügt uns. Es kommt selten genug in unserer Sprache vor. Etwas, das dem »L« entspräche, haben wir nicht. Wir differenzieren stärker in anderen Bereichen der Sprache. Diese Anmerkung hat einen guten Grund. Mit der frühkindlichen Prägung begründe ich für mich die Schwierigkeiten, die mir die Vogelgesänge bereiten. Jedes Frühjahr muss ich mich abermals hineinhören. So die »vornehme« Formulierung meines anfänglichen Ratens, von welcher Vogelart dieser oder jener Gesang stammen könnte. Im März geht es noch. Da kommen neue Gesänge mit größeren Zeitabständen hinzu. Ein Sänger narrt mich da nicht annähernd so, wie später im Mai und Juni, wenn alle Vögel da sind und mehr oder minder gleichzeitig singen. Eine Drossel ist es, die mich nervt. Sie heißt sinnigerweise Singdrossel. Diese Bezeichnung würde ich viel lieber der Amsel verliehen haben. Denn sie singt schön, vielfältig und eindeutig. Nicht so die Singdrossel. Sie fängt mit einem Motiv an, mit »zia, zia« zum Beispiel, wiederholt es drei- oder viermal, wechselt danach auf ein völlig anderes, das von einer ganz anderen Vogelart stammen könnte, wiederholt dieses ein paar Mal, nimmt ein neues Motiv auf und so fort. Bis ich nicht mehr weiß, wem ich zuhöre. Spottdrossel müsste sie heißen. Nicht nur, weil ich mich so oft genarrt fühle, sondern weil sie tatsächlich Teile von Gesängen anderer Vögel in ihr Repertoire einfügt. Anfang März, wenn die Singdrosseln aus dem Winterquartier zurück sind und intensiv zu singen angefangen haben, ist es ein Genuss ihnen zuzuhören. Da bleibe ich auf meinen Waldgängen einfach stehen und lausche ihnen. Sollte irgendwo aus dem Unterholz ein Zaunkönig sein Lied dazwischen schmettern, stört dies nicht, sondern bereichert. Denn dann höre ich einfach klar genug, was von oben, vom Gipfel einer Fichte oder dem Geäst einer Pappelkrone, und was vom Zaunkönig von unten aus dem Gebüsch kommt. Die Tempi sind zudem ganz verschieden. Die Singdrossel wiederholt jedes Motiv klar abgesetzt und langsam, während der Zaunkönig so dahinschmettert, als ob er sich selbst dabei überschlagen würde.

Die Morgen- oder Abendstunden im März mag ich daher sehr. Sie bieten einen reinen Genuss der Vogellieder. Noch sind die Sänger Solisten. Im April und Mai, wenn immer mehr Arten dazugekommen sind, entsteht das Vogelkonzert, dem ein Dirigent fehlt und das mich berauscht und verwirrt zugleich zurücklässt. Die Fülle der unterschiedlichen Lieder erfüllt meinen Kopf. So sehr, dass ich umso weniger trennen kann, wer da singt, je mehr Vögel zusammen singen. Mischt sich dann die Singdrossel mit dazu, ist das Chaos perfekt, dem ich mich jedoch durchaus genießend hingebe. Die Verwirrung setzt ein, wenn mich mein Mann fragt, wer da singt, oder auf eine spezielle Vogelart aufmerksam macht. Da wird das Wissenwollen störend. Nicht, dass ich nicht wissen möchte, wer da singt. Die Herausforderung des Frühlings entspringt genau in dieser Suche nach Klarheit. Amsel, Drossel, Fink und Star ergeben eine sinnvolle Reihe, wie ich mit der Zeit feststellte. Die Amsel singt als Erste, die Singdrossel und der Buchfink folgen. Im April kommt das Gezwitscher der Stare dazu. Es enthält für mich aber zu viel Nachgeahmtes und durch Imitation Verändertes aus anderen Vogelstimmen. In der »ganzen Vogelschar«, um beim Reim zu bleiben, stecken dann die Grasmücken, das Rotkehlchen, die Laubsänger und weitere Vogelarten, deren Namen zu lernen allein schon schwierig genug ist. Einige mag ich besonders. Das Rotkehlchen mit seinen langsamen, weich perlenden Trillern, den Fitis mit seiner süß dahinfließenden Strophe, die zum Summen der Bienen passt, wenn sie die blühenden Weidenkätzchen im April besuchen, wo auch der Fitis singt. Die Mönchsgrasmücke, die leise zwitschernd beginnt und sich in einen lauten, sehr melodischen Überschlag steigert. Und auch das einfache, frühlingstypische »zilp-zalp« des Zilpzalps. Was sonst noch alles singt im Frühling im Auwald und Forst gehört für mich zu den höheren Sphären der Vogelkunde. Ich warte dennoch auf einen, der mir stets besondere Freude macht, auf den Pirol.

DER PIROL

Anfang Mai trifft er ein. Nur im Auwald höre ich ihn. Vom Forst, vom Nadelwald, hält er offenbar nichts. Sein Ruf ist der einzige Pfiff, auf den ich sofort und mit Vergnügen reagiere. Unglaublich, dachte ich, als ich ihn erstmals hörte: Wie ein frecher Junge, der verdammt gut pfeifen kann! »Düdlióh« oder so ähnlich übersetzt man seinen Ruf ins Deutsche. Vogel Bülow soll er auch genannt worden sein. Goldamsel ebenfalls. Denn goldgelb ist der Körper des Männchens gefiedert. Die Flügel sind schwarz. Selten sehe ich einen Pirol, wenn ich auf meinen Pfaden im Auwald unterwegs bin. Pirole halten sich dort fast immer gedeckt in den gelbgrünen Baumkronen der Weiden und Pappeln auf. Die Weibchen tragen mit ihrem Gefieder genau dieses Grün. Es macht sie fast unsichtbar. Nur wenn zwei Männchen einander jagen, habe ich eine Chance, sie über den Weg fliegen zu sehen. Doch ich bin vollauf zufrieden, ihre Rufe zu hören. Sie wirken tropisch, zumindest subtropisch. Sie ergänzen den fast immer auch irgendwo im Hintergrund zu hörenden Kuckuck. Dazwischen könnte sich tatsächlich der Vogelchor entfalten, gäbe es einen Dirigenten.

Doch der gemeinsame Gesang der verschiedenen Vögel ist an niemanden gerichtet. Die Männchen ihrer Art hören, dass das Revier immer noch von einem kräftigen Männchen besetzt ist. Die Weibchen können an den Liedern abschätzen, ob ein Seitensprung mit diesem Sänger attraktiv sein könnte. Was die Vögel der anderen Arten singen, interessiert nicht. Wichtig ist lediglich, dass diese nicht Gleiches oder sehr Ähnliches singen. Das würde Konfusion erzeugen. Das Konzert unter der Leitung des Dirigenten ist eine Illusion, die ich mir wahrscheinlich deshalb mache, weil ich mich in meiner Jugend in die Welt der Musik vertieft hatte. Einer meiner Gründe, nach Europa zu gehen, war die Musik gewesen: Jeden Abend wollte ich in die Oper. Ich träumte von Konzerten, in denen ich in der Musik versinken würde. Das wirkliche Leben rückt die jugendlichen Traumwelten zurecht. Längst weiß ich, dass ins Konzert oder in die Oper zu gehen, durchaus anstrengend ist. Man ist ja nicht allein. Im Frühlingswald aber bin ich dies beim Genießen der Vogelkonzerte. Dass sie keine »richtigen« Konzerte sind, empfinde ich nicht mehr als Manko, sondern als angenehm. Denn nun ist sie jedes Mal neu, die Fülle der Vogellieder, die ich auf meinen Waldgängen genießen kann. Ich muss die Arie nicht kennen, brauche nicht zu wissen, was gesungen wird. Vogellieder sind reiner Genuss. Ob einzeln oder in bunter Fülle. Im Englischen gibt es einen Ausdruck dafür, was sie erzeugen: Soundscape. Das entspricht im Akustischen der Landscape, der Landschaft im Optischen. Hörbild kommt mir zu schwach vor als Übersetzung. Soundscape ist eine eigene Welt aus Geräuschen, Tönen und Liedern, die sich zu einer stets neuen Symphonie zusammenfügen. Viele meiner Waldgänge gelten ihr. Sie machen aus den gewohnten Anblicken immer wieder neuartige Eindrücke.

MISTKÄFERMEDITATIONEN

Es gibt Geschichten, die man von hinten aufrollen sollte, damit sie interessant werden. Der direkte Ansatz setzt voraus, dass man die Zuhörer bereits gewonnen hat. Dazu müsste eine interessante Vorgeschichte verfügbar sein, über die ganz sachte eingeführt wird in die eigentliche Erzählung. Wie soll ich aber anfangen, wenn ich über meine Mistkäferbeobachtungen im Wald berichte? Den Sommer über begegnen sie mir fast jedes Mal. Im Herbst sind sie besonders häufig. Viele werden zertreten oder überfahren oder zertreten und überfahren. Das hinterlässt auf den Forststraßen fossilienartige Abdrücke von Splittern aus Flügeln, Beinen und Panzerstücken der Käferkörper. Nicht sehr reizvoll, zugegeben. Auch kein geeigneter Ansatz, über den Sinn des (Käfer-)Lebens zu philosophieren. Das im Fell noch graue, tollpatschige, aber mit großen Augen einen lebendigen Mistkäfer auf der Forststraße betrachtende Jungfüchslein wäre passender, muss ich doch damit rechnen, dass es nicht lange leben wird. Weil die Jäger nicht dulden, dass es von Natur aus Füchse gibt. In der freien Natur, in der sie selbstherrlich über Leben und Tod entscheiden. In der Stadt ist das anders. Da hätte der kleine Fuchs große Chancen gehabt, ein artgerechtes Leben zu führen. Im Großstadtdschungel darf er das. Im Wald nicht. Da schädigt er die Interessen der Jäger, weil er außer den vielen Mäusen, die er nach Fuchsart fängt, vielleicht auch mal einen Hasen erbeutet. Einen, der womöglich in der Nacht angefahren wurde, als er die Straße zu überqueren versuchte. Zugenommen haben die Hasen nicht, seit die Jäger die Füchse besonders intensiv bejagen. Im Gegenteil. Die Jagdstatistiken zeigen, dass es umso weniger Hasen gibt, je mehr Füchse geschossen werden. Ich begreife das nicht. Ich will es auch gar nicht weiter versuchen, weil ich dabei verrückt wwürde. Mit trüben Gedanken schaue ich dem Füchslein hinterher, wie es sich langsam ins Dickicht zurückzieht, so als wollte es sich auch nicht von mir trennen. Am liebsten möchte ich mir einreden, es habe in dem Moment, als es mich anschaute, bemerkt, dass es auch gutgesinnte Menschen gibt.

Meinen Morgengang in den Wald setze ich fort mit auf den Boden gerichteten Blicken. Was das Füchslein betrachtet hatte, sehe ich nun: einen Mistkäfer. Und was für einen prächtigen. Wie ein Miniatur-Ritter in glänzender Rüstung steht er auf einem Stein, der sich kaum einen halben Zentimeter abhebt vom Straßenschotter der Umgebung. Ein rundlich platter Stein ist es. So einer, der übers Wasser tanzt, wenn man den Dreh beherrscht, wie man ihn flach zu werfen hat. Auf den Rand dieses Steines stützt er sich mit den beiden Vorderbeinen und reckt sich in die Höhe. Als ob er auf einem Berg stünde und Ausschau hielte in die Ferne. Unwillkürlich muss ich an Sumo-Ringer denken. Der Käfer hat keinen schwarzen Gürtel. Er ist vollkommen blau. Seine beiden Fühler sind wie Antennen in Blickrichtung seiner Augen, also schräg seitlich ausgestreckt, die schmal blattförmigen Enden sind aufgefächert. Der Lichtfleck der Morgensonne, der ihn gerade trifft, lässt ihn aufglänzen. Tief kobaltblau wie aus einem Edelstein geschnitten sieht er aus.

Ich lasse mich nieder, so weit es geht, um einigermaßen auf sein Niveau zu kommen. Das gelingt nicht. Ich bin einfach viel zu groß. Allein mein Auge ist größer als der ganze Käfer. Dabei gehört er zu den größeren Vertretern der Käferwelt. Mein Blickwinkel reicht gerade, um zu erkennen, dass seine Bauchseite noch viel stärker, viel intensiver blau glänzt. In deutlich hellerem Ton und noch ausgeprägter metallisch. Langsam, ganz langsam wechselt er die Position ein wenig. Die Fühlerplättchen, seine Antennen, sind nun etwas anders orientiert. Offenbar haben sie erfasst, wonach ihm ist. Denn plötzlich wird er richtig lebendig. Geradezu munter. Er hebt die beiden halbkugelig runden Deckflügel an. Darunter schieben sich goldbraun schimmernde Flügel hervor. Er streckt sie, richtet sie etwas schräg vom Körper weg und startet so schnell, dass ich den Moment des Abflugs verpasse. Als blaue Kugel saust er davon. Etwa auf meiner Brusthöhe. Ich schaue ihm nach und sehe unvermittelt keinen Käfer mehr, sondern ein glänzendes Paar dunkel-meerblauer Augen, die scheinbar körperlos hinwegeilen. An den abgespreizten Deckflügeln spiegelt sich nämlich die Sonne gerade so, dass dieser Eindruck zustande kommt. Ich kann mir gut vorstellen, dass nicht nur ich, sondern auch Vögel verblüfft sind, so ein fliegendes Augenpaar zu sehen. Und gar nicht erst versuchen, es zu verfolgen.

In knapp zehn Metern Entfernung landet der Käfer am Rand der Forststraße. Was sein Ziel war, möchte ich sehen. Dazu muss ich meinen Hund überreden, dorthin zurückzugehen, wo er vor wenigen Minuten gewesen ist. Er sieht mich fragend an, ob das mein Ernst sei. So interpretiere ich sein Gesicht, das in die andere Richtung weist: vorwärts. »Wir gehen schon weiter, aber ich will erst nach dem Käfer schauen«, sage ich ihm. Hoffentlich hat mich niemand gehört, schießt es mir durch den Kopf, während ich mich umsehe. Es ist niemand da. Also zurück zum Käfer, zu seiner Landestelle. Alles andere ist vergessen. Meinen Hund zieht es aber noch immer so gar nicht dorthin. Weshalb, sehe ich, als ich nahe genug bin. Er hatte dort sein Geschäft gemacht. Neben der Forststraße im Randstreifen, der immer dann gemäht wird, wenn im Sommer die Blumen darauf angefangen haben zu blühen. Hier sehe ich ihn wieder, den prächtig ultramarinblauen Käfer. Direkt auf dem Kot meines Hundes. Er ist nicht allein. Ein zweiter krabbelt ganz in seiner Nähe umher. Ganz langsam, wie es Waldmistkäferart ist. »Auf frischer Tat ertappt«, denke ich. Mein Hund denkt sichtlich nichts. Er will einfach weiter. Fort von seiner eigenen Hinterlassenschaft. Die mag andere Hunde interessieren. Oder Mistkäfer. Solche gibt es nicht in seinem Leben. Merkwürdig eigentlich, denn diese Käfer leben von ihm. Sie sind auf die Produkte seiner Verdauung und die anderer Hunde und anderer Tiere angewiesen. So sehr, dass ihr ganzes Leben auf Exkremente eingestellt ist.

Wiederholt sah ich zu, wie ein Hundekot scheinbar beweglich wurde und nach und nach in der Versenkung verschwand. Die Mistkäfer hatten ihn untergraben. Sie legen darunter ihre Brutkammern an. Die Larven leben vom Kot. Aus den organischen Reststoffen und den Unmengen Bakterien, die darin enthalten sind, schöpfen sie ihr eigenes Leben. Seit es fast keine Rehe mehr im Forst gibt, weil sie nach Ansicht der Staatsforstverwaltung Schädlinge sind, die möglichst so weit ausgerottet werden sollten, dass die Förster nichts mehr von ihrem Vorhandensein bemerken, seither hängt das Leben der Waldmistkäfer vom Hundekot ab. Rehkötel finden sie fast nicht mehr. Wir Hundehalter versorgen somit die Waldmistkäfer täglich mit frischer Nahrung. Sie ist aber mit Gefahren verbunden. Der ergiebigste Hundekothaufen kann zur tödlichen Verlockung werden, wenn er so auf der Straße abgesetzt wurde, dass ihn die Autos und die großen Forstfahrzeuge überfahren. Dann enthält der zerdrückte Brei die flach gequetschten Käfer in großer Zahl. Viele Käfer werden von Fußgängern zertreten und von Radfahrern überfahren, wenn sie wie mein eben beobachteter auf der Straße sitzen oder umher krabbeln. Im Lauf des Sommers übersteigt die Zahl der solcherart tot aufgefundenen die der lebendigen Mistkäfer beträchtlich. Der Hundekot bringt ihnen Nahrung, die Straße aber bringt ihnen den Tod. Ich lobe nachträglich meinen Hund, dass er sein Geschäft, wie eigentlich immer, ganz am Rand gemacht hat, wo kein Mensch unabsichtlich hineintritt. Wiederum versteht er natürlich nicht, was ich meine. Das Lob nimmt er hin mit der Erwartung, dafür auch etwas zu bekommen. Also hole ich ein paar Krümel Hundefutter aus der Tasche und gebe sie ihm. Aus ihnen wird vielleicht neue Nahrung für Mistkäfer, je nachdem, wo mein Hund sich gerade aufhält, wenn der verdaute Rest der Krümel an der Reihe ist.

Wir gehen weiter. Wie immer läuft er ein paar Schritte vor mir und macht den doppelten Weg mit seinem dauernden Hin und Her von der einen auf die andere Straßenseite. Auf diese Weise gleicht sich unser Tempo an. Mir kommt das Füchslein wieder in den Sinn, das mein Hund nicht sah, und wenn, dann höchstwahrscheinlich für einen Hundewelpen gehalten hätte. Auf den einen Mistkäfer hatte es mich aufmerksam gemacht. Verwertet dieser Käfer auch Fuchsexkremente? Anscheinend nicht, zumindest nicht, wenn Hundekot in großer Zahl verfügbar ist. Ein Haufen Pferdeäpfel mitten auf der Forststraße bringt meine Überlegungen zuerst durcheinander, lenkt sie aber dann auf eine interessante neue Bahn. Denn an diesem arbeitet, gräbt und bohrt ein ganzes Dutzend Waldmistkäfer. Bei der Menge kein Wunder, denke ich, es könnten noch viel mehr sein. Im Pferdeäpfelhaufen arbeiten die Käfer so heftig, dass eine Kugel mitsamt ihrer blauen Käferfracht von oben herunterkullert und daneben liegen bleibt. Das erinnert an Elefantenpolo. Aber die Käfer sind viel kleiner im Verhältnis zur Größe der feuchten Kugeln, die sie bearbeiten. Bietet ihnen Fuchs- oder Marderkot einfach zu wenig Masse? Zwei Walker, ältere Damen mit forschem Schritt, kommen vorüber. Gut, dass sie nicht mitbekommen, wohin ich schaue und womit sich meine Gedanken beschäftigen. Sie unterhalten sich laut über etwas, das ich nicht verstehe. Weil ich die Welt der Menschenstimmen ausgeblendet habe. Wie es sich beim Shinrinyoku gehört. Zu meinen Überlegungen bieten die Käfer mit ihrem Aussehen eine Antwort an. Aus dem Pferdemist kommen sie heraus wie frisch aus der Dusche, blitzsauber und hoch glänzend. Ist ihnen der Fuchskot zu klebrig? Im Hundefutter sind reichlich Kohlenhydrate enthalten. Ihre Reste entsprechen mehr dem wenig verdauten Stroh im Pferdeapfel und den Fasern, aus denen die festen Kötel von Reh und Hirsch oder von Schafen bestehen. Solche können die Käfer gut versenken und zu Pillen für die Brutkammern umbauen. Klebriger Kot eignet sich dafür nicht so gut. Als wir auf dem Rückweg an einem ziemlich frischen Kothaufen eines großen Hundes vorbeikommen, nehme ich ein Aststück und verschiebe ihn zum Straßenrand. Damit die Mistkäfer nachher sicher sind bei ihrer Arbeit! Dass mich mein Hund heute ein drittes Mal verständnislos anschaut, vergelte ich ihm mit einem ausgiebigen Streicheln seines Kopfes. Wir haben beide ein gutes Werk vollbracht – für die Waldmistkäfer. Er mit Nahrung für sie, ich mit Schutzmaßnahmen. Selten gut gestimmt machen wir uns auf den Heimweg.

SCHILLERFALTER

Schmetterlinge beobachten zu können, gehört zu den kleinen Sommerfreuden meiner Waldgänge. Die beste Zeit für die Prächtigsten unter ihnen ist die Zeit von Mitte Juni bis Anfang Juli. Das sind die Wochen um die Sommersonnenwende. Wenn das Wetter stimmt.

Im üblichen mitteleuropäischen Monsunklima ist das eher selten der Fall. Daher erklärte man mir die Siebenschläferregel: Wenn es am Siebenschläfertag (endlich) schön (geworden) ist, bleibt das Sommerwetter die nächsten sieben Wochen erhalten. Erlebt habe ich es aber nur ein- oder zweimal, im Sommer 2003, dem Super-Sommer, und 2006, dem Juli, in dem das Sommermärchen stattfand. Was mit diesem Märchen gemeint war, ist mir nie so recht klar geworden, obgleich mich die Fußballspiele begeisterten. Immer noch wird über dieses Sommermärchen diskutiert. Dem Super-Sommer von 2003 wiederum trauern viele meiner Freunde nach. Und meinen, hätten sie damals gewusst, wie warm es wird, wären sie nicht wie üblich in den Süden gefahren. Andere hielten ihn für ein Menetekel. Der Sommer 2018 wird mit jenem Jahrhundert-sommer verglichen und noch mehr zur Katastrophe gemacht. Mit solchen Naturkatastrophen kann ich in Deutschland beruhigt leben. Was ist ein schöner Sommer gegen Erdbeben, Tsunami und Taifune? Ich schätze mich glücklich, hier mit keinem aus diesem Trio infernale rechnen zu müssen. Fegt ein Wintersturm übers Land, gehe ich nicht in den Wald. Die Natur hier ist friedlich, verglichen mit den Verhältnissen in Japan. Dort wuchs ich auf in einer Bucht, an der ein mächtiger Vulkan aufragt. Gelegentlich, in neuerer Zeit recht häufig, überschüttet er meine Heimatstadt mit Asche. Tagelang kann man nur mit Atemschutz ins Freie gehen, und die Fenster dürfen nicht geöffnet werden.

Umso mehr genieße ich die Waldluft, wenn ich in der Zeit um die Sommersonnenwende schon vormittags in den kühlen Schatten eintauche und gemächlich dahinschreite. Ins Schwitzen will ich nicht kommen. Dafür gibt es genug andere Möglichkeiten an der Schwelle zum Hochsommer. Auch draußen.

Nach wenigen Schritten fühle ich mich umfangen vom Spiel der Sonnenflecken im Schatten der hohen Bäume. Wie in der Kindheit kommt in mir ein Drang auf, vom einen Lichtkringel am Boden zum nächsten zu springen. Hüpfen wie ein Schmetterling durch die Luft. Kinder können es. Doch welches Kind kommt in den Wald, um mit Sonnenflecken am Boden zu spielen? Wenige, viel zu wenige sind es, die im Vorschulalter einen Waldkindergarten besuchen können. Nicht weil es zu wenig Wald in Deutschland gäbe, sondern weil zu viele Vorschriften und Beschränkungen dagegen stehen. Kinder sollen lieber ungesund in geschlossenen Räumen unter Dauerbeobachtung überforderter Erzieherinnen krank und träge bleiben, als draußen frisch und munter zu werden. Dann sind zumindest keine Gerichtsverfahren zu befürchten, die Eltern anzetteln, weil ihr Kind von der Brombeerranke einen Kratzer abbekommen hat oder im Moos auf die Nase fiel. Solche leicht polemischen Gedanken gehen mir durch den Kopf, als mir, wieder einmal, bewusst wird, dass ich kaum jemals Kinder im Wald antreffe. Wenn doch, werden sie von nervös wirkenden Erzieherinnen in Gruppen geführt und mehr oder weniger beständig ermahnt, auf der Forststraße zu bleiben, bis sie an einem bestimmten Platz ein paar Meter weit zu den Bäumen hindürfen. Wenn wir mit unseren Enkelkindern einen Waldspaziergang machten, verschwand die Kleinere nach kurzer Orientierung, wo wir uns befanden, im Dickicht. Wir mussten uns nicht sorgen. Die Jahre im Waldkindergarten hatten den Kindern ein sicheres Orientierungsvermögen mitgegeben. Sie wissen, wo sie sind, auch wenn sie uns und die Forststraße nicht mehr sehen. Mir fehlt diese Sicherheit, weil ich in der Kindheit keine Möglichkeit hatte, mit dem Wald vertraut zu werden. Daher halte ich mich an die Straßen und Wege und weiche nur wenig von ihnen ab. Zu erleben gibt es auch so genug, wenn die Strecken nicht zu überlaufen sind.

Mein heutiger Weg ist offenbar gut gewählt. Am Waldrand stand kein Auto auf dem kleinen Parkplatz. Radfahrern musste ich auch noch nicht ausweichen. Nur eine Joggerin überholte mich und hinterließ eine Mischwolke aus Schweiß- und Parfümgeruch. Damit kommt der Wald zurecht, stelle ich fest und weiche dieser zur guten

Waldluft nicht passenden Duftwolke ein wenig aus. Dabei erschrecke ich einen auf Gestrüpp am Straßenrand sitzenden Falter; einen Schmetterling, auf dessen Flügeln sich das Blau des Himmels spiegelt. Ein Großer Schillerfalter ist es. Er saß mit geschlossenen Flügeln auf einem Brombeerblatt. Da hatte ich ihn glatt übersehen. Im Auffliegen blitzte sein Blau auf und verschwand im nächsten Augenblick, weil er in den Schatten hineingeriet. Aufblitzen und Verschwinden, so ging es weiter, bis ich ihn aus den Augen verlor, weil er hinaufstrebte zu den Baumkronen. Solche Momente genieße ich, ohne etwas zu denken. Sie kommen, treffen mich unvorbereitet und vergehen, bis ich so recht erfasst habe, was ins Blickfeld geraten ist. Das kenne ich, denn Schillerfalter beider Arten, den Großen und den kaum kleineren Kleinen, sehe ich zur Mittsommerzeit regelmäßig auf meinen Gängen in die Wälder und Auen. Manchmal bringe ich es bei einem einzigen Waldgang auf ein Dutzend dieser prachtvollen Schmetterlinge.

Oft sitzen sie mitten auf der Forststraße als dunkles Dreieck, wenn man sie von der Seite sieht, oder als nahezu unsichtbarer Strich, wenn ihre Position auf uns zu oder von uns weggerichtet ist. Das ist häufig der Fall. Warum sie so sitzen, erklärt sich durch ihr Verhalten. Die Schillerfalter besetzen Reviere auf den Forststraßen. Diese reichen so weit, wie das Aufblitzen der Flügel wirkt, wenn sie im Flug vom Sonnenlicht getroffen werden. Auf jeden sich nähernden blauen Blitz fliegt der Platzhalter zu und greift an. Ebenfalls mit aufblitzenden Flügeln. Ein kurzer Luftkampf entspinnt sich. Nach wenigen Sekunden fliegen die beiden in Gegenrichtung auseinander. Haben sie ihr Revierzentrum erreicht, lassen sie sich wieder nieder und werden am Boden fast unsichtbar. Bis ein neuer Eindringling kommt. Nähere ich mich vorsichtig, höre ich mitunter, wie die Flügel knistern, wenn die beiden Falter beim Angriff fast zusammenstoßen. Zu wirklichen Kollisionen kommt es anscheinend selten, denn die Flügel bleiben unverletzt. Nur mit der Zeit, nach

Wochen des Revierhaltens, wirken sie im Schillerglanz stumpfer, abgenutzt eben. Schäden kommen auf andere Weise zustande. Wenn sie ein Vogel packt, stanzt der Schnabel scharfkantig ein Stück aus dem Flügel. Es fehlt fortan die Schönheit, nicht aber die Blitzwirkung. Konnte der Vogel richtig zupacken, fliegt der Schillerfalter nicht mehr. Zwei abgezwickte Flügel, die irgendwo getrennt voneinander am Boden liegen, zeugen vom Erfolg des Vogels.

Mir missfallen die Schillerfalter, die ich immer wieder tot auf der Forststraße finde. Radfahrer waren mit ihnen in zu schneller Fahrt zusammengestoßen. Die meisten Radler rasen ja geradezu durch den Wald. Für sie ist er nur Kulisse, nichts weiter. Schmetterlinge und Käfer, Blindschleichen und Kröten, die auf den Forststraßen unterwegs sind oder sich darauf sonnen, interessieren sie nicht. Für diese und viele andere Kleintiere sind die Radwege Todesstrecken wie die Autostraßen für Igel, Hasen, Katzen und Rehe. Ein Grund, dass verhältnismäßig viele Schillerfalter im Wald überfahren werden, hat mit den toten Tieren zu tun, die dort bereits herumliegen. Zu meiner Verwunderung traf ich die Schillerfalter nämlich nie wie andere Schmetterlinge auf Blüten. Offenbar haben sie keinen Bedarf an Nektar. Sie laben sich an Tierkadavern. An diesen saugen sie selbst dann noch, wenn die Reste schon ganz platt sind und trocken aussehen. Darüber hinaus halten die Schillerfalter Hundekot für ähnlich reizvoll wie die Waldmistkäfer. Vor allem, wenn die Häufchen frisch sind und für meine Nase ziemlich stinken. Ausgerechnet die schönsten unserer Schmetterlinge haben solch sonderbare Vorlieben! Ich sähe sie lieber an Blüten, wie die großen, hell ockerbraun gefärbten und schwarz gegitterten Kaisermäntel oder die Admirale, deren samtdunkles Zentralfeld der Flügel von einem leuchtend karminroten Band so umgeben ist, dass im Flug die Wirkung eines riesigen Auges zustande kommen kann. Doch auch sie sehe ich immer wieder an Hundekot und Kadavern, sogar kleine Bläulinge, die wie Miniaturausgaben der großen Schillerfalter aussehen.

Auch heute wieder. Neben einem Kleinen Schillerfalter und einem Admiral drängeln sich drei Bläulinge auf einem Häuflein. Und an einem überfahrenen Frosch saugt ein Großer Schillerfalter, von zwei Admiralen flankiert. Als ich sie etwas näher betrachten möchte, fliegen sie auf und umwirbeln mich. Wollen sie mich vertreiben? Können Schmetterlinge solche oder ähnliche Absichten haben? Der Schillerfalter, der immer wieder seine Flügel öffnete und ihr Blau erstrahlen ließ, hielt damit nicht die beiden Admirale auf Distanz, wie ich zunächst meinte. Vielmehr waren es Fliegen, die er verscheuchte. Fliegen finden Kadaver viel schneller als Schmetterlinge. Sie werden sogar dazu benutzt, den Todeszeitpunkt bei Leichen auf die Stunde genau einzugrenzen, wenn diese irgendwo draußen lagen.

Während ich den Schmetterlingen zuschaue und mir Gedanken darüber mache, was diese so bezaubernden Falter an Exkremente und Tierkadaver lockt, ahne ich noch nicht, dass ich ein paar Tage später mit meinem Mann ein noch absonderlicheres Verhalten der Schillerfalter erleben werde. Wir sind auf derselben Forststraße unterwegs und sehen noch mehr von ihnen. Es ist offenbar gerade ihre Hauptflugzeit und das Wetter ist günstig. Quellwolken, die wattenweiß über dem Wald stehen und sich kaum bewegen, halten die Feuchte der Nacht, sodass bis in die Mittagszeit hinein manche Randstellen der Forststraße taunass glänzen. Solche Feuchtigkeit ist attraktiv für manche Schmetterlinge. Bläulinge saugen dort und nehmen dabei Mineralstoffe auf. Kohlweißlinge tummeln sich und bilden Gruppen. Bei unserem Nahen stieben sie wie eine Wolke übergroßer Schneeflocken auseinander. Wiederholt sehen wir Schillerfalter beider Arten. Manche sonnen sich auf den so fein ziselierten Farnblättern am Wegrand. Aber die meisten, heute bereits mehr als ein Dutzend, saugen an Hundekot und Tierkadavern. Ein Großer Schillerfalter, der auf einer sehr plattgefahrenen Kröte sitzt, verhält sich jedoch reichlich unnormal. Er lässt uns ganz nahe heran. Mein Mann fotografiert ihn aus nächster Nähe. Allerdings hält der Falter die Flügel geschlossen. In dieser Position ist nichts, absolut nichts von seinem Schiller zu sehen. Dass mein Mann »mach schon auf« murmelt, verstehe ich, nicht aber der Schmetterling. Er sitzt und saugt und hält die Flügel geschlossen. Mein Mann fasst ihn ganz vorsichtig und versetzt ihn zwei Handbreit zur Seite. »Damit er nicht überfahren wird«, wie er hinzufügt. Auch dies lässt der Falter mit sich geschehen. Aber sein Rüssel sucht und sucht dabei. Also wird er wieder zurückversetzt auf die Krötenhaut. Dort tastet er nach den Poren, über die Krötengift austritt, wenn die lebende Kröte von einem Feind gepackt wird. Von einer Ringelnatter zum Beispiel. Daran saugt er. Wir machen Fotos. Nachdem ein Radfahrer vorbeigefahren ist, wählen wir die andere Lösung, die Falter vor dem Überfahrenwerden zu bewahren. Es ist auch ein Admiral da, der sich genauso »vertraut« verhält. Mein Mann zieht die Kröte mitsamt den Schmetterlingen an den Straßenrand, wo normalerweise keine Gefahr mehr droht.

Dabei flattert der Schillerfalter meinem Mann auf die Hand. Dort sucht er mit seinem zitronengelben Rüssel intensiv herum. Zwischendurch breitet er sogar seine Flügel aus. Ihr Himmelblau glänzt auf. Ich versuche, Fotos zu machen. Das ist gar nicht leicht, weil sich der Falter sehr nervös verhält. Er wendet sich dahin und dorthin. Offenbar sucht er nach dem Krötengift. Es hat ihn betäubt wie einen Rauschgiftsüchtigen. Kein Zweifel, der Schillerfalter ist »high«. Er reagiert auf nichts mehr, weder auf Bewegungen vor seinen Augen noch auf das Erfassen an den Flügeln. Überall hin könnten wir ihn setzen. Wir platzieren ihn wieder zurück auf den Krötenkadaver neben den Admiral, der genauso wenig darauf reagiert. Auch er ist sichtlich betäubt.

Mein Mann erklärt mir, dass Krötengift Bestandteil der Hexentränke im europäischen Spätmittelalter gewesen war. Bufotoxin ist der Name des Wirkstoffes. Er beeinflusst das Nervensystem. Offenbar auch bei Schmetterlingen. Das wäre nicht weiter besonders, hätte die Aufnahme des Giftes die Falter lediglich in ihren Fluchtreaktionen beeinträchtigt. Es hat aber zweifellos erheblich mehr bewirkt. Geradezu krampfhaft suchten und saugten sie weiter. Süchtig. Hundekot, auslaufende, stinkende Säfte von Tierkadavern, Krötengift – in welche Welt bin ich da geraten? Ausgerechnet bei den Schmetterlingen!

Doch auch andere Tiere teilen diese Vorlieben. Vor mehr als einem Jahrzehnt waren wir im Wald an der Isar südlich von München. An schattiger Stelle unter einem Weidenbusch machten wir Rast und genossen ein Picknick. Mit Rotwein. Im Eichenfass gereift, wie das Etikett versprach. Der Julitag war heiß; Hochsommer. Ein großer Käfer mit langen Fühlern brummte heran. Um uns herum drehte er Kreise. So langsam, dass ihn mein Mann mit einem Griff aus der Flugbahn pflückte, um ihn mir zu zeigen, diesen großen mahagonibraunen Eichenbock. Ein eindrucksvoller Käfer. Mit überlangen Fühlern, die er aber kaum bewegte. »Der mag sicher einen Schluck Rotwein«, scherzte mein Mann. Ich bot ihm einen Tropfen mit der Spitze des Zeigefingers. Sofort fasste der Käfer zu und sog den Tropfen auf. Wir konnten aus nächster Nähe zusehen, wie der Wein zwischen seinen Kieferzangen verschwand. Natürlich bekam er noch einen Tropfen, und noch einen, und noch einen. »Es reicht«, meinte mein Mann, »sonst wird er besoffen und kann nicht mehr fliegen.« Nach einigem Zögern, Suchen und Herumsteigen auf der Hand hob er die dicken festen Deckflügel an, spreizte sie seitlich ab, entfaltete die Hinterflügel und schwirrte davon. Völlig geradlinig. Gerader hätte beim Alkoholtest kein Nüchterner einen Bodenstreifen entlanggehen können.

Zwei Wochen später waren wir an derselben Stelle. Das Wetter war ähnlich schön, die Hitze noch größer. Von den Kiefern her strömte der Duft von Harz. Da kam ebenfalls ein großer Bockkäfer angeflogen. Wieder hatten wir eine Flasche des Rotweins bei uns.

Gezielt landete er am Korken und fing sofort an, diesen zu benagen. Zweifellos war es derselbe Eichenbock. Geradezu selbstverständlich nahm er nun die Rotweintropfen von unseren Fingern. Danach mussten wir ihn mit sanfter Gewalt absetzen. Nach einigem Hin und Her gab er nach. Als er fortflog, riefen wir ihm leise »Viel Glück!« hinterher. Seine Flugbahn sah tadellos aus. An seinen Klammergriff erinnere ich mich immer wieder. Meine Fingerspitze hatte er mit einer Kraft an sich gepresst, die ich für einen Käfer nicht möglich gehalten hätte. Zurück blieb die ungelöste und unlösbare Frage, ob sich der Käfer an den Besuch bei uns zwei Wochen davor erinnert hatte. Dass er per Zufall beim zweiten Mal genauso angekommen ist oder gar, dass es sich um einen anderen Käfer gehandelt hatte, können wir nicht glauben. Wie wenig trauen wir Tieren doch zu! Dabei wissen wir so gut wie nichts vom Innenleben eines Käfers oder eines Schmetterlings. Was würden wir von den Mitmenschen wissen, könnten sie uns nichts erzählen? Wie lange hatte ich selbst Schwierigkeiten, auf Deutsch das auszudrücken, was nicht verstanden worden wäre, hätte ich es auf Japanisch gesagt.

SOMMERFREUDEN

Manche Menschen sind besonders attraktiv. Zu diesen gehöre ich. Was wir, die wir diese Eigenschaft besitzen, wie magisch anziehen, gehört zu jener Sorte von Plagegeistern, die den schönsten Waldgang vermiesen können. Leider soll ich sie auch als Ausdruck dafür ansehen, dass es der Natur gut geht, wo es sie besonders häufig gibt, die Stechmücken und die Bremsen. Ich schlage sie tot, wo immer sich die Gelegenheit bietet, dafür schnell genug zu sein. Ansonsten liegt meine Hemmschwelle, ein Tierchen zu töten, sehr hoch. Im Haus dulde ich sogar die weberknechtartigen Zitterspinnen. Ihren deutschen Namen halte ich für eine weit größere Herausforderung für meine Zunge als die üblichen Testwörter, mit denen man uns, die wir aus Fernost stammen, herauszufordern versucht. Auf ihren Stelzbeinen laufen sie gemächlich, selten einmal schnell im Keller oder in der Garage und suchen die Stellen ab, an denen Stechmücken überwintern könnten. Dass sie solche fangen und verzehren, hat ihnen meine Sympathie eingetragen. Gerate ich im Wald an ein Spinnennetz, ist mir dies zwar durchaus unangenehm. Aber blitzschnell durchzuckt mich die Charakterisierung »Mückenfresser« oder »Bremsenfänger«. Für eine solch objektive Wertschätzung muss ich die Spinne in ihrer subtilen Schönheit im Detail gar nicht sehen. Es reicht für ihre Aufwertung, dass sie auf meiner Seite ist im Kampf gegen die Blutsauger.

Sie suchen mich heim, wo immer es welche gibt. Sogar an solchen Stellen im Wald, von denen ich weiß, dass es weit und breit kein Wasser gibt. Lange glaubte ich, einfach besonders attraktiv für Mücken zu sein. Von anderen Frauen höre ich allerdings, dass sie das von sich auch glauben. Mag sein, dass wir alle in dieser Hinsicht eine Schicksalsgemeinschaft bilden. Aber das ist relativ – meistens. Relativ wenige kann für mich viele Stechmücken bedeuten. Für meinen Mann heißt es, dass keine da sind. Ihn halte ich für nicht repräsentativ. Er wuchs in den Innauen auf. Wahrscheinlich wurde er schon als Säugling so oft von Mücken gestochen, dass er seither nicht mehr darauf reagiert. Er kann neben mir gehen, wenn ich mich eingenebelt habe in ein Mückenschutzmittel, und trotzdem versuchen die Biester, mich zu stechen. Seine liebevoll mit freien Armen und Beinen geäußerte Bereitschaft, sich zu meinem Schutz als Blutquelle zur Verfügung zu stellen, honorieren die Mücken nicht. Auch dass er gelegentlich eine totschlägt, vermindert die Menge nicht, die mich umschwirrt. Deshalb stellt mich der Sommer vor Herausforderungen. Besonders an gewitterschwülen Nachmittagen. Da meine ich mitunter, die Bäume würden den Atem anhalten. So gespannt ist die Atmosphäre. So voll ist sie auch mit jenem Ton, der nachts den Schlaf raubt, auch wenn man noch so müde ist. Ein Sirren, das halb wahnsinnig machen kann. Ein kurzer, ganz plötzlicher Schmerz wie ein Stichlein mit einer Nadelspitze, dann weiß ich, was in den nächsten Stunden und Tagen kommen wird. Eine schwellende Knospe, die hundsgemein juckt. Hundsgemein. Dieser Ausdruck war mir im gebräuchlichen Deutsch nicht geläufig. Was er meint, musste ich mit meinem eigenen Hund erleben. Mehrfach und meistens unerwartet. Weil ich bei entsprechend bedrohlich wirkender Witterung den Gang in den Auwald meide und den Forst vorziehe. In diesem ist es trockener und kühler. Und es gibt weit weniger Mücken. Normalerweise.

Aber was war schon normal in jenem Sommer 2013, der mir so lebhaft in Erinnerung geblieben ist wie kaum ein anderer. Ende März / Anfang April hatte es einen Nachwinter vom Feinsten gegeben. Großartig für Menschen, die Schnee und Kälte mögen und vom Frühling nichts erwarten. Zu diesen gehöre ich nicht. Ende April wurde es schön. Nur kurz; zu kurz. Im Mai regnete es so viel, wie sonst in einem ganzen Sommer. Anfang Juni gab es ein Jahrhunderthochwasser. Der Auwald wurde großflächig überschwemmt. Das Hochwasser verminderte die Zahl meiner Auwald-Gänge beträchtlich. Es war eindrucksvoll. Da bei uns flussauf und flussab niemand davon geschädigt worden war oder gar ums Leben kam, betrachtete ich die Flut aus der Distanziertheit der Nichtbetroffenen als Naturereignis. Meterhohe Sanddünen im Auwald, ein wie rasiert aussehender Bodenbewuchs, über den die Wassermassen hinweggerauscht waren, entwurzelte Bäume und Steine, die an den unwahrscheinlichsten Stellen wie von Zauberhand wieder abgesetzt worden waren, all das faszinierte mich, weil es zeigt, was für Kräfte die Natur freisetzen kann.

Die ersten Wochen nach dem Hochwasser roch der Auwald modrig. Den Forst durchzog im Gegensatz dazu aromatische Frischluft. Ich verlegte meine Waldgänge im Juni zusehends dorthin, auch weil es im Auwald auf höchst unangenehme Weise lebendig wurde: Kaum kam ich an, empfing mich eine Wolke von Stechmücken. Ich versuchte, sie abzuwehren, indem ich mir eine Extraportion Insektenschutz aufsprühte. Dies wirkte, aber auf eine Weise, die ich nicht gewollt hatte. Die Mücken stürzten sich nun auf meinen Hund. Zuerst lächelte ich darüber, denn durch sein dichtes Fell konnten sie nicht stechen. Da war ich mir ganz sicher. Das merkten die Mücken auch. Doch sie fanden eine teuflisch-geniale Lösung. Sie sammelten sich auf seiner Nase. Diese, sonst glänzend schwarz und feucht, wurde stumpf grauschwarz und trübe. Wiederholt stolperte er, weil er, noch im Lauf neben mir, mit einer Pfote die Nase abwischen wollte. Im Schritt ging das besser, jedoch nicht wirklich gut. Denn er wechselte beständig zwischen rechter und linker Vorderpfote, so dass er abwechselnd nahezu dreibeinig gehen musste. Seine Versuche, sich die Mücken von der Nase fernzuhalten, schlugen kläglich fehl. In einer Mischung aus Wut und Mitleid schnitt ich mir einen belaubten Ast ab und wedelte mit diesem direkt über seiner Nasenspitze den ganzen Weg zurück aus der Au. Den Sinn dieser ihm völlig neuen Betreuungsmethode begriff er nach wenigen Schritten. So gingen wir dahin. Der Hund mit nur leicht gesenktem Kopf und entsprechend nach vorn weisender Schnauze. Ich neben ihm, genau im gleichen Tempo, und ihn wie ein altägyptischer Sklave mit dem Wedel befächelnd, um die Mücken fernzuhalten. Auch die Fliegen, um die es dem Ägypter mit Papyruswedel wohl gegangen war.

Mein Hund gewöhnte sich rascher als ich an diese Art von Mückenabwehr. Andere Waldgänger, die ich auf jenem Weg durch die Au mehr oder minder regelmäßig mit ihren Hunden zu treffen pflegte, mieden den Auwald ganz. Auch ich zog mich zurück. Der trockene Forst bot ja eine Alternative. Glaubte ich. Doch dieser ist zerfurcht von den Fahrspuren, die von den Holzerntern in den weichen Boden gedrückt werden. Die Regenfluten im Mai hatten sie randvoll aufgefüllt. Und die Straßengräben dazu. Diese kleinen Gewässer, eigentlich nur in die Länge gezogene Pfützen, taugten noch besser als Brutstätten für die Stechmücken. Es ging uns beiden also noch schlechter als im Auwald. Im Forst bekamen nun auch die Jogger mein seltsames Gehabe mit. In den Wochen zwischen Mitte Juni und Mitte Juli beneidete ich sie um ihr Tempo. Sie liefen zu schnell für die Stechmücken. Vielleicht alarmierten die Jogger sie sogar mit ihrem Schweiß, sodass sie sich konzentriert auf mich und den Hund stürzten. Bremsen begleiteten sie und irritierten mich besonders unangenehm, weil sie häufig direkt vor meinem Gesicht herumkurvten.

Nach und nach nahmen die Mückenangriffe ab. Die von den Mairegen übrig gebliebenen Tümpel und wassergefüllten Fahrspuren trockneten aus. Die Stechmücken hatten keine Kleingewässer mehr für die nächste Generation. Leider traf dieses Schicksal auch die Kröten und Unken. Sie hatten auf den großen Regen hin in den Pfützen im Forst Laich abgesetzt. Manche Fahrspuren waren durchzogen von einem dichten Netz gallertiger Schnüre. Jede enthielt Tausende kleiner schwarzer Eier. Ende Juni wimmelte es vor Kaulquappen. Sie zappelten dicht an dicht in den immer schneller das Wasser verlierenden Pfützen. Ich schaute ihnen zu und konnte nicht helfen. Für die Kaulquappen hoffte ich auf Regen. Bezüglich der Stechmücken zog ich Trockenheit vor. Sie hielt an, den ganzen August über, bis es für die Mücken zu spät war. Bereits im Juli waren die Kaulquappen gestorben. Bei einem meiner nun nahezu stechmückenfreien Waldgänge fand ich dort, wo besonders viele bis zuletzt ums Leben gezappelt hatten, anstelle der Wagenspur viele Trittsiegel von Wildschweinen. Sie hatten den feuchten Schlamm mit den sterbenden Leibern der Kaulquappen durchwühlt und alles aufgefressen. Einige Schmetterlinge saugten an Stellen, an denen es noch ein wenig nach toten Kaulquappen roch.

Gegen Ende des Sommers überdachte ich das Geschehen. Der

Nachwinter hatte die Erdkröten an ihrer Fortpflanzung gehindert. Normalerweise findet sie im März statt. Der Regen im Mai und Anfang Juni erzeugte ein Hochwasser, wie es seit 1954 kein derart starkes mehr gegeben hatte. Im Forst füllte das Wasser alle Senken und Furchen. Für die Mücken herrschten paradiesische Zustände, als es im Juni warm wurde. Sie vermehrten sich so sehr, dass Waldgänge in die Auen und in den Forst praktisch unmöglich wurden. Die Kröten reagierten darauf überraschend flexibel. Sie laichten im Juni. Doch die nachfolgende Hitze und Trockenheit vernichteten den Überfluss. Dazwischen fand mein Gastspiel als Fächermädchen vor der Nase des Hundes statt. Längst bedauere ich, dass mich so wenige bei meinem Tun gesehen hatten. Wie gern hätte ich auch in diesem Sommer, in dem ich über meine Waldgänge schreibe, meinem Hund die Nase mückenfrei gefächelt. Er lebt nicht mehr. Ohne ihn ist es anders geworden draußen im Wald. Mit ihm hatte ich mich immer sicher gefühlt.

ZU TODE GEPFLEGT

Vorgestern blühten sie noch, die Sternmieren und Kleinen Braunellen, die Knoblauchsrauken, die Waldminzen und all die Blumen entlang der Straßen, die den Staatsforst durchkreuzen. 60 Kilometer lang sind sie insgesamt, wie ich erfuhr. Das macht 120 Kilometer blütenreicher Straßenränder. Schon frühmorgens, wenn die Luft noch kühl und feucht ist, suchen dicke Hummeln mehrerer Arten die Blüten auf. Am Vormittag sind es diverse Schmetterlinge, nachmittags vor allem Schwebfliegen und gegen Abend wieder Falter und auch Honigbienen. An diesen blühenden Säumen herrscht das intensive Leben einer kleinen Welt, die uns ziemlich unbekannt ist. Allenfalls wird die Türkenbundstaude erkannt, die sich mit einem

Dutzend fleischgelbroter Blüten über die niedrigeren Pflanzen emporreckt. Ihre aufwärts gedrehten Blütenblätter sollten an einen Turban erinnern, daher der seltsame Name. Graphitschwarze Kleine Eisvögel mit weißem Band quer über beide Flügel und bunter Flügelunterseite sah ich bei meinen Waldgängen an den blütenreichen Straßenrändern, braune Ochsenaugen, die Weibchen mit weit größerem Auge unterseits in der Flügelspitze als die Männchen, und Braune Waldvögel. Letztere heißen tatsächlich so, oder sie werden Schornsteinfeger genannt. Es gibt Dickköpfe, die im Sitzen ihre beiden Flügelpaare anscheinend nicht auf eine Ebene bringen können. Und Hummeln, immer wieder Hummeln. Hingen welche in ungewöhnlicher Position an den Blüten, zeigte die genauere Betrachtung, dass sie von einer Krabbenspinne gepackt, getötet und ausgesogen worden waren. Hohl und fast gewichtslos baumeln sie nun an fast unsichtbar dünnen Spinnfäden unter der Blüte, die sie zum letzten Mal besucht hatten. Diese Spinnen lauern speziell darauf. Sie färben sich gelb, wenn sie auf einer Blüte mit gelbem Kern sitzen, fast weiß auf weißen Blüten und bräunlich, wenn Weiß oder Gelb nicht passen. Krabbenspinnen bauen keine Netze. Die Beute überraschen sie mit blitzschnellem Zuschlagen ihrer Kieferklauen. Schaue ich sie aus nächster Nähe an, bekomme ich den Eindruck, dass auch sie mich mit ihren Punktaugen betrachten. Nähere ich mich zu sehr, weichen sie so weit wie nötig aus, nicht mehr. Das riesige Wesen Mensch, weit größer im Verhältnis als Elefanten dies für uns sind, beeindruckt sie nicht sonderlich. Es gibt auch zahlreiche Käfer an diesen Blumensäumen. Ein knallroter gefiel mir und ein anderer in Rot mit schwarzgrün glänzenden Bändern, die ein auffälliges Rot-Schwarz-Muster erzeugten. Eine Warnung sicher, die an Fressfeinde gerichtet ist und wie das Rotlicht der Ampel bedeutet: nicht weiter!

Das war vorgestern. Heute, an einem der letzten Junitage, gibt es sie nicht mehr, die Welt der Schmetterlinge, Käfer, Hummeln und

Spinnen. Die Ränder der Forststraßen sind gemäht worden. Komplett niedergemacht beiderseits auf einen Meter Breite; mindestens. Kilometer um Kilometer. So weit ich schauen und gehen kann. Einfach wegrasiert. Vertrocknend liegen die Blüten da. Dahinter grenzt scharf die Wand an, die hohe, noch nicht blühende Stauden von Drüsigem Springkraut, Kanadischen Goldruten und Brennnesseln bilden. Oder es kommen gleich die Bäume. Das ist der neue Forststraßenrand. Den Goldruten und dem Springkraut kommt die Auflichtung zugute. Sie werden den Freiraum nutzen, sich noch mehr ausbreiten. Im Hoch- und Spätsommer säumen sie die Forststraßen. Kommt ein Fahrzeug vorbei, schleudern sie ihre Samen fort, auf dass sie erfasst und weitergetragen werden. Dorthin, wo gearbeitet wird. Hinein in die Rückegassen. Den ganzen Sommer, auch in der Ferienzeit, im Herbst und Winter und im Frühjahr wird Holzernte gemacht. Mit riesigen Maschinen. Sie sind so wuchtig, dass sie kleine Bäume glatt überfahren und plattmachen, wenn sie die Rückegassen in den Wald hineintreiben. Behindern die Blumen und Bienen am Straßenrand diese Maschinen? Unfassbar. Schonende Waldnutzung nennen es die Staatsforsten. Nachhaltig soll sie sein, diese Bewirtschaftung. Wofür? Was hat die Vernichtung der Blumen und Insekten mit Forstwirtschaft zu tun? Das Mähen der Forststraßenränder kostet Geld. Natürlich sollen die Forststraßen nicht zuwachsen. Das verhindern die Schubraupen, die im Bedarfsfall die Ränder zurückschieben. Oft werden die Forststraßen neu geschottert. Damit bei feuchtem Wetter die Riesenlaster fahren können, die das Langholz abtransportieren. Sie ramponieren dabei die Forststraßen ganz erheblich. Die Harvester tun das noch mehr. Ihre Spuren sehen aus wie die von Panzern. Aber Blumen dürfen nicht blühen! Tränen treten mir in die Augen. So eine Verwüstung. Der Staat will angeblich die Schmetterlinge und die vielen anderen Insekten besser schützen, die so rar geworden sind. Genau das Gegenteil wird aber praktiziert. Grundlose Insektenvernichtung findet auf

Staatsgrund statt. Panzerartige Forstgeräte gegen zarte Falter und zerbrechliche Blüten. Die sind ein Nichts gegen die Großmaschinen. Dennoch werden die Blumen vernichtet. Mit öffentlichen Mitteln. Geht es dabei nur darum, Maschinen zu beschäftigen, die für viel Geld angeschafft worden sind? Damit sie sich »rentieren«? Es gibt keinen vernünftigen Grund, die Forststraßen im Juni zu mähen. Auch nicht mit dem Argument, das sei nötige Straßenpflege. Wie kann man da den Bauern vorwerfen, dass sie die Ränder der Feldwege gleich mit vergiften, wenn sie ihre Flur mit Unkrautvernichtern behandeln? Bei ihnen geht es um Ertrag. Worum geht es beim Forst?

Für heute verzichte ich auf die frische Waldluft. Sie riecht nach Tod. Die nächsten Waldgänge werde ich in die Auen machen. Auch wenn ich dort in Kauf nehmen muss, dass mich Mücken stechen und Bremsen mein Blut abzapfen wollen. Sie gehören zur Natur und ich wehre mich auf meine Weise mit Repellents. Im Forst wächst indessen Neues nach. In drei oder vier Wochen merkt man kaum noch etwas von den abstrusen Pflegemaßnahmen. Nur wer sie vorher schon gesehen hat, wird die Hummeln und die Schmetterlinge vermissen. Sie können nicht einfach so nachwachsen, wie viele Pflanzen es tun. Die Jogger und Walker merken es ohnehin nicht. Sie tragen Kopfhörer und richten ihre Blicke nach vorn, nicht auf den Wald. Für die allermeisten Menschen, denen ich ein wenig zusehe, wie sie sich im Wald verhalten, bildet er nur eine Kulisse. Das Leben darin erfassen sie nicht. Wie viel beim Mähen der Forststraßenränder vernichtet wird, fällt ihnen nicht auf. Wahrscheinlich könnte ich ihnen gar nicht verständlich machen, was Shinrinyoku bedeutet. Sie würden mich für eine esoterische Tante halten, der man nachsieht, dass sie nicht ganz in der Wirklichkeit lebt. Vielleicht bekäme ich den Rat, doch besser daheim Yoga zu machen. Das kann ich zwar auch, aber darum geht es nicht. Beim Shinrinyoku sollte man eintauchen in den Wald als Ganzes. Für diese vorbeugende Therapie ist er keine Wandbemalung in Grün und Braun, sondern etwas, das lebt und atmet, das sich entwickelt, das wird und vergeht. Die Blumen, deren Werden wir über Tage und Wochen mitverfolgen können, die Schmetterlinge und Käfer, auch die Vögel, die singen und ihre Brut füttern, sie führen uns vor, wie das andere, das nichtmenschliche Leben lebt. Mit dem Umschalten auf die Betrachtung ihres Tuns machen wir uns frei von den Endlosschleifen, die als unsere eigenen Probleme unser Denken so sehr beanspruchen und uns belasten. Totales Abschalten im Yoga erfordert Kraft und äußere Ruhe, bis es den angestrebten Gewinn an innerer Ruhe bringt. Bei dieser Art von Konzentration baut man daher zunächst eine Art von Stress auf, die eigentlich vermieden werden sollte.

Der Stressabbau im Shinrinyoku geht anders. Einfacher. Wir geben das Denken frei und lassen auf uns zukommen, was Augen, Ohren, Nase und Empfindungen heranführen. Aus dem Leben; von der Natur um uns. Der Zauber des Falterflügels, aus dem ein überirdisches Blau strahlt, die Eleganz eines Frosches, der in mächtigen Sätzen über die Forststraße hüpft, oder die wie mit höchster Kunstfertigkeit gestaltete Blüte an der Türkenbundstaude bewirken ganz von selbst die Ablenkung von unseren inneren Problemen. Vogelgesang blendet den Lärm der Menschenwelt aus. Im Waldhintergrund hören wir das Rauschen der Blätter oder ihr leises Gewisper, wenn nur ein kaum spürbarer Windhauch über die Baumkronen streicht. Das »krrüh, krrüh, krrüüh …« eines Schwarzspechts wird Gegenstück zur Polizei- oder Feuerwehrsirene. Es beruhigt, weil nichts passiert ist. Der Specht tut nur seine Anwesenheit in seinem Brutrevier kund. Die Vernichtung der Forststraßenränder ist für Shinrinyoku ein Schnitt ins Fleisch. Eine tiefe Verletzung, die eine lang blutende Wunde hinterlässt.

Das Wetter ist immer »gut« für meine Waldgänge. Immer schön sollte es auch gar nicht sein. Dauert eine Schönwetterperiode zu lang, wird auch der schattige Forstweg staubig. Die sonst feuchten Ränder trocknen aus. Mit Argwohn achte ich darauf, ob ein Forstfahrzeug naht. Es wird mich überschütten mit grauem Staub, der im Gesicht und an den Armen kleben bleibt. Meine Augen beginnen zu tränen, die Nase läuft. Im Sommer 2013 war es extrem staubig geworden, weil es nach der Regenflut im Mai und Juni kaum noch Niederschläge gegeben hatte. Aber es reicht auch eine kürzere Trockenperiode, um die Foststraßen in Staubpisten zu verwandeln. Das liegt am Feinschotter, mit dem sie fast alljährlich repariert werden. Wenn dieser wieder einmal frisch aufgebracht worden ist, wird Regen zum Segen. Da zieht es mich hinaus in den Wald. Die gewaschene Luft strömt aromatisiert von den Ausdünstungen der Bäume und des Bodens in die Lungen. Weht kein Wind, der mir die Gerüche durcheinander wirbelt, bekomme ich ein Riechbild der verschiedenen Typen von Wald, durch die die Straße verläuft. Ist es Fichtenhochwald mit moosigem Boden ohne sonstigen Bewuchs bekommt der Geruch eine pilzige Note. Sie ist vorhanden, auch wenn ich keine sehe. Der Buchenwald riecht ähnlich grün wie Grüner Tee. Jüngeren, dichten Fichtenbeständen entströmt eine modrige Luft. Undefinierbar wird sie, wenn ich mich nahe an einen großen Baumstamm begebe. Da fehlen mir die Worte und Begriffe, um die komplexen Aromen zu beschreiben.

Leicht fällt mir die Charakterisierung am großen Hackschnitzeldepot. Das zu Hackschnitzeln zerkleinerte Holz wird dort mehrere Meter hoch den Sommer über in gewaltigen Mengen gelagert, bis im Herbst oder Frühwinter große Containerfahrzeuge kommen, um es abzuholen. Von Fichten kommt die Hauptmasse dieser zerschredderten Holzspäne. Oft bestehen sie fast nur daraus. Nach Regenfällen verströmen sie einen betörenden Duft von Harz und nicht überfüllter Sauna. Der riesige Haufen dampft. Er raucht, als ob es in ihm brennen würde. Nebel bildet sich um ihn herum, wenn es leicht regnet. Wie häufig im Sommer am Ende eines Gewittergusses. »Waldbaden« pur. Ich möchte mich am liebsten ausziehen und mich ganz intensiv in dieser ätherisch-harzigen Atmosphäre wälzen, dass sie mein Körper über jede Pore aufnehmen kann. Weit werfe ich die Arme hoch, um die Lungen so stark wie möglich zu öffnen. Weil es regnet, ist normalerweise kein Mensch da. Man könnte sich oben auf die Hackschnitzel legen, überlege ich. Sicher sind sie herrlich warm. Wie Vulkanböden aus Asche, in die sich mancherorts Japaner zum Sunayoku bis zum Kopf eingraben. So nehmen sie die Wärme und die Dämpfe auf, die langsam hochsteigen. Hier wage ich es nicht. Vielleicht erklimme ich den dampfenden Holzberg einmal von der Waldseite her, wo das Dickicht dicht genug ist, mich zu verbergen. Die Frage, wie es sich anfühlt, im warmen Holz zu liegen, dem die aromatischen Düfte entsteigen, wird umso reizvoller, je länger ich den Versuch hinauszögere.

Mit dem Aroma in der Lunge gehe ich weiter. Auf meinen Regenschirm fallen dicke Tropfen. Sie kommen von den Bäumen. Ich bin unter einem Bestand amerikanischer Roteichen angekommen. Ihre Blätter haben sehr lange, dünne Spitzen. Von diesen läuft Regenwasser ab, das eigentlich fast wie Nebel fällt und auf meinem Schirm nur als gleichmäßig feiner Ton zu hören ist. Die Blätter der Roteichen sind sehr groß. Viele übertreffen an Fläche meine Hand mit ausgestreckten Fingern. Im Regen hängen sie weitestgehend senkrecht. Die viel kleineren, derberen Blätter der europäischen Eichen, hier der auch als Deutsche Eiche bezeichneten Stieleichen, ändern ihre Blattstellung nicht, wenn es regnet. Die Ränder dieser Eichenblätter sind gebuchtet gerundet, nirgends spitz. Für mich war dies ein einfaches Unterscheidungsmerkmal, das es mir leicht macht, die beiden Eichenarten voneinander zu unterscheiden. Bei den Blättern anderer Bäume geht das nicht annähernd so leicht. Im Gegenteil: Immer wieder kämpfe ich damit, die richtige Bestimmung zu schaffen. Weil sich die Blätter von Hainbuchen, Erlen und kleine Formen von Haselsträuchern ziemlich stark ähneln. Behaupte ich. Und führe den Ginkgo als Beweis an. Weil er in Japan häufig angepflanzt wird. Oder den Ahorn. Aber nur, bis mir klargemacht wurde, dass es hierzulande zwei einander recht ähnliche Ahornarten gibt, den Bergahorn und den Spitzahorn. Wie es der Name besagt, hat letzterer tiefer eingebuchtete Blätter mit spitzeren Spitzen. Aber was spitz und spitzer ist, das zeigt mir besser der direkte Vergleich. Leider nicht immer eindeutig, besonders wenn ich mir bodennahe Blätter ansehen muss. Da lande ich dort, wo ich mich bei Hasel- und Hainbuchenblatt herumschlage: bei der Vielfalt ihrer Blattformen. Was ich an den Haselbüschen an meinem Weg durch den Auwald finde, sind zwergenhafte Blätter verglichen mit den Riesen an den Trieben, die ein Haselbusch in unserem Garten als Reaktion auf das starke Zurückstutzen ausgebildet hat. Ein einziges Blatt deckt die ganze Hand ab und ist fast gerundet quadratisch.

Die schweren Tropfen von den Spitzen der Roteichen klopfen in schnellerem Rhythmus auf meinen Schirm. Der feine Regen ist stärker geworden. Nun fällt mir etwas auf, das ich schon oft gesehen, aber noch nicht so recht verstanden hatte. Das Regenwasser läuft an den Baumstämmen nicht einfach rundherum ab. Vielmehr fließt es wie ein Miniaturbach auf einer Seite und zwar in leichten Windungen, ganz ähnlich wie sie frei fließende Bäche im Talgrund erzeugen, wenn sie das dürfen. Die Baumseite des Wasserabflusses ist hoch hinauf bemoost. Auch Flechten wachsen mehr und dichter als auf den trockenen Seiten. Sehr ausgeprägt ist das an den Buchen zu sehen. Ihre Stämme sind glatt. Die Borke ist nicht dick und rissig, wie bei nahezu allen anderen Waldbäumen. Sie fühlt sich kühl und zart an, gerade jetzt bei Regen. Wo sie bleigrau aussieht, ist sie trocken. Der feuchte Längsstreifen ist dunkel geworden, fast schwärzlich. Mag sein, dass die Lage der feuchten Seite mit ihrem Moosbewuchs im Allgemeinen die Westseite anzeigt, weil dies die Wetterseite ist. Bei den Buchen, die ich daraufhin genauer ansehe, stimmt dies allerdings keineswegs immer. Wohin das Regenwasser abläuft, hängt offensichtlich mehr von der Neigung des Stammes ab. Kaum eine Buche steht so kerzengerade, wie viele der Fichten im Forst. An ihnen eine Wetterseite auszumachen, geht kaum. Am verlässlichsten zeigt sie ein gut gewachsener, ganz frei in der offenen Landschaft stehender Baum. Solche gibt es. Will ich aber wissen, wo Norden ist, stehe ich meistens nicht an so einem Baum, sondern ich bin irgendwo im Wald und die hohen Bäume versperren mir die Aussicht. Wolken decken die Sonne ab. Dann sagt mir mein Gefühl, dass ich nicht mehr weiß, wohin ich mich wenden müsste, wollte ich abweichen von der Forststraße. An Kreuzungen der Forststraßen gibt es kleine, für Radfahrer gedachte Wegweiser. Die finde ich gut. Die Radfahrer brauchen sie anscheinend nicht, denn sie kreuzen die Kreuzungen mit unvermindertem Tempo, weil sie wissen, wohin sie wollen. Viele, wenn nicht alle sind mit einem modernen GPS-Gerät ausgerüstet. Aber ich möchte lieber ohne Navi auskommen. Den Wald in seiner Natur als Gegensatz zur Stadt zu erfahren, heißt doch, ihn anzunehmen. Sehr gern würde ich querwaldein gehen. Das traue ich mir aber nicht zu, wenn ich allein bin.

Wie es mein Hund macht, ist und bleibt mir ein Rätsel. Wir mussten nur einmal einen Weg mit ihm gehen, dann wusste er Bescheid. Er lief ihn nach Monaten, manchmal sogar im Abstand von mehreren Jahren mit absoluter Sicherheit. Auch wenn es nur ein kleiner, kaum sichtbarer Pfad war. Um diese Fähigkeit beneidete ich ihn. Dabei machte er immer den Eindruck, furchtbar beschäftigt zu sein, wenn wir eine neue Strecke ausprobierten. Dann zog er uns geradezu hinter sich her. Er hüpfte über Baumstämme, über die ich steigen konnte. War die Barriere zu hoch, suchte er einen Weg außen herum, obgleich er selbst glatt hätte unten durchschlüpfen können. Dabei musste er beständig etwas beschnüffeln und immer wieder ein Bein zum Markieren heben. Hätte er diese für mich unbegreifliche Fähigkeit, sich zu orientieren, nur im Wald gehabt, hätte ich sie einfach seiner Natur zugeschrieben. Wölfe mussten und müssen sich in Wäldern orientieren können, die für uns weithin gleich aussehen. Aber in der Stadt funktionierte seine Orientierung genauso. Auch da kannte er jeden Weg, den wir gingen, gleich nach dem ersten Mal. Ich hatte die Straßennamen und konnte nötigenfalls fragen. Daher muss ich zugeben, dass ich bei den meisten Waldgängen, die tiefer hineinführten in die Wälder, auf ihn angewiesen war. Sagte ich ihm an einer Gabelung »rechts«, ging er rechts voraus. Bekam ich den Eindruck, dass ich mich geirrt haben könnte, fragte ich: »War das falsch?« Dann drehte er um und nahm den anderen Pfad, wenn mein Zögern berechtigt war, oder ging unbeirrt weiter, wenn wir auf dem richtigen Weg waren. Ich hoffe, er hat gespürt, wie dankbar ich ihm dafür war, dass er mir so viel Sicherheit gab.

Der Regen hat aufgehört. Der ganze Wald dampft. Mein Rücken ist nassgeschwitzt, obwohl ich langsam, größtenteils ganz bedächtig gegangen bin. Immer noch tropft es von den Bäumen. Das Moos glänzt frisch neongrün, wie künstlich erleuchtet. Sommerregen schaffen eine besondere Atmosphäre. Und sie lassen Pilze wachsen. Aber noch ist es zu früh für die Pilzzeit.

HEXENKRAUT UND TOLLKIRSCHE

Gestern fand ich eine Wolllaus in ihrer so besonderen Form. Sie hing im Socken als millimeterkleines, länglich eiförmiges »Ding«, braun mit grünlicher Tönung und rührte sich nicht. Natürlich nicht. Die Wolllaus ist der Same des Hexenkrautes. Genauer, die äußere Verpackung der Samen. Winzige, nur mit stärkerer Lupenvergrößerung erkennbare Haare bedecken diese »nussartigen Scheinfrüchte«, wie ich in einem Pflanzenbuch lese. Kletten in winziger Form also, doch nicht verwandt mit den echten Kletten. Auf diese musste ich immer achten, wenn ich mit dem Hund im Wald unterwegs war. Verhakten sie sich an ihm, half oft nur noch das Herausschneiden. Das hinterlässt unschöne Löcher im Fell, die ihn zwar nicht störten, mir aber missfielen. Am schlimmsten war es, wenn sie ihm zwischen die Zehen gerieten. Deshalb leitete ich ihn um auf die andere Straßenseite, sobald ich eine der riesigen, nicht zu übersehenden Klettenstauden am Wegrand bemerkte.

Die Quelle der Wollläuse bemerkte ich nicht. Mit der Pflanze, von der sie stammen, stehe ich geistig auf Kriegsfuß. Weil ich sie auch dann wieder nicht erkenne, wenn ich meinte, sie mir wirklich fest gemerkt zu haben. Sie trägt ihren Namen völlig zu Recht, meiner Meinung nach. Hexenkraut wächst entlang der Waldwege, die ich regelmäßig begehe. Dicht am Weg meistens. Dennoch übersehe ich die Hexenkräuter immer. So geht es anscheinend vielen Menschen, auch solchen, die sich besonders für die Pflanzen im Wald interessieren. Deshalb erhielt es diesen absonderlichen Namen. Mit der Wirkung des Krauts hat er nichts zu tun, es verfügt über keine. Außer man bildet sich sehr viel ein. Weshalb aber nannte es der Begründer der Pflanzensystematik und wissenschaftlichen Benennung der lebendigen Natur, der Schwede Carl von Linné, *Circaea lutetiana*? Nach der antiken Zauberin Circe (Kirke) und dem altrömischen Namen Lutetia? Wer Asterix & Obelix kennt, weiß, was es bedeutet: Paris. Als ich das las, war ich platt. Der Artname *lutetiana* besagt »aus Paris stammend«. Die alte Zauberin der griechischen Antike und die Weltstadt Paris, wie passt das zusammen? Die Wolllaus im Socken vom letzten Waldgang verwandelte sich zur Laus im Kopf, zu einem bohrenden Wurm, der nach Bedeutung suchte. Das winzige Kraut, solche Namen und meine Ratlosigkeit: Was kann ein Waldgang Netteres erzeugen?

Zusätzlich zu den Büchern zog ich nun auch meinen Mann zurate. Er lachte selbst oft, wenn er plötzlich bemerkte, dass da oder dort das Hexenkraut wuchs. Und blühte. Mit so winzigen, leicht rosa getönten, zweilappigen Blüten, die bei Betrachtung mit starker Vergrößerung beinahe obszön wirkten. »Ein Schelm, wer Böses dabei denkt«, kommentierte mein Mann. Und fing an, mich aufzuklären. Erstens: *Lutetiana* bedeutet zwar auch Paris, aber nicht nur. Es heißt auch »aus dem Sumpf stammend«, aus einem nicht allzu schlimmen Sumpf. Aus einer Feuchtstelle. Lutetia, Paris, war einst auf sumpfigem Gelände an der Seine begründet worden. Aus gutem Grund, weil sich die Gallier dorthin zurückzogen, wenn die Römer ihnen zu nahe rückten. Dem Sumpf gemäß, war Lutetia bekannt für seine Zauberinnen. Die Römer dürften die Druiden der Kelten damit gemeint haben. So manches Zauberkraut holte man sich von schwer zugänglichen Stellen, wie den Sümpfen. Dass Paris, diese Weltstadt, eine so sumpfige Vergangenheit hat, bewegte mich. Auch Tokio, das alte Edo und Nachfolgerin der Kaiserstadt Kyoto als Hauptstadt Japans, war auf sumpfigem Gelände entstanden. Edo bedeutet wörtlich übersetzt Flusstor, also Flussmündung. Zu Beginn des 18. Jahrhunderts war es mit einer Million Einwohnern die größte Stadt der Welt. Paris hatte da also noch ordentlich aufzuholen. Eingeholt hat die europäische Stadt im Sumpf die fernöstliche an der Flussmündung nie. Groß-Tokio hat gegenwärtig 38 Millionen Einwohner. Damit ist sie nach wie vor die größte Stadt der Welt. Da ich Tokio sehr mag, gefallen mir solche Superlative. Im Zusammenhang mit dem Hexenkraut erfuhr ich noch mehr. Etwas, das offenbar nur wenige Menschen in Deutschland wissen, denn der »Berliner Bär« verdeckt es geschickt: Auch die deutsche Hauptstadt war als Siedlung im Sumpf entstanden. Das geht ganz klar aus ihrem Namen hervor. Er hat nichts mit Bär zu tun, sondern ist slawischen Ursprung. Berl = Sumpf. Berlin bedeutet also Ort im Sumpf. Dass drei Weltstädte auf diese Weise miteinander verbunden sind, beeindruckte mich. Wie sah sie doch aus, die kleine Wolllaus in meinem Socken? Kirke, die alte Zauberin, hat damit auch mich erwischt. Mit dem nach ihr benannten unscheinbaren Kraut. Morgen werde ich es suchen, nehme ich mir vor. Wohl wissend, dass Kirke meine Absicht vereiteln kann. Weil mein Mann es häufig gerade dann nicht fand, wenn er mir das Hexenkraut zeigen wollte. Es ist scheinbar plötzlich da. Doch sucht man es, ist es verschwunden.

Heute finde ich es auf Anhieb. Nicht zu übersehen blüht es in einem mehr als fünf Meter langen Saum am Beginn einer der Forststraßen, die ich häufig begehe. So leicht hatte ich mir die Suche nach dem Hexenkraut auch wieder nicht vorgestellt. Die sparrigen Pflänzchen tragen an den Spitzen der Seitentriebe zahlreiche Blüten, an den unteren Teilen aber schon viele der kleinen Keulen mit Überzug feinster Häkchen, die an den Socken oder an der Hose hängen bleiben. Sicher auch am Fell von Rehen und Füchsen, wenn diese Tiere die Forststraße entlanglaufen. Wie mein Hund. Er hat sie auch im Fell. Aber sie lassen sich leicht herausstreifen. Kein Vergleich mit den Kletten, die mir schon an den Fingern haften, wenn ich sie entfernen will. Weil sich die Haken sogar in der Haut verhaken. Im wohligen Gefühl, mir Wissen über Kirke und ihr Hexenkraut angeeignet zu haben, schlendere ich weiter. Das Hexenkraut ist entzaubert. Meine ich. Ich werde nicht mehr danach schauen. Bemerke ich es, reicht mir das.

Da glänzt mir etwas prall und schwarz entgegen. An meterlangen, doppelreihig mit länglichen Blättern bestückten Zweigen sitzen Beeren. Kirschgroß und mit einem Schimmer, der das Schwarz geradezu verlockend verstärkt. Tollkirschen sind es. Jene Beeren, die keine Kirschen sind, aber die Kraft in sich haben, aus dem Esel in Shakespeares *Sommernachtstraum* eine erotische Schönheit zu machen. Wieder steckt eine altgriechische Zauberin darin: *Atropa*, der wissenschaftliche Gattungsname der Pflanze, bezieht sich auf die Schicksalsgöttin *Atropos*. Sie war eine der drei Moiren, die das Fatum der Menschen bestimmten. *Klotho*, die Spinnerin, zog die Fäden, *Lachesis*, die Loserin, warf das Los, und *Atropos* fügte es zusammen zum Unabwendbaren, zum Schicksal.

Kirke grüßt, denke ich, als ich mich mit der Tollkirsche konfrontiert sehe. Der Genuss dieser Beeren macht nicht nur »toll«, tollkühn etwa, oder verrückt, sondern er weitet, so man die richtige Dosis verwendet, die Pupillen der Augen. Das macht die Frau zur »bella donna«, zur Schönheit, die mehr als nur ein Auge auf den Mann wirft. Der Artname *belladonna* der Tollkirsche nimmt Bezug auf die sicherlich uralte Kenntnis von der Wirkung dieser Giftbeere. Für mich erschließt sich nebenbei der Zusammenhang, der mich seit der Schulzeit irritierte. Wie kann in zwei so verwandten, miteinander verflochtenen Sprachen, wie Englisch und Deutsch, das gleiche Wort so gegensätzliches bedeuten? Gift als Gift und als Gabe, als Geschenk. Mitgift als das Positive, das die junge Frau mit in die Ehe bringt. Im Gift der Tollkirsche und anderer Giftpflanzen sind die Wirkungen noch nicht getrennt. Es macht schön, erweitert das Bewusstsein und erzeugt jenen *Sommernachtstraum*, der in allen Aufführungen seit Jahrhunderten unverändert attraktiv bleibt. Aber es bringt auch Verderben, den Tod, wenn die Dosis nicht stimmt. Wenn »des Guten zu viel« genommen worden ist.

An den Rändern der Forststraßen gibt es Ende Juli/Anfang August viele Tollkirschenstauden mit ihren verlockenden Beeren. Ich kann durchaus nachempfinden, dass man sie probieren möchte. So reiz-voll sehen sie aus. Doch an wen richtet sich ihr Signal? Seit Urzeiten an die Menschen? An Tiere? Das ist sicher wahrscheinlicher. Aber welche könnten es sein? In Büchern nachschlagend finde ich Drosseln und Fasan angegeben. Auf sie soll die todbringende Mischung aus Atropin, Hyoscyamin und Scopolamin in den »süßlichfade« schmeckenden Beeren nicht wirken. Für erwachsene Menschen gelten 10 bis 20 Beeren als tödlich. Bei Kindern reichen schon 3 bis 5. Solche Angaben halten die Möglichkeit zum Probieren offen. Befremdlich finde ich das und denke an das so attraktive Aussehen der Tollkirschen. An eine Verbreitung über die Vögel kann ich nicht glauben. Für Fasane sitzen sie viel zu hoch oben. Außerdem gibt es im Wald keine Fasane. Ich kenne sie nur vom Auwald, wo keine Tollkirschen vorkommen. Für Drosseln sind sie zu groß, zu dick, zu glatt, und sie sitzen »falsch«, nämlich nach unten gerichtet. Rehe könnten sie abknabbern. Genau passend für sie aufgereiht und bestens erfassbar sehen sie aus an den langen Wedeln, an denen sie hängen. Bekommen die Rehe dann auch eine Bewusstseinserweiterung? Schöne große Augen haben sie ohnehin. Sie bleiben mir ein Rätsel, die Beeren der Tollkirsche. Womit sie in der Pflanzenwelt verwandt sind, zeigt ein Käfer an, den ich hier, mitten im großen Forst, kilometerweit von den nächsten Fluren entfernt, gewiss nicht erwartet hätte. Ein Kartoffelkäfer. Unverkennbar stumpf eiförmig, halbkugelig gerundet und auf gelber Grundfarbe mit zehn schmalen schwarzen Streifen versehen sitzt er auf einem Blatt der Tollkirsche. Sie taugt für den Kartoffelkäfer auch als Futterpflanze, denn sie ist wie die Kartoffel ein Nachtschattengewächs. Eines, das die Schatten der Nacht ins Menschenleben tragen kann und dieses vollends verdunkelt, wenn die Dosis zu hoch ausgefallen ist. Fehlen nur noch die Giftpilze, denke ich, als ich meinen Waldgang beende. Daheim sehe ich, dass an den Socken wieder einige Wollläuse hängen. Ich hatte doch wieder nicht bemerkt, dass ich in Kontakt zu den Hexenkräutern geraten bin.

RINDE – ODER WAS
IST EIGENTLICH EIN BAUM?

Etwas streicht an mir vorbei, das meine Augen nicht erfassen und identifizieren können. Ein Schmetterling war es wohl. Das verriet die Flugweise. Aber war da nicht blutiges Rot in den Flügeln? Direkt an einem Baumstamm war er verschwunden. Einfach weg. Als ob er in diesen eingedrungen wäre. Ich gehe auf die Stelle zu und suche den Stamm ab. Da erkenne ich ihn. Flach gedrückt sitzt er genau in Kopfhöhe auf der Rinde. Wäre die Gesamtform nicht so klar dreieckig, hätte ich ihn sicher nicht mehr entdeckt. Wo die beiden Vorderflügel an ihrem hinteren Ende fast zusammenstoßen, blitzt etwas Rotes aus einem winzigen Schlitz hervor. Vorsichtig schiebe ich einen der Flügel ein paar Millimeter zur Seite. Mehr Rot kommt zum Vorschein. Ich schiebe noch einen Millimeter weiter. Da ist es plötzlich voll da und der Schmetterling ist fort. Verblüfft vom Geschehen sehe ich nicht mehr, wohin er fliegt. Aber nun weiß ich, dass es ein Ordensband war. Eine von mehreren hier vorkommenden Arten dieser großen Eulenfalter, deren Vorderflügel unglaublich täuschend ähnlich das Rindenmuster abbilden, während die Hinterflügel schreckfarben rot sind. Ein schwarzes Band am Rand verstärkt den Kontrast. Zieht der Schmetterling die deckenden Vorderflügel plötzlich weg, blitzt dieses Rot auf. Vögel zucken dann wohl ähnlich zurück wie ich. Diese Schrecksekunde rettet dem Ordensband das Leben.

Da ich Rot als Warnfarbe von anderen Schmetterlingen kenne, beschäftigt mich das Rindenmuster auf den Vorderflügeln mehr. Es sieht viel feiner, viel raffinierter aus als das plakative Rot-Schwarz. Auf der Baumrinde verschmilzt es mit dem Untergrund bis zur Unkenntlichkeit. Da ist sie nun ganz unvermittelt, die Baumrinde. Die Außenhaut der Bäume. Sie unterscheidet sich bei allen Baumarten, obgleich sie im selben Wald wachsen. Ich fasse die Stelle an, auf der das Ordensband saß. Dabei wird mir gewahr, dass ich die Rinde bisher immer nur betrachtet, nicht aber mit den Fingern betastet habe. Mein Tastsinn hatte den Wald noch zu wenig erfasst. Erfasst! Das Wort drückt deutlich genug aus, worum es geht. Auch im Begreifen steckt es, das Zupacken, die sinnliche Erfahrung der Berührung. Für uns Menschen ist sie so wichtig. Babys, die nicht gestreichelt, nicht mit Händen liebkost werden, entwickeln sich nicht richtig. Die zwischenmenschliche Beziehung braucht das Streicheln. Die zarte Berührung ist etwas anderes als das, was ich mit dem gebräuchlich gewordenen deutschen Wort »Streicheleinheiten« kennenlernte. Streicheln kann man nicht abzählbar dosieren. Ob es reicht oder nicht, ergibt sich aus der Wirkung. Anstatt Streicheleinheiten würde ich das Wort Streichelfeinheiten verwenden. In Japan, wo sich die Menschen umso distanzierter verhalten, je näher sie zusammenrücken müssen, erleben wir die Bedeutung des Streichelns, verstärkt von Umarmungen, bei den in unserem Land freilebenden Affen, den Makaken. Die lausen sich nicht nur, sondern kraulen sich so intensiv, dass es unter die Haut geht. Sichtlich verzückt schließen die Affen dabei ihre Augen, wenn sie im Winter bei tiefem Schnee in den heißen Quellen baden. Sie nehmen die Wärme des Thermalwassers in sich auf und genießen es, an den freien Fellpartien gekrault zu werden. So sehr, dass uns ihr Gesichtsausdruck geradezu neidisch macht. Weil sie alle Zeit der Welt dafür zu haben scheinen. Sie vermeiden die Eile und geben sich dem Augenblick hin. Sie lassen ihn andauern. Den Stoßseufzer des Dichters, »Verweile doch, du bist so schön!«, brauchen sie nicht als Aufforderung. Sie tun es.

Solche Gedanken strömen mir durch den Kopf, als ich die Rinde berühre. Vielleicht mache ich das zum ersten Mal ganz bewusst. Nicht so zwangsläufig, wie es ist, wenn man ein Stück Holz in die Hand nimmt. Sondern weil ich berühren möchte, fühlen und empfinden will. Die Absicht verändert die Qualität des Ertasteten. Die feinen Unebenheiten sind nun nicht mehr bloß rau. Sie gewinnen

Struktur, wie eine Landschaft, auf die ich von oben schaue. Der kleine Moosfleck hebt sich ab, die Kruste einer Flechte gewinnt ertastete Gestalt. Daneben, darunter und weiter hinauf die Glätte der Rinde. Der Baum, dessen Stamm ich berühre, ist eine Buche. Vielleicht fünf oder sechs Meter ragt er astlos in die Höhe, bevor die ersten Äste abzweigen. Schenkeldick oder armstark. Bleifarben. Kühl im Schatten, aber fast lebendig warm anmutend, wo die Sonne auf sie trifft. Buchen können am Stamm Sonnenbrand bekommen, las ich mal. Deshalb gedeihen sie am besten in gleichaltrigen Beständen, die einander Schatten liefern. Frei stehend und der Sonne ausgesetzt, entwickeln sie Äste, deren Blattwerk im Sommer fast bis zum Boden reicht und so rundum schützt. Deshalb brauchen sie auch viel mehr Wasser als die Eichen.

Forstbücher enthalten eine Menge dazu, Standortlehre genannt. Wenngleich ich mit Interesse darin lese, schwirrt mir bald der Kopf zu sehr. Interessante Einzelheiten sind mir lieber. Ich kann sie mir besser merken. Am besten, wenn ich sie draußen im Wald selbst sehe. Oder fühle, wie die glatte Rinde der Buche. Wobei, was ich berühre, so viel las ich dann doch, gar nicht die Rinde ist, sondern die Borke. Sie besteht aus Material, das nicht mehr lebt. Sie bildet die Schutzschicht, die den Baum an Stamm und großen Ästen umgibt. Das wachsende Lebendige, die eigentliche Rinde, befindet sich darunter. Als dünne Schicht liegt sie zwischen der toten Borke und dem gleichfalls toten Holz. Erstaunt entnahm ich den Forstbüchern, dass das eigentlich Lebendige eines Baumes nur die Blätter oder Nadeln und die dünne Rinde sind. Auch die feinen Wurzeln gehören dazu. Das »Holz« ist abgeschiedenes Stützmaterial. Es ermöglicht den Blättern, sich hoch oben zur Sonne auszurichten und das Kohlendioxid aufzunehmen, von dem der Baum lebt. Bei der Buche bin ich der lebendigen Rinde nahe. Nur wenige Schichten toter Borke überdecken sie. Ganz anders bei den Eichen, Fichten und Kiefern daneben oder bei den Weiden und Pappeln im Auwald. Bei diesen

Bäumen ist die Borke sehr dick. Während des Wachstums der Bäume, das ja nicht nur in die Höhe geht, sondern auch in die Breite, zerreißt sie in charakteristischen Mustern. Bei der Eiche sind die Risse tief und unregelmäßig. Bei der Schwarzpappel sind sie ähnlich tief ausgebildet, aber wie ein schräg gezogenes Netzwerk, das schmale Rauten formt. Große alte Silberweiden, solche wie die, an denen ich auf meiner Auwaldstrecke am Flussufer vorbeikomme, sehen im Winter aus wie gewaltige Eichen. So knorrig ist ihr Wuchs und so rau und rissig ihre Borke. Zwei meiner Finger kann ich in die Furchen legen und darin verschwinden lassen.

Wiederum anders, ganz anders, die Birken. Ich mag sie besonders gern, weil ihre Stämme im Winter, wenn alle Bäume im Auwald kahl sind und wie tot aussehen, so glänzend weiß aufleuchten, wenn sie die tief stehende Sonne trifft. Unter ihnen zieht der Fluss dunkel und glatt wie Öl dahin. Hinter ihnen bilden die kahlen Auwaldbäume ein chaotisches Dickicht aus Linien und Balken in tiefem, bis zu Schwärze reichendem Graubraun. Davor stehen die weißen Birkenstämme mit großen Kronen aus Schöpfen dünner Zweige, die wie erstarrte Springbrunnen meist leicht geneigt zum Fluss hin hängen. Darin spiegeln sie sich. Mache ich einigermaßen geschickt Fotos, lässt sich oben von unten nicht mehr sicher unterscheiden. Die Spiegelung ist perfekt. Von einem Birkenstamm am Weg ziehe ich dann gelegentlich ein papierdünnes Stück weißer Borke ab wie einen alten, nicht mehr richtig klebenden Tesafilm. Halte ich sie in Händen, wird sie bräunlich durchscheinend. Es ist nicht nur Farbe, dieses Weiß, sondern reflektiertes Licht. So reflektiert, dass es weiß bleibt, selbst wenn das Abendlicht gerötet oder das hochsommerliche Mittagslicht blau getönt ist. Nur wenn ein sehr kräftiges Abendrot den Fluss erröten lässt, bekommen die Birken einen leicht purpurnen Schimmer.

Es ist nicht durchgängig rein. In mehr oder weniger regelmäßigen Abständen durchsetzen schwärzliche Flecken von Faustgröße das Weiß der Stämme. Sie sind rau und wirken wie Wucherungen. Eine der beiden Birkenarten, deren Stämme besonders warzig sind, heißt daher auch Warzenbirke. Dass sie mir weniger gut gefällt als die Hängebirke mit ihrem überwiegend weißen Stamm, brauche ich nicht zu betonen. Die Warzenbirke wächst auch im Kronenbereich struppiger. Im Forst kommen beide Birkenarten nur selten vor. Sie liefern kein Nutzholz, zumindest kein geschätztes. Meine Birkenbegeisterung, mit der ich sicher nicht alleine bin, zahlt sich forstwirtschaftlich nicht aus. In Gärten sind sie aus einem anderen Grund nicht beliebt. Birkenpollen können bei Allergikern heftig wirken. Mit geschwollenen Augen sieht man die Verursacher der Reizung anders an als mit dem klaren Blick der Bewunderung. Birken lassen auch massenhaft winzig kleine Flugsamen fliegen. Dringen sie in Nachbars Küche oder Schlafzimmer, erzeugt das keine Freude. Die Samenmengen, die sie dem Wind übergeben, führen dazu, dass überall kleine Birken aufwachsen, wo die Flächen ein paar Jahre lang nicht bewirtschaftet werden. Vom Wind werden sie weit verfrachtet. Birken sind Pioniere. Sie wachsen auf Kies und Sand, auf guten wie auch auf schlechten Böden und sogar im Moor. Die weiße Borke schützt sie vor zu starker Sonneneinstrahlung und vor tiefen Frösten durch die eingeschlossenen, isolierenden Luftschichten. Mit Respekt streiche ich darüber und präge mir den Wechsel von papierner Glätte und warzig rauer, aufgebrochener Borke ein.

Meine Betrachtung der Rinde verliert sich nur kurz in Einzelheiten. Die äußere Schicht, die Borke, schützt den Stamm vor zu viel Sonne und vor Frost. Beide Einwirkungen könnten das lebendige Gewebe, die eigentliche Rinde, schädigen. Doch Borke und Rinde machen nicht den Baum. Es ist das Holz, das Bäume kennzeichnet und für die Menschen wertvoll ist. Wo frisch geschnittene Baumstämme am Rand der Forststraße gelagert sind, zeigt sich, wie sehr das Holz den Baum ausmacht. Den allergrößten Teil der Schnittfläche nimmt der Holzteil ein. Die lebendige Rinde hat dieses Holz,

Jahresring um Jahresring, nach innen abgeschieden. Auf diese Weise wuchs der Stamm in die Breite und gleichzeitig in die Höhe. Aber Holz ist wie die Borke totes Material. Lebendig ist und bleibt nur die dünne Zellschicht der Rinde. Blätter und Nadeln führen ein zeitlich begrenztes Leben für ein Jahr oder einige wenige Jahre. Dann fallen sie ab. Im Herbst oder nach und nach, je nachdem. Die Betrachtung der geschnittenen Stämme macht mir klar, was ein Baum ist, während ich seinen Geruch in mir aufnehme: eine lebende Hülle über totem Material. Jahr für Jahr erzeugt diese Hülle neues Material mit ihrem Wachstum. Die Rinde bewirkt die Weiterleitung von Wasser und Nährstoffen. Dadurch kommt oben in den Kronen neues Leben zustande. Reichen Temperatur und Wasserversorgung nicht aus, geht der Baum wieder in den Ruhezustand über. Ein Wunderwerk. Seit mindestens dreihundert Millionen Jahren gibt es Bäume. Ich bewundere dieses Naturphänomen. Es ist so augenfällig. In der lautlosen Art seines Wirkens verzaubert es mich bis zur Sprachlosigkeit.

Am Flussufer steht eine riesige alte Silberweide. Über vier Meter Stammumfang hat sie. An ihr bemerke ich eine Bewegung, ein Vogel klettert daran empor. Er ist oberseits braun wie die Rinde, hat einen weißen Bauch und wirkt dünn, fast zu zierlich für die zerklüftete Rindenlandschaft. Bald verschwindet er auf der anderen Seite. Eine halbe Minute später kommt er einen Meter höher versetzt auf der mir zugewandten Seite wieder hervor. Ich störe ihn offenbar nicht sonderlich bei seinem Tun, weil ich mich ganz ruhig verhalte und ihm einfach zusehe, wie er sich so, Schraube um Schraube, aufwärts bewegt, bis er die großen Äste erreicht. An einem davon klettert er weiter. Dann fliegt er plötzlich ab. In einem großen Bogen schwirrt er nieder zum Fuß einer großen Pappel, landet dort und beginnt dieselbe schraubige Klettertour. Immer wieder stockt er, stochert mit dem feinen, leicht gebogenen Schnabel in einer Rindenritze und macht gleich wieder weiter. So geht das Stamm um Stamm.

Es ist ein Baumläufer. Diese Bezeichnung finde ich sehr treffend. Jedenfalls passender als den Namen eines anderen Kleinvogels, den ich noch häufiger an Baumstämmen herumkletternd sehe, den Kleiber. Er hat kein »System«, wie der Baumläufer. Ganz wie es ihm gerade einfällt, klettert der oberseits dezent blaugraue, unterseits rostfarbene Kleiber an den Bäumen herum.

Er ist etwas größer als der sehr zierliche Baumläufer. Seine Besonderheit steckt in der fernen Verwandtschaft mit den Meisen. Denn wie diese beherrscht er die Bewegung in alle Raumrichtungen. Sogar kopfabwärts gerichtet klettert er an den Stämmen, wenn er dazu Lust hat. Seine »tuit-tuit-tuit«-Rufe höre ich fast immer schon, bevor ich einen Kleiber sehe. Das Klettern an den Baumstämmen beeindruckt mich. Gern schaue ich den Vögelchen dabei zu. Viel Zeit brauche ich dafür nicht, denn sie haben es immer eilig. Kaum entdeckt und ein paar Sekunden lang, auch mal eine Minute, beobachtet, sind sie schon wieder fort. Die Rindenritzen müssen recht ergiebig sein als Nahrungsquelle. Warum hätten sich sonst solche Spezialisten entwickelt? Über die Ergiebigkeit muss ich gar keine großen Spekulationen anstellen. Ich kann sie mit einer Lupe selbst erkunden. Dann sehe ich die Insektengelege, die Spinneneier und Kokons unterschiedlicher Größen und Formen, die in den Falten und Ritzen der Rinde verborgen sind. Auch Blattläuse entdecke ich darin, solche die Flügel tragen, und kleine Käfer, Ohrwürmer, winzige Mücken. Vor der Vielfalt kapituliere ich. In sie einzudringen, ist mir zu schwierig. Der Eindruck, den die Lupe vermittelt, reicht, um zu verstehen, warum es Baumläufer und Kleiber gibt. Mit den Fingerspitzen tastend, verstehe ich, weshalb Eichhörnchen und Marder so scheinbar mühelos die Stämme hinaufflitzen können und warum die großen Schwarzspechte am liebsten ihre Bruthöhlen in schlanke, glatte Buchenstämme in luftiger Höhe schlagen. Diese auf den bloßen Verdacht hin zu erklettern – es könnte etwas zu finden sein –, ist für die Marder oft zu aufwändig. Die riesigen, eichenartigen Silberweiden am Flussufer haben keine Schwarzspechthöhlen. Da kämen die Marder zu leicht hin. Aber Buntspechte nisten darin und Kleiber. Ihre Höhlen fertigen sie an dünneren Ästen. Die Eingänge sind zu eng für die Marder. Die Kleiber kleben sie sogar auf genau die Größe zu, bei der sie selbst gerade noch durchpassen. Also doch ganz gut gewählt, der Name. Kleber bedeutet er. Durchs Beobachten verstehe ich erst den Wortsinn.

Doch was hatte der Biber im Sinn, der vor ein paar Jahren ein Herz in die Borke einer großen Weide am Flussufer nagte? Daran erinnere ich mich, als ich dem Kleiber zuschaue, wie er mit kräftigen Schlägen seines Schnabels auf die Borke einklopft. Vielleicht hatte er dort etwas versteckt. Die Biber leben von der Baumrinde. Sie sind die Monate des Winterhalbjahres davon abhängig. Dann gibt es kein frisches Grün mehr im Auwald am Fluss. Borke und Holz können die Biber nicht verdauen. Was sie als Nahrung brauchen, ist die lebende, im Winter besonders nahrhafte Rinde. Weil die Bäume darin ihre Reservestoffe für das neue Wachstum im nächsten Jahr gespeichert haben. Da Biber zum Erklettern der Bäume viel zu schwer sind, müssen sie diese umnagen, um an die Rinde der Äste und Zweige zu kommen. Dort ist die Auflage der Borke ganz dünn und die Rinde lässt sich leicht abknabbern. Zurück bleiben weiße Hölzchen mit den bezeichnenden Zahnspuren. An ihrer Breite kann ich erkennen, ob der Biber, der sie benagte, jung oder alt war. Alte, voll ausgewachsene Biber hinterlassen doppelt so breite Zahnspuren wie junge. Mit bis zu 30 Kilogramm Gewicht werden sie schwerer als Rehe. Entsprechend viel Nahrung brauchen sie. An jenem Dezembertag hatte ein alter Biber damit begonnen, eine Weide anzunagen. Ein gut handflächengroßes Stück nagte er zuerst von einer Seite frei. Dann wechselte er die Stellung und machte ein gleich großes von der anderen. Das Ergebnis sah aus wie ein Herz, das im Überschwang der Gefühle jemand in die Baumrinde geschnitzt hatte. Wir fotografierten es und verschickten das Bild als Begleitung zu

Neujahrsgrüßen. »Herzlichst vom Biber!« Nett gewiss. Das sahen wir an den Reaktionen der damit Bedachten. Aber auch aufschlussreich.

Wir Menschen sind geneigt, in allem etwas zu erblicken. Ob in einer Nagestelle, die zufällig Herzform angenommen hat, oder einer verwachsenen Aststelle am Baum, die wie ein Auge aussieht. Wir erfassen Bilder und deuten sie. Diese Sinnsuche läuft, auch wenn nichts abgebildet ist. Wolkenbilder, Sternbilder, Augen an Baumrinden und vom Biber genagte Herzen sind Trugbilder. Wir erzeugen sie im Kopf, geben ihnen mit Deutung eine Bedeutung. Ich lachte spontan, als ich das Biberherz sah, war aber von meinem Lachen irgendwie auch peinlich berührt. Weil ich mir zu überheblich vorkam. Genau inspizierte ich das »Herz«, ob da nicht doch jemand mit dem Messer nachgeholfen und es ergänzt hatte. Aber alles war Original Biber. Und so ging es mir ans Herz, dieses Biberherz.

GEWITTERSTURM

Bei meinen Waldgängen sehe ich den Wald als Gesamtheit der Bäume, die ihn bilden. Ich höre die Rufe und die Lieder der Vögel, das Geräusch seiner Blätter und wie manche Äste oder Stämme im Wind ächzen. Vor allem bei feuchtem Wetter rieche ich ihn. Was meine Sinne erfassen, ist mir vertraut geworden, doch auch jedes Mal wieder neu. Durch die Sohlen meiner Schuhe hindurch spüre ich die spitzen Steinsplitter, die auf den Forststraßen aufgebracht werden. Nichts zum Barfußlaufen. Das geht nur abseits auf den Moospolstern, wo die Fichten dicht stehen und durch ihre Kronen fast kein Licht zum Waldboden dringt. An manchen Pfaden muss ich über Wurzeln steigen. Oft trete ich auf sie, kippe im Schritt zurück oder nach vorn, je nachdem, wie ich sie treffe. Auch das ist eine

Erfahrung. Wie eine Massage der Fußsohlen kann man es empfinden, oder ein Strapazieren der Gelenke. Zwar will ich vorsichtig sein, doch immer nur auf den Boden zu schauen, nimmt mir zu viel Sicht auf das, was mich im Wald umgibt. Da muss ich ein Stolpern riskieren. Die unterschiedlichen Rinden der Bäume zu ertasten, eröffnete mir erst die Empfindungen der Berührung.

Habe ich damit den Wald erfasst? Sein Wesen? Gehört nicht auch die atmosphärische Spannung dazu, die im Blitz zündet und mich mit einem Donnerschlag zu Tode erschreckt? Dass ich meine, das Herz bleibt stehen? Ich kenne sie, die Bäume, an denen der Blitz eingeschlagen hat und daran zu Boden fuhr. Oder von diesem in die Höhe. Das kann ich nicht unterscheiden. Lediglich die verkohlte Bahn ist zu sehen. Sie hat die Rinde gesprengt. Selten einmal gerät dabei ein Baum in Brand. Ich kenne keinen solchen Fall, aber es gibt sie. Es gab das immer wieder und überall auf dem Globus, wo der Blitz in Bäume einschlagen kann. Die Blitzspur folgt der nassen Seite des Stammes. Dort reißt auch die Rinde auf. Manchmal schafft es der Baum, den Anriss zu überwuchern. Ein Wulst zeugt danach vom Blitzeinschlag. Schwarz Verkohltes ist nicht mehr zu sehen.

In Deutschland hörte ich den Rat »Den Eichen sollst Du weichen, die Buchen sollst Du suchen!«, wenn es ernst wird mit dem Gewitter und kein sicherer Unterschlupf zu finden ist. Ich las aber auch, dass dies nicht stimme. Alle Bäume seien gefährlich und bei Gewitter möglichst zu meiden. Alle, außer Jungwuchs, der sehr viel niedriger ist und dicht geschlossen wächst. Ob dieser aus Eichen, Buchen, Hainbuchen, Fichten oder sonstigen Waldbäumen besteht, sei gleichgültig. Bei Eichen dürfte die Warnung aber berechtigt sein, denn ihre zentrale Pfahlwurzel reicht sehr tief hinab in den Boden und gelegentlich direkt bis zum Grundwasser. Die Buchen hingegen wurzeln flach, wie auch die Fichten, deren Wurzelteller wie große Scheiben aufragen, wenn der Sturm eine umreißt. Gewitter im Wald erlebte ich mehrfach. Sie sind hier im nördlichen Alpenvorland meinem Empfinden nach weit weniger heftig als in Japan. Trotzdem versuche ich zu vermeiden, dass mich im Wald ein Gewitter überrascht. Ich brauche weder eine Mutprobe, noch will ich mich auf den glücklichen Zufall verlassen. Dafür schätze ich umso mehr, was Beethoven in seiner »Pastorale« musikalisch verdichtet hat: Die heiteren Gefühle der Leute auf dem Feld, das lustige Zusammensein, und dann das hereinbrechende Gewitter. Und die so froh und dankbar aufklingenden Weisen nach dem Sturm. Menschen, ausgesetzt der Naturkraft. Ein musikalisches Wunderwerk. So gern ich es höre, so sehr versuche ich doch, Ohren und Augen beim Waldgang offen zu halten für die subtilen Töne und Geräusche, für die Eigenmusik des Waldes.

Die Atmosphäre ist seit Tagen gewitterschwanger. Nach Tagen trockener Hitze, die ein beständiger Ostwind gemildert hatte, fing der Morgen schon flammend rot an. Der Wind erlahmte. Setzte ganz aus. Über der Flur, wo die ersten Feldflächen abgeerntet worden waren, waberte die Luft in Schlieren. In den Waldschatten hinein torkelten Schmetterlinge: Tagpfauenaugen, die immer gleich die Flügel nach oben zusammenklappten, wenn sie irgendwo landeten. Das machte sie zu rindenschwarzen Strichen. Ihr Rindenmuster auf der Flügelunterseite schien wie von einer raschen Flamme eingebrannt, geschwärzt. Admirale, die sich ganz ähnlich verhielten, nur längere Strecken segelten, waren auch irgendwie nervös. Ochsenaugen in Schattierungen von Braun, die für mich unsichtbar wurden, gleichgültig wo sie landeten, flogen wie immer. Eine große Libelle schwebte vor mir auf Augenhöhe oder etwas höher über die Forststraße und griff sich immer wieder ein kleines Insekt. Die Winzlinge in der Luft hatte ich vorher gar nicht bemerkt. Unvermittelt bekommt man sie beim Radfahren in die Augen. Mitunter sogar, wenn ich eine Brille trage. Manche brennen wie ein Feuerfunke.

Die Spannung in der Atmosphäre löst sich nicht. Gewitterstimmung kommt auf. In dieser Schwüle schwelgt die Natur. Fernes

Donnergrollen begleitet mich, als ich nach Hause gehe. Es treibt meine Schritte zu verhaltener Eile. Die Sonne schimmert als weiße Scheibe durch den grauen Schleier, der am Horizont emporsteigt. Je mehr sie sinkt, desto schärfer hebt sie dessen Obergrenze ab. Der Schleier wird zur Wand. Sie scheint einen sich verlängernden Riesenschatten übers ganze Land zu werfen. Eine Stunde zu früh dunkelt es an diesem 18. August 2017. Die Luft hat noch fast 30 Grad.

Wir sind kaum eingeschlafen, da weckt uns der Sturm. Wir hatten ihn erwartet und am Haus vorsorglich alles aufgeräumt, was fortgeweht werden könnte. Die heftigen Böen dauern nur eine halbe Stunde. Danach regnet es. Beruhigt schlafen wir wieder ein. Das klirrende Geräusch, das von der Terrasse zu hören war, stammt von einem Blumentopf. Zerschellt liegt er am Boden. Wir wollen ihn morgen früh wegräumen und die Petunien darin in einen neuen umsetzen. Still regnet es vor sich hin. Nicht allzu viel, wie wir am Morgen sehen. Nur 13 Millimeter. Weniger als bei einem normalen Sommergewitter. Aber dieses war nicht normal. Das zeigt sich erst, als es wieder Tag geworden ist. In der Nachbarschaft hat der Sturm einige Bäume auf die Straße geworfen. Wir weichen ihnen beim Morgengang mit dem Hund aus. Beim Frühstück hören wir in den Rundfunknachrichten, dass ein Megasturm schwere Verwüstungen angerichtet hat. Auch mehrere Menschen seien erschlagen worden. Sogar in einem nur 20 Kilometer entfernten Ort in Oberösterreich. Ich kann das kaum glauben. Mein Blumentopf hier und Tote dort, nah und nicht in ferner Ferne. Nach dem Sturm flutet die Sonne erneut das Land. So, als ob nichts gewesen wäre.

Wir wollten zum Einkaufen fahren. Doch das geht nicht. Zu viele Straßen sind blockiert. Da wir keinen unmittelbaren Bedarf haben, fahren wir zum Auwald. Dort sieht es aus, als ob Sprengbomben abgeworfen worden wären. Was sie anrichten, weiß ich zwar nicht aus eigener Anschauung, aber ich stelle es mir so vor. Zersplitterte Bäume liegen herum. Nicht bloß entwurzelte wie bei einem normalen Sturm, sondern mehrere Meter über dem Boden abgedrehte und zerrissene. Stämme, die auf Brusthöhe bis über einen Meter Durchmesser hatten, sind mehrfach gedreht und danach weggerissen worden. Den Uferweg können wir nicht mehr gehen. Vom Fluss her war der Wind offenbar besonders stark angekommen. Wir umgehen die Sturmwurfstellen, kämpfen uns durch das Pflanzengewirr aus Brombeerranken, Schilf und hohen Gräsern, treffen danach auf Wegstrecken, die völlig unversehrt sind, und haben unvermittelt ganz neue Lichtungen vor uns, in denen die Bäume wie mit einer Riesensense gemäht liegen. Ich will meinen Augen kaum trauen. Was ich sehe, sind Verwüstungen eines Tornados. Der Orkanwirbel hüpfte dahin und dorthin. Er folgte zwar ungefähr dem Flusslauf, drehte aber Kurven und Schleifen, ließ Hunderte Meter Auwald unversehrt, um irgendwo wieder zum Boden zu kommen. Keine Bahn hat er gezogen, sondern große Löcher gerissen. Eine Eiche auf freiem Feld, die irgendwie die Flurbereinigung überstanden hatte, sieht so gerupft aus, dass sie vielleicht nicht mehr überlebt. Nach zwei Stunden der Konfrontation mit dem, was der Sturm hinterlassen hat, sind wir total erschöpft. Wir haben genug gesehen und fotografiert. Nun ist auch klar, warum bei uns am Haus nur ein Blumentopf gefallen war. Der Tornado hatte uns gestreift, aber nicht getroffen.

Unsere Gegend war nicht am schlimmsten heimgesucht worden. Darum geht es mir hier nicht. Über die großen Schäden, insbesondere die Toten, berichteten die Medien ausgiebig. Auch dass wir sehr froh waren, nicht betroffen gewesen zu sein, ist selbstverständlich. Hier geht es um Wälder und die Wirkung von Stürmen. Was nach Monaten, eigentlich erst im Sommer nach dem Sturm deutlich wurde, waren die Veränderungen der Waldstruktur, die der Tornado geschaffen hatte. Verhältnismäßig gleichförmige Auwaldflächen waren nun gegliedert. Wenige Meter nach nicht betroffenen Baumbeständen entstanden Lichtungen, auf denen Jungwuchs hochkommen wird. Alte Bäume sind weg. Manche liegen immer noch und werden liegen bleiben, weil die Auwaldfläche dem Staat oder der Kraftwerksgesellschaft gehört. Die privaten Waldbesitzer haben den Winter über und bis weit in das Frühjahr hinein aufgearbeitet, was aufzuarbeiten war. Auch im Staatsforst hat es Sturmwurf gegeben. Die umgerissenen Bäume erzeugten gleichfalls Lichtungen. Kleine zumeist, weil der Staatsforst außerhalb der Hauptbahn des Tornados lag.

Aber immerhin. Viele Wurzelteller stehen wie aufgestellt im Wald. Zaunkönige bauen ihre Nester gut geschützt darin im ansonsten sehr gleichförmigen Hochwald. Schon im Frühjahr nach dem Sturm wurde deutlich, wie sehr solche Strukturen die Vielfalt der Arten fördern. Gedanken, gut und bösartig zugleich, tauchen auf: Brauchen wir mehr solcher Stürme, damit die einförmigen Wirtschaftsforsten mehr Strukturen bekommen? Stürme sind Natur, wie auch Waldbrände, wenn sie vom Blitz gezündet und nicht von Menschen gelegt worden sind. Ist es falsch, so zu denken? Weil mit dem Holz der Wälder Sachwerte verbunden sind? Für Privatwaldbesitzer bedeuten Sturmschäden Verluste. Für den Staatsforst sind sie Gewinne – für die Natur. Und die Natur sollte im Wald genauso gut erhalten werden, wie der Holzwert gesteigert wird; mindestens. So steht es im Forstgesetz, wie man mir sagte. Der Sturm schuf Natur. Auf mein erstes Erstaunen folgten mutigere Gedanken, die in die fernere Zukunft schweiften. Orientiert an den Bäumen, an ihrer Lebensdauer und an der noch weit größeren Dauerhaftigkeit der Wälder. Wir fürchten sie, die Naturkräfte. Auch ich fürchte sie. Aber ich verdamme sie nicht. Nicht in beschädigten Häusern erblicke ich ihr wahres Wirken, sondern draußen im Wald. Dort, wo Natur auf Natur trifft.

Eine Zeit lang hatte ich meine Runde durch den Auwald nicht mehr gedreht. August ist Mückenzeit. Ich habe keine Lust, Mücken mit meinem Blut zu füttern. Doch da es seit Wochen nicht mehr richtig geregnet hat, wage ich heute, kurz vor der Augustmitte, einen Abendspaziergang in den Dschungel am Fluss, in die »Grüne Hölle« Mitteleuropas. Dank der Mücken und Bremsen verteidigt sie sich bestens gegen den Ansturm der Menschen in der bayerischen Ferienzeit. Normalerweise. Im Hochsommer sind Gänge in den Auwald frühmorgens am schönsten. Da liegt oft noch Nebel auf der Flur und vom Fluss steigt Dunst auf. Am Rand der Au schaute mich letzte Woche ein Reh an, ohne zu erschrecken. Meine Harmlosigkeit schätzte das so grazile Tier ganz richtig ein. Meistens grasen auf der Viehweide nebenan weiße Kühe. Ihr Fell trägt Locken. Kommen sie zu mir heran, kann ich mich kaum sattsehen an ihnen. Die großen schwarzen Augen umrahmen Wimpern, die jeden Lidschlag hinreißend schön machen. Sie schauen mich an und hören mir zu, egal ob ich deutsch oder japanisch mit ihnen spreche. Da fällt mir ein, dass Athene, die altgriechische Schutzgöttin Athens, den Beinamen »die Kuhäugige« hatte. Weibliche Schönheit als kuhäugig vergöttert! Wie würden heutzutage junge Frauen reagieren, sagte man(n) ihnen »Du süße Kuhäugige«? Ich könnte so ein Kompliment beim Blick in die Augen dieser Kühe verstehen. Wir blinzeln uns zu. Noch werden auch sie am Morgen nicht von Bremsen geplagt. So kann ich bei ihnen verweilen, ohne selbst gestochen zu werden. Tagsüber umschwirren die Rinder riesige Bremsen. Ich fürchte diese großen grauen Biester, obgleich sie mich höchst selten einmal gestochen haben. Sie sind zu unruhig. Stoßweise kreisend fliegen sie umher, so als ob sie sich nicht entscheiden könnten, wo genau sie landen sollen. Sie bevorzugen den Bauch der Kühe oder der Pferde. Dort werden sie von den schlagenden Schwänzen nicht erreicht. Pferde wehren sie mit einem Huf ab. Schlagen sie damit plötzlich auf ihren Bauch, kippen sie schräg nach vorn. Gefährlich, wenn man auf dem Pferd sitzt und nicht damit rechnet.

Die lockig weißen Rinder liegen im Schatten und käuen vor sich hin. In den frühen Abendstunden ruhen sie meistens so. Bewegen sie sich nicht, werden sie von den Bremsen weniger geplagt. Doch heute sind offenbar keine dieser lästigen Blutsauger unterwegs, obgleich schwüle Wärme für sie bestes Flugwetter bedeuten sollte. Deshalb wanderten meine Gedanken zu den frühen Stunden des Tages. Weil sich heute keine Plagegeister auf mich stürzen, während das Abendlicht wie magisch strahlt. Die Luft erfüllt ein besonderer Duft. Eine Weile rätsle ich darüber nach, woran er mich erinnert. Als ich verdorrte Gräser und Kräuter entlang des Waldweges wahrnehme, weiß ich, worum es sich handelt. Es ist der Duft von Heu. Ein Duft, der entschwunden ist wie so Vieles, das früher normal war. Es wird kein Heu mehr gemacht. Fast keines mehr. Das frisch gemähte Gras wird in riesige Ballen verpackt, die wie gigantische Eier eine Zeit lang herumliegen und dann abtransportiert werden. Wer Pferde hält, weiß, wie schwierig es geworden ist, gutes Heu zu bekommen. Der Duft nach Heu verschwindet, wie der Gesang der Lerchen über den Fluren. Ersetzt worden ist er von der Gülle, die gleich nach dem Grasschnitt ausgebracht wird. Dass ich hier, im Auwald, Heuduft einsaugen kann, empfinde ich bei aller Wertschätzung des Aromas als befremdlich. Anhaltende Hitze und Trockenheit brachten ausgerechnet hier, im feuchten Wald, jenen Duft hervor, der einst draußen die Sommerluft so selbstverständlich charakterisierte. Während ich darüber nachsinne, mischt sich der Geruch von herbstlichem Verfall in den Heuduft.

Der Weg durch den Auwald hin zum Fluss ist kurz. Dort werde ich, so meine Vorstellung, den Lichtglanz der Sonne als fließend-flüssige Spiegelung auf dem Wasser genießen. Doch etwas völlig Unerwartetes hält mich eine Weile auf: Spinnen. Riesige Exemplare. Die größten Spinnen, denen ich jemals hier in der Natur begegnet bin. Faszinierend sind sie in Form und Färbung. Über den dicken, geradezu prallen Hinterleib ziehen sich zitronengelbe und schwarze Querstreifen. Die Bauchseite ist gelb und schwarz gefleckt, die Beine ebenso geringelt. Die Spinnen hängen, den Kopf nach unten gerichtet, im Zentrum ihrer Radnetze. Die Fäden und Speichen der Netze sind so dünn, dass ich sie kaum erkenne, wenn ich direkt darauf schaue. Bei seitlicher Betrachtung geht es besser. Aber von der Netzmitte aus, unmittelbar unter der Spinne, zieht sich ein breites Zickzackband aus Seide halbwegs bis zum Netzrand. Dieses Band fällt sofort auf. So sehr, dass ich ein ganzes Dutzend Spinnen damit identifiziere. Sie haben ihre Netze im Schilf am Rand des Weges in geringer Entfernung voneinander aufgespannt. Vor jedem Netz gibt es einen Freiraum. Die Spinne hat die Halme entsprechend auseinandergezogen. Heuhüpfer, die hindurchspringen, landen fast zwangsläufig im Netz. Dort packt sie die Spinne und spinnt sie ein. Das geht so schnell, dass ich zusehen kann, wie aus einer grünen Heuschrecke eine weiße längliche Mumie wird. Gut verpackt, kann sich die Spinne ihre Beute schmecken lassen, wann ihr danach gelüstet. Sie beißt mit ihren zangenartigen Kiefern hinein und saugt sie aus. Wespenspinnen sind es. Sie heißen so wegen ihrer wespenartigen Zeichnung auf dem Hinterleib. Für uns Menschen sind sie völlig harmlos. Dennoch haben nicht wenige Spinnenphobien, und das ist eine Belastung. Menschen, die damit geschlagen sind, verdienen es nicht, dass man sich über sie lustig macht. Scheu vor Spinnen ist natürlich. In den Tropen gibt es gefährliche Arten. Ihre Giftbisse können tödlich sein. Jedenfalls sehr schmerzhaft und verbunden mit anhaltenden Schädigungen der betroffenen Hautstellen. Etwa wenn man in den Urlaubsgebieten am Mittelmeer von einer Schwarzen Witwe gebissen wird. Unsere Spinnen sind harmlos. Auch die giftigste von ihnen, der Dornfinger. Zwar habe ich keine eigene Erfahrung, wie sehr sein Biss schmerzt.

Aber ich glaube den Spinnenkennern, dass er kaum schlimmer ist als ein Wespenstich.

Die Abscheu vor Spinnen, die eine Gänsehaut oder noch heftigere Reaktionen erzeugende Spinnenphobie, hat mit deren Giftigkeit wenig zu tun. Die Spinne ist es, die die Schreckreaktion auslöst. Nicht das Nachdenken darüber, ob sie giftig sein könnte oder nur lästig ist. Die großen Wespenspinnen hier am Weg zum Fluss würden sich bestens dafür eignen, die Spinnenphobie abzubauen. Nicht passiv mit einem kurzen Blick darauf, um das »Pfui Spinne« mental zu eliminieren. Sondern mit teilnehmender Beobachtung, wie Ethnologen sagen würden. Denn wenn man der Spinne länger zusieht, versteht man, wie sie lebt und was sie tut. Der kurze Blick bewirkt nichts. Wo sich nichts ereignet, wird auch nichts gelernt. Opfern wir der Wespenspinne eine Heuschrecke. Sie würde sie ohnehin demnächst fangen. Ihr Netz ist darauf eingestellt. Werfen wir ihr diese bevorzugte Beute vorsichtig ins Netz, zeigt sie ihr Können. Blitzschnell ist sie dort, wo der Heuhüpfer zappelt. In Sekunden umwickelt sie ihn mit Spinnseide. Sie lässt sich dabei aus nächster Nähe zusehen. Sie läuft auch nicht davon, etwa weil wir eine linkische Bewegung gemacht haben. Hat sie Hunger, beißt sie in die zur Mumie gewordene Heuschrecke und fängt an sie auszusaugen. Ihr Netz gerät uns nie ins Gesicht, wie das anderer Spinnen, die wir bei einem Waldgang plötzlich an der Nase spüren. Solch unvermittelte Berührungen verstärken die Abneigung. Eine Wespenspinne zu füttern, baut Aversionen ab. Sie kann sich sogar (fast) unsichtbar machen. Das geschieht, wenn sie sich doch irgendwie gestört fühlt. Dann versetzt sie das ganze Netz in Schwingungen. Dabei verschwimmen ihre Konturen. Bald sieht man sie nicht mehr. Ihre Männchen sind beträchtlich kleiner als die Weibchen. Vor allem ihr Hinterleib wirkt geradezu schwindsüchtig. Wollen sie Weibchen zur Paarung animieren, zupfen sie an einem Signalfaden an der Seite des Netzes. Eine ordentliche Anmeldung. Sie werden nicht gleich gefressen, wie

Männchen anderer Spinnen, wenn sie zur Paarung kommen. Jedes Mal wieder freue ich mich, wenn ich sie am Weg sehe, die so gefährlich wirkenden, doch gänzlich harmlosen Wespenspinnen.

Sie hatten mich abgelenkt von meinem Weg zum Fluss. Ich bin ihnen deswegen nicht böse; im Gegenteil. Selten kann man schöne Spinnen so nah betrachten. Seit ich mit den Wespenspinnen vertraut bin, sehe ich mir zu Hause manchmal die viel kleineren, schwarz-weiß gestreiften Springspinnen an. Sie sitzen auf Blumen, am Fensterbrett oder an anderer Stelle. Dass die Winzlinge ihre Weitsprünge mit Sicherheitsfaden machen, amüsiert mich. So stürzen sie nie ab. Nachdenkend über die Springspinnen und die seltsame Zitterspinne, die bei uns im Keller wohnt, erreiche ich den Fluss. Der Moment passt bestens. Die Sonne steht gerade so, dass er zum Goldfluss geworden ist. An den Seiten strömt flüssiges Silber mit. Ein Vogel löst sich aus dem blendenden Glanz, gewinnt Form und wird zur Schwalbe. Dicht über dem Wasser sucht sie nach Insekten. Noch erheben sich einzelne Wasserinsekten in diesen Tagen und Wochen von Hitze und Dürre aus dem Fluss. Die Schwalbe ist allein. Es gibt kaum noch welche bei uns auf dem Land. Müsste ich eine verletzte oder junge versorgen, wüsste ich nicht womit. Fliegen sind rar. Das liegt nicht allein an der langen Trockenheit oder an der Hitze. Die Insekten verschwinden. Seit Jahren. Mit ihnen verschwinden die Vögel. Auf meinem Weg habe ich heute nur einmal das leise »hu-it« eines Laubsängers gehört. Ein Zilpzalp war das sicher, denn sein Zwilling, der Fitis, der täuschend ähnlich aussieht, aber ganz anders singt, kommt hier im Auwald nicht mehr vor. Anders als noch vor einer Woche singen auch keine Grasmücken mehr. Mein heutiger Rundgang ist ein Gang durch die Stille. Rufe von Krähen, die zu ihrem Schlafplatz fliegen, schrecken mich fast auf. Wie auch Kinderstimmen, die kurz zu hören sind. Sie kommen vom Badesee am anderen Flussufer her. Im August werden die Vögel still. Die Brutzeit ist vorüber. Viele erneuern nun ihr Gefieder. Sie bereiten sich vor auf den Flug in die Überwinterungsgebiete. Sie müssen »zugfett« werden. Fett ist ihr Treibstoff für den Flug. Diesen vergeuden sie nicht durch unnötiges Herumfliegen oder durch Gesang. Hormone haben sie umgestimmt. Die Männchen tun keine Revieransprüche mehr kund. Nur mit einfachen Rufen halten sie Kontakt zueinander. Das »hu-it« der kleinen grünen Laubsänger sollte daher vielfach zu hören sein, wie auch das »fink, fink« der Buchfinken oder die ähnlichen Rufe der Meisen. Doch entlang meines einstündigen Rundweges vernehme ich nur ein schnelles, lautes »tuit-tuit-tuit« eines Kleibers. Das irritiert mich. Im Auwald sollte es jetzt im Hochsommer geradezu wimmeln vor Kleinvögeln. Er ist für sie der beste, der ergiebigste Waldtyp.

Dass ich auf dem Weg über die Fluren zum Auwald oder zum Forst hinaus keine Vögel mehr höre und sehe, daran habe ich mich gewöhnt. Gewöhnen müssen über die Jahre. Die öde Leere der Flur entschädigt dann der Wald mit seiner Lebensfülle. Über dem Pfad vor mir jagt eine große Libelle nach Insekten. Ihre Flügel glitzern auf, wenn sie vom Sonnenlicht direkt getroffen werden. Als sie an mir vorbeifliegt, höre ich ihr Knistern. Auch sie tut sich schwer, irgendwo noch ein kleines Insekt in der Luft zu finden. Da dringt ein feines Sirren ans Ohr. Bevor ich zum Nachdenken komme, hat die Hand schon zugeschlagen und die Mücke erlegt. Ein abstruser Gedanke durchzuckt mich im selben Augenblick: wenigstens eines!

GELASSENHEIT

Shinrinyoku macht mich ruhiger, gelassener. Allein der Gedanke an den Gang in den Wald lenkt ab von den Herausforderungen und Verpflichtungen, denen ich mich Tag für Tag stellen muss. Der alltägliche Stress wird zum Sand im Getriebe. Er nutzt ab. Auch wenn man es selbst gar nicht so wahrnimmt. Großen Problemen stellt man sich, konzentriert sich darauf und versucht zu einer guten, zumindest zu einer akzeptablen Lösung zu kommen. Die Vielzahl dessen, was einfach nur getan werden muss, wird erst dann zum Problem, wenn es längst zu viel geworden ist. Stress ist ungesund, aber gar keiner ist auch nicht gesund, würde Karl Valentin sagen. Dieses urbayerische Original verehre ich sehr. Aus seinen Sprüchen lernte ich sehr viel über die Bayern und die, die sich dafür halten. So viel, dass ich tiefgründige Bemerkungen auf Bayerisch ganz gut verstehe. Das bilde ich mir zumindest ein. Denn ich lerne dazu. Beständig. Das ist nicht zu vermeiden. Weil es den echten Bayern meiner Umgebung auch so geht. Oft noch glauben sie an die althergebrachten Sprüche. Das wirkliche Leben hätte sie längst andere Weisheiten lehren sollen. Ein solcher dieser Sprüche soll wohl Gelassenheit ausdrücken: »Jetzt schau'n wir mal, dann seh'n wir's schon!« Klingt vernünftig. Praktiziert wird meistens das unvernünftige Gegenteil. So in der Art: »Jetzt machen wir mal und schau'n dann nicht (was daraus geworden ist).«

Das Schauen kann und will ich nicht vermeiden. Daher gerate ich mit meinen teilnehmenden Beobachtungen bei so manchem Shinrinyoku-Gang in den Zwiespalt, wegzuschauen, nicht zur Kenntnis zu nehmen, was geschieht, oder das Geschehnis anzunehmen, auch wenn es Ärger und Frust bereitet. Dazu gehören lärmende Flugzeuge, mit denen über dem Forst Übungsflüge am Sonntag gemacht werden, dass ich Schallschutz für die Ohren brauche. Dann kann ich weder das Rauschen der Blätter, noch die mit verminderter Intensität ausklingenden Vogelgesänge hören. Die umgelegt dahinwelkenden Blumen vom Rand der Forststraßen, die wieder gemäht wurden, ohne dass ein Grund dafür erkennbar ist, machen mich traurig. Der junge Bauer, der mit einem alten stinkenden Traktor in der Au spazieren fährt, ärgert mich. Der alte Bauer, der ungeniert Gartenabfälle in den Auwald kippt, lässt mich zweifeln am Erfolg jahrzehntelanger Umweltschutzbemühungen. Er nimmt sich das Recht heraus, den Schnitt seiner (oder anderer) Thuja-Hecken auf diese Weise zu entsorgen, weil ihm der Auwald entweder gehört oder weil er diesen als »Staatsgrund« frei für öffentliche Müllentsorgung hält. Immer wieder erschrecken mich Radfahrer, die mit Höchstgeschwindigkeit über die Forststraßen rasen. So schnell, dass ich es kaum schaffe, zur Seite zu treten. Mich frustriert der Staub, den ich trotz Mundschutz in die Nase bekomme, weil die Fahrer der Forstfahrzeuge keine Zeit haben, langsam genug zu fahren.

Doch wenn eine Mönchsgrasmücke im Gebüsch neben mir zu singen anhebt, kommt mit dem herrlichen Klang ihres Liedes die Gelassenheit zurück. Dann perlen auch die Triller eines Rotkehlchens ins Ohr. Unwillkürlich atme ich im Rhythmus der Rufe einer Waldtaube und lächle dem Pilzsammler zu, der mit seinem Körbchen vorbeikommt. Ein Blümchen, das die Rasur des Straßenrandes im Staatswald überlebt hat, betrachte ich mit tiefer Intensität und Anteilnahme. Es ahnt nicht, wie knapp es der Vernichtung entgangen ist. Wie auch der Schmetterling, ein weiß gebändertes, sommerschwarzes Landkärtchen, das sich darauf niederlässt.

Ein Eichelhäher fliegt vorüber. An seiner dicken Kehle sehe ich, dass er sich Schnabel und Kehlsack mit Eicheln vollgepackt hat. Er wird sie irgendwo verstecken. Und unabsichtlich neue Eichen pflanzen, weil er nicht alle wieder findet. Auch an Stellen, die dafür nicht von den Staatsforsten vorgesehen waren. Die Ahornsamen hingegen, deren Flügel jetzt breit und bräunlich werden, was beginnende Reife anzeigt, trägt der Wind fort. Im Frühjahr werde ich zu Tausenden frisch gekeimte Ahornsprösslinge an den Rändern der Forststraßen sehen. Für kurze Zeit.

Gerade dort sollen und dürfen sie nicht aufwachsen und von Rehen abgeweidet werden. In den Rückegassen, in denen das Springkraut üppig wuchert, können sie nicht keimen.

Im Auwald sehe ich jetzt das Ergebnis eines anderen Wirkens, das mich vor genau einem Jahr so beeindruckt hatte. Damals riss ein Tornado große Löcher in den Wald, entwurzelte Bäume, drehte sie ab oder bog sie so sehr zu Boden, dass sie sich nicht wieder aufrichten konnten. Vom Spätherbst und den Winter hindurch bis ins späte Frühjahr hinein waren die Auwaldbesitzer tätig, die Sturmschäden aufzuarbeiten. Die Bäume oder das, was von ihnen übrig geblieben war, sind fortgeschafft. Man hat sie zu Hackschnitzel verarbeitet oder Brennholz daraus gemacht. Stapel von Pappelstämmen lagern aber immer noch im Auwald. Manche haben wieder ausgetrieben, weil größere Rindenteile Bodenkontakt bekommen hatten. Andere faulen vor sich hin. Warum man sich die Arbeit gemacht hat, wird mir niemand beantworten. Als Angehörige eines Volkes, das Ordnung und Sauberkeit sehr hoch schätzt, vermute ich, dass die vom Sturm verursachte, also die natürliche Unordnung, einfach beseitigt werden musste. Doch die »Packungsbeilage« zu den Nebenwirkungen dieses Tuns blieb ungelesen: Überall, wo aufgeräumt wurde, ist der Auwald nun ein Meer von blühenden Drüsigen Springkräutern. Wo die Menschen die Böden angerissen haben, keimten sie in Massen und entwickelten sich über alle Maßen. Im Forst sind die Rückegassen voll davon. Das vielen Naturschützern verhasste Springkraut ist der große Gewinner des Sturms. Ihm kommt eine Forstwirtschaft am meisten zugute, die angeblich schonend sein soll. Mir kommen Schlagworte und Wörter und Sentenzen in den Sinn, wie »Kriegsgewinnler« und »Auferstanden aus Ruinen«. Die Natur lässt sich nicht unterkriegen. Dies zu sehen, vermittelt Gelassenheit. Jeder Eingriff hat Folgen. Unerwünschte meistens. Wie hätte es Karl Valentin ausgedrückt?

Gelassen sehe ich den Bienen zu, wie sie von Springkrautblüte zu Springkrautblüte fliegen. Ihr Rücken ist weiß vom Pollen dieser Blüten. Bei manchen ist fast der ganze Körper davon so eingepudert, dass ich mir nicht immer sicher bin, ob es auch wirklich Honigbienen sind. Von weither fliegen sie an. Draußen auf den Fluren gibt es keine Blumen mehr. Nur in den Gärten finden sie welche, aber auch dort nicht so eine Menge, wie hier im Auwald. Wie Mauern sind sie aufgewachsen, die Springkrautbestände. Abermillionen Blüten baumeln an dünnen Stielen im leichten Wind. Ihre Farben reichen von reinem Weiß über alle Tönungen von Rosa bis zu dunklem Rot. Verwirrt dies die Bienen nicht, frage ich mich unwillkürlich, ohne eine Antwort geben zu können. Vielleicht, so mein Eindruck, besuchen sie die Weißen weniger intensiv als die Roten. Aber angeflogen werden sie doch alle. Mein Mann wies mich darauf hin, dass die weißen Springkrautblüten oft die größeren, besser gefüllten Fortsätze (Sporne) tragen als die Roten. Sie machen mit Ergiebigkeit wett, was ihnen durch den Mangel an Farbe an Attraktivität abgeht. »Wir müssten Anflughäufigkeit und Dauer der Nektaraufnahme vergleichend untersuchen, um diese Annahme bestätigen oder widerlegen zu können«, fügt er hinzu. Ein solches Vorhaben würde allerdings ein wenig zehren an meiner Gelassenheit. Obgleich ich gern dabei mitmache. Denn Besucher der Springkrautblüten sind auch die irgendwie netteren Hummeln, die es nicht so eilig wie die Bienen haben. Dass sie mich mit einem angehobenen Bein (vermeintlich) grüßen, wenn ich mich ihnen zu sehr nähere, gefällt mir. Natürlich weiß ich, dass es genau das Gegenteil bedeutet: Komm nicht noch näher! Daran halte ich mich gern.

Unter all den Kleintieren, denen ich auf meinen Waldgängen begegne, tragen die Hummeln am meisten zur sich aufbauenden Gelassenheit bei. Besonders die beiden großen Arten, die hier häufig vorkommen, die Erdhummel mit gelbem Rückenband und grauweißem Ende des Hinterleibs und die bis auf das rostbraune Körperende ganz schwarze Steinhummel mag ich, weil sie sich so schön zuschauen lassen. Dass es nahe Verwandte gibt, die sich das Selbstaufziehen eines Hummelvolkes ersparen und dafür bei einem vorhandenen Volk parasitieren, kann ich kaum glauben bei dem so pummelig-sympathischen Aussehen dieser Insekten. Schmarotzerhummeln im Reich der Fleißigen! Brutparasiten! Soll ich meine durch das Betrachten der Bienen und Hummeln gewonnene Gelassenheit aufgeben und darüber nachdenken? Tiefer eindringen ins Leben der Hummeln? Noch bin ich unschlüssig. Gelassenheit und gespannte Neugier bedrängen einander.

PHALLUS IMPUDICUS

August. Gewittersommer. Auch im Forst sind nun die Vögel schweigsam geworden. Nur gelegentlich höre ich eine Ringeltaube. Das Gurren der Tauber klingt aus den Baumkronen anders als im Städtchen, wo diese große Waldtaube seit Jahren mit der viel kleineren Türkentaube um die Wette zu rufen scheint. Das täuscht. Die beiden Taubenarten kümmern sich nicht umeinander. Draußen im Forst gibt es keine Türkentauben. Daher muss ich nicht genauer hinhören, wie sich der Rhythmus ihrer Balzrufe entwickelt: Dreiteilig und leise ausklingend ist der Ruf der Ringeltaube. Dreiteilig und am Schluss keuchend »gu-kh« klingt er bei der Türkentaube. Die Lieder vieler Singvögel variieren viel stärker. Dennoch verwechseln die beiden Tauben einander nicht. Während ich zuhöre, weiß ich nicht, ob ich mich wundern soll. Oder nachsinnen, warum sich sonst kein Vogel hören lässt. Im Auwald war es schon vor wenigen Tagen ähnlich still. Als ob die Natur in einen Sommerschlaf gesunken wäre. An der Hitze liegt es nicht. War der August verregnet, kommentierten dies die Vögel auch nicht weithin hörbar. Es wird einige Wochen dauern, bis Herbstschwärme von Zugvögeln durch die Baumkronen streifen. Nächstes Jahr werden auch Kreuzschnäbel mit dabei sein. Sie kommen immer, wenn die Fichten Massen von Zapfen angesetzt haben und diese reifen. »Gip, gip, gip, …« höre ich sie dann. Zu sehen sind sie schwerer, weil sie sich so hoch oben an den Spitzen der Fichten aufhalten. Entdecke ich sie in geeigneter Position, sodass ich sie durchs Fernglas betrachten kann, sehen sie wie kleine Papageien aus. Die Männchen sind überwiegend rot gefiedert und damit viel auffälliger als die grünlichen Weibchen und die Jungvögel.

Die neuen Fichtenzapfen leuchten in der Abendsonne elfenbeinfarben auf. Noch sind sie weit von der Reife entfernt. Manche tragen noch den grünlichen Schimmer ganz junger Zapfen. Aber aus einigen läuft schon Harz aus. In dicken weißlichen Tropfen hängt es so an den Schuppen, dass man meinen könnte, die Zapfen würden weinen. Ob sie etwas dabei empfinden, wenn die Kreuzschnäbel angeflogen kommen und die Schuppen hochbiegen, weiß ich nicht. Der wissenschaftliche Trend geht gegenwärtig in die Richtung, auch den Bäumen und anderen Pflanzen Gefühle zuzubilligen. Sollte dies unseren Umgang mit ihnen sorgsamer machen, halte ich die Annahme für gut, gleichgültig, ob sie zutrifft. Die Kreuzschnäbel mögen auch milchreife Fichtensamen, die noch nicht gereift und hart geworden sind. Zur besseren Verdauung fressen sie Erde oder schaben Kalk von Hauswänden, so es Häuser am Waldrand gibt. Spechte und Eichhörnchen nehmen sich erst die reifen Zapfen vor. Mit der Massenentwicklung von Zapfen überschwemmen die Fichten die Nutzer, sodass diese keine nennenswerten Anteile an der Samenmenge vernichten können. In den nachfolgenden Jahren gibt es so wenige Zapfen, dass es für Kreuzschnäbel, Spechte und Eichhörnchen zu wenig ist. Mich beeindruckt dies. Die unbeweglichen, nichts weiter als dastehenden und wachsenden Fichten nehmen weit stärkeren Einfluss auf die Häufigkeit der Tiere als umgekehrt diese auf die Bäume wirken können. Obwohl sie alle ganz besondere, sehr wirkungsvolle Techniken zum Öffnen der Zapfen entwickelt haben.

Der Weg, den ich genommen habe, ist recht schattig. Fast wirkt er wie ein Hohlweg, so nahe kommen sich die Kronen der Fichten zu beiden Seiten. Sie gehören zu einem »halbwüchsigen« Bestand, in dem noch nicht geerntet wird. Seit Jahren, und die nächsten Jahre wahrscheinlich auch noch, wird er weiter wachsen dürfen. Vor wenigen Tagen hatte ich hier eine besondere Orchidee gefunden, Vogelnestwurz genannt. Sie entwickelt kein Blattgrün. Daher sieht sie aus, als ob sie bei einem unzeitgemäßen Sommerforst erfroren wäre, blass und irgendwie schwammig weich mit braunen Blüten. Diese passen so gar nicht zur Vorstellung, die wir von einer Orchidee haben. Der Vollschmarotzer hat offenbar keine besondere Anlockung von Insekten zur Bestäubung seiner Blüten nötig. Möglicherweise rieche ich aber nicht, was sie für einen Duft verströmt. Nach Honig duftet er, wie ich in einem Buch über Pflanzen lese. Aber hinzugefügt ist, dass sich die Blüten selbst bestäuben, also keine Insekten als Überträger benötigen, und dass es neun Jahre dauert, bis die unterirdischen Teile den Blütenstand über die Bodenoberfläche hinaustreiben können.

Nachdem ich mich nun schon so anstrenge, an dieser seltsamen Blume etwas zu riechen, erfasst meine Nase einen gänzlich anderen Geruch. Einen Gestank, um es treffender auszudrücken, der aber nicht einfach abstoßend ist, vielmehr sonderbar ambivalent. Ich bekomme Lust, die Quelle ausfindig zu machen, obwohl mir der Geruch nicht zusagt. Wie blind suche ich umher. Denn die Augen helfen mir nicht, die Quelle zu lokalisieren. Weil ich nach einem toten Tier Ausschau hielt, wie ich nachher merke. Dabei stehe ich fast davor. Aus dem Waldboden ragen bizarre Gebilde. Knochenbleich sind sie, mit einer wabenartig gekammerten, konischen Spitze. Bei einigen ist sie speckig, grau-olivgrün und glatt. Auf anderen daneben wimmelt es vor Fliegen so sehr, dass diese komplett verdecken, was darunter ist. Die Gebilde sind Pilze. Sie ragen bis gut zwei Handbreit aus dem Boden empor. Die Knochenbleichen sehen wie künstlich ziseliert aus. Die Fliegen surren plötzlich auf, dass ich zurückschrecke, als ich mich zu sehr nähere. Von diesen Pilzen, an denen sich blau und grün glänzende Fliegen angesammelt haben, geht der stärkste Geruch aus. Doch auch die noch glatt olivgrünen tragen dazu bei. Das sagt mir meine Nase unmissverständlich. Wieder wundere ich mich, dass der Gestank nicht nur abstoßend wirkt. Ich gewöhne mich sogar daran, während ich mir die Pilze näher ansehe. Ihr Aussehen drängt einen Vergleich auf: Phalli sind es; Pilze, die eine phallische Form entwickelt haben. Schamlose Pilze, wie Carl von Linné befand, als er ihnen vor rund 250 Jahren den wissenschaftlichen Namen *Phallus impudicus* verlieh. Mit der Herausgabe seines Werkes über das System der Natur legte er diese Bezeichnung für alle Zeiten fest. Das »schamlos« war verständlich in einer Zeit, in der noch Hexen- und anderer Aberglaube Europa beherrschte. Wo solch schamlose Phalli aus dem (Wald-)Boden kamen, musste ein entsprechend schamloser Mensch begraben sein, war die Schlussfolgerung. Da es Unsittliches immer gab und Spekulationen darüber stets Konjunktur hatten, boten die stinkenden Pilze geradezu eine solche Erklärung an.

Es kam aber noch seltsamer. Mein Mann interessierte sich für die Anlockung der Fliegen, die von dem Geruch ausging. Verströmt wird er von einer breiig-klebrigen Substanz, die oben an der Spitze aus dem Pilzkörper hervorquillt. Sie enthält die Sporen dieses Pilzes. Die Fliegen lecken diese Schicht ab und tragen die Sporen fort zu anderen Plätzen im Wald. Es sind Fliegen, die Tierkadaver besuchen und darauf ihre Eier ablegen. Auf die stinkenden Köpfe dieser Stinkmorchel, wie sie heutzutage genannt werden, legen sie jedoch keine Eier. Sie stellen also sehr wohl den Unterschied zwischen dieser Pilzmasse und einem wirklichen Kadaver fest. In diese Details wollte ich mich eigentlich nicht vertiefen. Für mich ist dieser Pilz auch so abstrus genug. Was mir mein Mann nun aber zeigte, machte *Phallus impudicus* noch absonderlicher. Mit seinem geübten Auge entdeckte er kleine Hügel im Waldboden. Nur wenige Millimeter bis höchstens einen Zentimeter erhoben sie sich über die unmittelbare Umgebung. Was er daraus hervorbeförderte, war für mich kaum zu glauben: Ein »Ei«, so groß oder etwas größer als ein Hühnerei. »Ein Hexenei«, sagte mein Mann und erläuterte, dass man in früheren Zeiten diese Pilze mit Hexen in Verbindung gebracht hatte, und nicht nur mit Toten, deren Lebenswandel unsittlich gewesen war. Und deren Vergehen sie als »Totenfinger« der Nachwelt anzeigten. Hexen hätten, so hieß es im finsteren Mittelalter, diese Eier gelegt und im Waldboden ausbrüten lassen, nachdem sie in der Mittsommernacht getanzt und sich entsprechenden Ausschweifungen hingegeben hatten. Nach einiger Zeit brechen diese Eier auf und heraus reckt sich ein Phallus. Zunächst noch rein wie frisch geputzt. Alsbald fängt seine eichelartige Kuppel aber zu zerfließen und zu stinken an. Eben weil es Hexeneier sind. Vom Teufel gezeugt.

Das war eine Menge »Volkskunde« für mich. Und eine neue Komponente der Waldluft dazu. Wie um mir den Beweis liefern zu wollen, schnitt mein Mann so ein Hexenei genau in der Mitte von oben nach unten entzwei. Darin saß er nun, der werdende Phallus, noch ganz Kopf, fast ohne Schaft. Wer so etwas anschaute in den noch gar nicht so lange vergangenen Zeiten des Hexenglaubens, musste fast zwangsläufig zu solchen Deutungen kommen. Wie sonst hätten die Menschen verstehen können, was sich da im Waldboden entwickelte, eine ihnen wohl bekannte Form annahm, über die man nicht sprach, und deren Geruch in jenen so unhygienischen Zeiten auch nicht so realitätsfern lag. Gewiss gingen damals viele von der Feldarbeit direkt in den Wald, um sich zu erleichtern. Es blieb den Pilzforschern unserer Zeit vorbehalten, den Entwicklungsweg der Stinkmorchel aufzuklären. Manches ist nach wie vor unbekannt oder bloße Vermutung. Die Rolle der Fliegen zum Beispiel und warum es diese Pilze immer nur an einigen wenigen Stellen gibt, nicht aber großflächig verbreitet. Die Fliegen sollten die Sporen ja überallhin verteilen. Warum fliegen sie darauf, wenn sie gar keine Eier daran ablegen? Weshalb sind sie so gierig danach, dass sie sich kaum verscheuchen lassen? Die oben angeführte Nestwurz-Orchidee lebt mithilfe der Pilze von Baumwurzeln. Was bietet der Stinkmorchel-Pilz den Fliegen wirklich? Sie ist voller Rätsel, die Welt der Pilze. Mit dem Hochsommer hat ihre Zeit begonnen.

PILZE

Im Buchenwald benutze ich im Spätsommer gern einen besonderen Pfad. Er führt, kaum als solcher erkennbar, an einer steilen Hangkante entlang. Die Bäume krallen sich mit ihren Wurzeln regelrecht daran fest. Dennoch stürzt immer wieder einer ab. Da das Flusstal darunter Naturschutzgebiet ist, darf liegen bleiben, was einfach umfällt oder was vom Sturm geworfen wird. So entsteht Wildnis. Fürs Auge zumindest. An diesem Weg kann ich mir ganz gut vorstellen, wie Wald aussieht, der sich selbst und den Kräften der Natur überlassen bleibt. Die Buchen sind knorrig gewachsen. Tote Äste hängen von ihnen herab. Manche reichen bis zum Boden. Andere Äste sind dürr, recken sich aber noch in die Höhe. Die Stämme solcher Bäume tragen die Narben der Zeiten, die sie durchgestanden haben; buchstäblich. Kommt doch von den Buchen die deutsche Bezeichnung Buchstabe. Wie bei Büchern sind in ihnen Inhalte archiviert. Selbst die Stammruinen alter Buchen, die es hier gibt, wirken noch stabil. Dabei tragen sie keinen Ast und kein Blatt mehr. Aber Pilze. Geradezu phantastische Pilze. Eine Form bezaubert mich jedes Mal wieder, wenn ich sie bemerke. Aber es gibt sie nicht jedes Jahr, diese Buchenpilze, die wie aus feinstem, leicht milchig getrübtem Glas gegossen aussehen. Sie kommen aus Rissen oder alten Astlöchern hervor, wachsen zuerst schräg nach draußen, drehen sich dann so in die Höhe, dass der »gläserne Hut« richtig sitzt und beschirmt. Bei passend tief stehender Nachmittagssonne leuchten sie golden auf, diese Kunstwerke der Pilznatur. Da kann ich nur vor ihnen stehen und sie mit angehaltenem Atem bestaunen.

Als ich die paar Schritte, die ich zur Betrachtung der Glaspilze abgewichen war, zum Pfad zurückgehe, sehe ich, dass ich mehrere kleine Pilze zertreten habe. Zu sehr hatten die im Licht schimmernden Pilze meine Aufmerksamkeit auf sich gezogen. Tritte auf kleine Pilze waren fast unvermeidlich, weil sie in solchen Mengen den Boden bedeckten. Ich konnte nicht bei jedem Schritt ausweichen. Auf dünnen Stielen werden leicht faltig wirkende, runde Hütchen hochgereckt. Manche sind so dünn, dass sie auch ohne Hut umfallen müssten. So der Eindruck. Doch sie sind zäh, diese Stiele. Das merke ich, als ich mir so einen Pilz-Winzling zur genaueren Betrachtung pflücken will. Aus Zigtausenden einen. Ein Stückchen Moos bleibt an seinem Fuß hängen, als ich ihn herausziehe. Unter der Schicht brauner, größtenteils vom letzten Herbst noch liegender Buchenblätter gibt es also Moos, das man gar nicht sieht, wenn man nur so darüber hinweggeht.

Im Buchenwald sind die kleinen Helmlinge, Schirmlinge, und wie sie sonst heißen mögen, in manchen Jahren außerordentlich häufig. Doch weit auffälliger werden die großen Pilze. Am meisten beeindrucken mich die flachen Teller der Parasolpilze aus der Champignonverwandtschaft. Sie stehen oft einfach neben dem Waldpfad. Meistens finde ich sie in der Nähe des Waldrandes. Manche entwickeln sich auch draußen auf der Wiese wenige Meter vom Wald entfernt. Der größte Parasol hatte einen Schirmdurchmesser von fast 40 Zentimetern. Er reichte mir knapp bis ans Knie. Dass ich meinen Hund hinter diesen Pilz sitzen ließ, missdeutete er auf seine Weise: Er nahm an, dass er nun etwas bekommt. Auf dem »Tisch« vor ihm vielleicht. Für den Reiz des Ensembles, das ihn am Pilz zeigt, als ob er darauf gefüttert würde, hatte er keinen Sinn. Es war auch für mich zusammengestellt. Er setzte sich brav hin und machte mir die Freude. Der Parasol-Riese war natürlich viel zu alt, um ihn mitzunehmen und wie ein Schnitzel zu panieren und zu genießen. Ich ließ ihn unberührt stehen. Eine Woche später stand er immer noch. Nur brauner war er geworden und deutlich geschrumpft an den Rändern. In seiner kurzen Jugend muss er ein ziemlich massiger »Paukenschlegel« gewesen sein. So aussehend, mit leicht länglich rundem »Kopf« und langem weißem Stiel, beginnen die Parasole ihren Lebenszyklus. Die sich zum Schirm ausbreitende Knolle ist in diesem Zustand noch dicht braun beschuppt. Unwillkürlich fühle ich mich an Blütenknospen erinnert. Zum Beispiel an die Pfingstrosen. Dass sich aus der gestielten, kompakt kugeligen und ganz grünen Knospe in wenigen Stunden eine Pfingstrose in überquellender Blütenfülle in Rot, Rosa oder Weiß entwickelt, nahm ich hin. Weil es mir vertraut war. Über die Entfaltung des Paukenschlegels zum Schirm des Parasolpilzes aber wunderte ich mich. Weil ich mir dabei erst bewusst machen musste, dass das so ist.

Vielleicht sind die zarten Blütenblätter der Pfingstrose und die echter Rosen sogar weniger fein als die Lamellen des Schirmpilzes, der sich bei Berührung so sanft anfühlt. Eine Rose kann ich streicheln, den Pilzhut nicht. Ich muss ihn auf Distanz bewundern. Dass Überlegungen zu einem anderen Genuss dabei mitschwingen, gebe ich gern zu. Pilzgerichte können hervorragend schmecken. Im Frühjahr suchen wir deshalb intensiv nach Morcheln. Die Stellen, an denen sie vorkommen, kennen wir. Und wir verraten sie nicht. Pilzgenießer sind egoistisch bis an ihre Kapazitätsgrenzen. Das ist in Japan sogar noch viel ausgeprägter der Fall, wenn es um den Matsutake geht. Er ist unser geschätztester Pilz. Für makellose Matsutakes werden Summen bezahlt, die erheblich über die ohnehin sehr teuren Trüffel in Europa hinausgehen. Enthält eine Hochzeitssuppe auch nur ein paar Schnitte eines Matsutakes, werten dies die Gäste als Zeichen besonderer Hochachtung, die ihnen seitens des Hochzeitspaares zuteil wird.

Matsutake gibt es in den Wäldern nicht, in denen ich bei meinen Shinrinyoku-Gängen auch nach Pilzen schaue. Glücklicherweise vielleicht. Denn so komme ich nicht in Versuchung, den Weg des Shinrinyoku zu verlassen und die Gier der Pilzsammlerin zu entwickeln. Die im Fichtenhochwald fast immer reichlich, in vielen Jahren massenhaft vorkommenden Maronenröhrlinge reizen mich nicht. Zudem sollen sie immer noch stark mit radioaktivem Cäsium aus der Tschernobyl-Katastrophe belastet sein. Mehr als andere Pilzarten reichern sie Cäsium im Pilzkörper an. Und verraten damit, worum es uns bei den Pilzen geht: Nicht um den »Nährwert«, denn dieser ist fast null. Sondern um Spurenelemente, die unsere überwiegend vorgefertigte Nahrung nicht in den vom Körper benötigten Mengen enthält. Weil die Nutzpflanzen auf Ergiebigkeit und leichte Verdaubarkeit gezüchtet worden sind. Und darauf, dass sie schnell wachsen und hohen Ertrag liefern.

Die Pilze sammeln mit ihren im Boden lebenden Fadengeflecht Spurenelemente. Die einzelnen Fäden, aus denen unter geeigneten Umständen die Pilzkörper entstehen, sind so fein, dass zehn von ihnen oder mehr miteinander verbunden werden müssten, um die Dicke der feinsten Baumwurzeln, der sogenannten Haarwurzeln, zu erreichen. Pilze sammeln Spurenelemente daher zehnfach besser als Pflanzenwurzeln und noch viel effizienter als solche von Salat oder anderen Gemüsepflanzen. Aber es gibt Unterschiede. Das radioaktive Cäsium sammeln unter den Speisepilzen die Maronenröhrlinge am stärksten. Die Steinpilze, die mit den Maronen nahe verwandt sind, tun dies nicht annähernd so stark. Baumpilze akkumulieren am wenigsten. Ich sollte mir daher die hier in den Wäldern des bayerischen Alpenvorlandes vorkommenden Austernseitlinge suchen. Sie wachsen aus Baumstümpfen heraus und sind daher am geringsten mit Schadstoffen belastet. Insbesondere wenn die Bäume sehr alt sind, in denen sie sich entwickeln. Dann stammen sie aus einer weniger mit Schadstoffen belasteten Zeit.

So ähnlich kann ich es lesen in den Informationen zu den Pilzen, die das Bayerische Umweltministerium der Bevölkerung zur Verfügung gestellt hat. Bei der Fülle der Pilze, die ich auf meinen Waldgängen sehe, gesellt sich ein ganz anderes Problem hinzu: Wie erkenne ich, ob es sich um einen genießbaren oder um einen giftigen Pilz handelt? So kam vor einigen Jahren mein Mann mit einem wunderschönen Pilz in der Hand auf mich zu, um mir, wie er beim Fund angenommen hatte, einen Steinpilz zeigen zu können. Dass dieser nur wenige Meter neben der Forststraße bis in den Nachmittag hinein überlebt haben sollte, wäre zwar Grund genug gewesen, von vornherein Zweifel zu bekommen. Aber erst im vollen Licht der offenen Forststraße sah er das zarte Rosa der Hutinnenseite. Das verdächtige, das warnende Rosa. Es war ein Gallenröhrling. Ein prächtiger, wegen seines bitteren Geschmacks aber ungenießbarer Doppelgänger des Steinpilzes. Ein einziger Gallenröhrling würde genügen, ein ganzes Steinpilzgericht zu verderben. Geschmacklich zwar nur, weil er nicht giftig ist, aber bei der Vorfreude auf das Steinpilzaroma wäre dies ärgerlich genug. Hätten wir in diesem Moment einen der meistens sehr pilzkundigen Russlanddeutschen getroffen, die uns bei unseren Waldgängen immer mal wieder begegnen, wäre die Blamage perfekt gewesen. Sie suchen schon frühmorgens, nicht erst am späten Nachmittag. Und sie kennen die ergiebigen Stellen.

Nur bei den Morcheln können wir mit ihnen konkurrieren. Deren Vorkommen kennen wir besser. Früher gab es viel mehr Pilze, meint mein Mann. In manchen Jahren kann ich mir das kaum vorstellen. Weil ich überall in den Wäldern Pilze sehe. Nur eben nicht die, die ich auf dem Wochenmarkt kaufe, wie die Steinpilze und die Pfifferlinge. Die Österreicher, die sie zu uns bringen, nennen sie Herrenpilze und Eierschwammerl.

Pilze gibt es in den absonderlichsten Gestalten. Wie zum Beispiel die Totentrompeten. Ihre schwarzen Trichter sehen bei den frischen Exemplaren, die übrigens sehr gut schmecken sollen, wie total verdorben aus. Mich erinnern sie an die Kelche der Stängellosen Enziane, die im Frühjahr in Kiefernwäldern bei München blühen. Aber eben nur der Form nach. Enzianblau bis kobaltblau sind andere Pilze, die ich sogleich für hochgradig giftig hielt, als ich sie zum ersten Mal im Buchen-Fichten-Hochwald sah. Der Form nach sind sie ganz normal. Aber die Farbe! Wie in Tinte getaucht, die auf der samtig blauen Hutoberfläche nicht ganz glatt abgetropft war. Kobaltblaue Lamellen, dunkelblauer, dick angeschwollener Stiel. Dunkelvioletter Schleierling heißt er, wie ich im Pilzbuch von Till R. Lohmeyer und Ute Künkele lese. Sein wissenschaftlicher Name ist *Cortinarius violaceus*. Alles stimmt mit der Beschreibung bestens überein. Nur dass dieser »giftig blaue« Pilz essbar sein soll, will mir nicht so recht in den Kopf. Ich glaube den Pilzexperten, verzichte aber auf den Selbstversuch. Womöglich würde mir allein deswegen schlecht, weil ich das erwarte. Angaben im Internet entnehme ich, dass er mit 7,4 Milligramm pro Gramm Trockengewicht den höchsten Eisengehalt unter allen Pilzen hat. Und dass es ihn auch in Japan gibt. Hätte ich nicht gedacht. Den Eisengehalt akzeptiere ich. Er ist sicher verlässlicher ermittelt worden als beim Spinat. Dunkelviolette Schleierlinge, fein geschnitten, in den Salat aus dem eigenen Garten zum Mittagstisch, behalte ich mir als eine Option für die Zukunft im Fall von akutem Eisenmangel vor. Allerdings fand ich diese Pilze in den meisten Jahren nur ganz selten oder gar nicht. Eine »Eisentinte« werde ich daraus auch nicht herstellen. Vielleicht haben diese Pilze auch sehr viel Cäsium in sich, wie die Maronenröhrlinge, die beim Drücken blau werdende Stellen bekommen. Eisenblau?

In diese Sackgasse des Denkens will ich nicht geraten. Lieber schlendere ich weiter durch den Pilzwald und halte Ausschau danach, was es sonst noch gibt. Die Stäublinge gefallen mir. Einmal wegen ihrer Wuchsform, die an Keulen erinnert. Und auch, weil sie im reif gewordenen Zustand rauchen. Ein wenig Druck auf die Seite reicht, um einen Mini-Vulkan zum Ausbruch zu bringen. Mit aufsteigender Qualmwolke. Es gibt viele solcher Stäublinge am Pfad. Sie entwickeln sich meistens auf alten, oft kaum noch als solche zu erkennenden Stubben. Bei den blauvioletten Pilzen waren es dagegen Reihen und Ringe. Reihen, die fast geradlinig verliefen. Ringe mit mehreren Metern Durchmesser. Wahrscheinlich bilden sie das sich langsam zersetzende Wurzelwerk von Bäumen ab, die es gar nicht mehr gibt. Hexenringe wurden solche Pilzringe genannt. Man fürchtete sie. Aber sie waren auch verlockend. Wie die Hexen und ihre Kenntnisse. Geheimnisvoll sind sie immer noch. Aber kaum jemand interessiert sich dafür. Geheimnisse liefert das Fernsehen. Phantastisches wird zusammenphantasiert. Vielleicht haben Autoren besonders wahnwitziger Fantasy-Romane halluzinogen wirkende Pilze zu sich genommen, könnte man argwöhnen. Dabei wäre die Wirklichkeit faszinierend genug. Ich finde Erdsterne, Holzkeulen, Korallenpilze und viele weitere, die ich nicht erkenne, weil ich sie noch nicht kennengelernt habe. Gelegentlich entdecke ich auch mal einen Fliegenpilz oder eine kleine Gruppe dieser »Männlein im Walde« mit dem »purpurroten Mäntelchen«, die auf einem Bein stehen. Fliegenpilzgift enthalten sie, das dem Gehirn vorgaukelt, abzuheben und zu fliegen. Hoffentlich mit weicher Landung. Die Schamanen kannten diese halluzinogene Wirkung.

Bei den Pilzen kehrt sich die übliche Reihung der Vielfalt in den verschiedenen Waldtypen um. Die meisten Arten gibt es in den Forsten, vor allem, wenn sie aus mehreren unterschiedlichen Baumarten zusammengesetzt sind. Wie der Buchenwald mit den violetten Pilzen, in dem es Fichten und Lärchen gibt. Auch große Ahorne sind vorhanden. Bestände einförmiger Fichtenwälder bieten mir weniger. Die wenigsten Pilze finde ich im Auwald. Allerdings mit einer großen Ausnahme. Dort entwickeln sich an alten Weiden die Schwefelporlinge. Sie wachsen in solcher Größe, dass sie jenseits der üblichen Pilzwelt zu liegen scheinen. Ihre dicken, semmel- bis orangegelben Fächer kommen vielfach übereinander gestaffelt aus dem Holz hervor. Die größten erreichen mehr als einen Meter Höhe und fast einen halben an Breite. Nicht die einzelnen Pilzkörper. Sie werden tellergroß. Aber sie sind miteinander am Stamm verwachsen. Jung und fleischig seien sie essbar. Wie Schnitzel solle man sie panieren – und keine Überempfindlichkeit gegen Aspirin haben. Denn sie enthalten so viel Salicylsäure, dass man mit ihnen durchaus leichtes Fieber bekämpfen könnte. Die angeblich recht schmackhaften Schwefelporlinge sind in größeren Mengen für die Nieren problematisch. Mit Schwefel haben sie nichts zu tun. Ihr Name bezieht sich lediglich auf die schwefelgelbe Färbung. Im August sprießen sie ein zweites Mal, gesetzt den Fall, es hat im Sommer genug geregnet. Das tut es in den meisten Jahren in der Ferienzeit der bayerischen und österreichischen Schulkinder. Die seltenen Ausnahmen von Super-Wetter in den Ferien, wie 2018, bestätigen die Regel. Vorher, im Mai meistens, entwickeln Schwefelporlinge die ersten Fruchtkörper des Jahres. Leider zeigt ihr Hervorbrechen aus den alten Weiden an, dass diese morsch geworden sind. Äußerlich sehen sie gesund und im Winter sogar wie Eichen aus, wenn die Blätter abgefallen sind. Innerlich sind sie aber bereits zersetzt. Nur noch der äußere Baumkörper hält die Standfestigkeit. Das Holz ist innen größtenteils rot geworden. Getrocknet wird es federleicht.

Die Zersetzung kennzeichnet die Endstadien in der Wechselwirkung zwischen den Bäumen und den Pilzen. Anfangs nähren sie die Bäume. Die aufbauende Wirkung hält bis ins fortgeschrittene Alter an. Die Bäume tragen als Gegenleistung zu guter Fruchtkörperbildung bei den Pilzen bei. Den Rückbau der Bäume übernehmen andere Pilze. Festes Holz zerfällt zu Staub. Feucht gehalten wird es nährende Erde. Nährend für den neuen Kreislauf, der darauf folgt. Die Zeit der Pilze ist für mich daher immer auch eine Zeit des Nachdenkens über die Zeit, ihren Lauf und die Zyklen von Werden und Vergehen. Wenn ich auf meinem Pfad durch den Wald gehe, könnte ich meinen, er sei unvergänglich. Welch ein Irrtum! Auch der Wald hat seinen Lebenslauf. Sehr unterschiedlich sind allerdings seine Zeitmaße von meinem. Aber es ist kein grundsätzlich verschiedenes Leben. Bäume sterben langsam. So langsam, wie sie aufwachsen. Dabei geht bereits neues Leben aus ihnen hervor. Wo Bäume aber nur »geerntet« werden, noch dazu zur besten Zeit ihres Lebens, wird uns das Wesen des Waldes entzogen. Er ist zur Holzfabrik degradiert.

HERBSTBLÜTEN

Violette Blütenkelche stehen zu Dutzenden weit geöffnet am Rand des Pfades im Forst. Sie ähneln den Krokussen, über die ich mich im Frühling freue, wenn sie im Garten erblühen und von Bienen besucht werden. Aber diese Blüten sind deutlich anders gebaut. Sie sind tiefer geschlitzt. Blätter fehlen. Blüten der Herbstzeitlose sind es. Sonderbare Pflanzen, die sich in der Jahreszeit geirrt zu haben scheinen. Herbstzeitlose erblühen von Ende August bis in den Oktober hinein und vergehen als Blüte. Ein halbes Jahr später, im April erst, folgen die Blätter. Im Mai entwickeln sich die Fruchtstände als große, dicke und längliche Kapseln. Beim Reifen werden sie braun, platzen auf und geben die Samen frei. Dann verschwindet wieder alles unter der Oberfläche. Bis zwei oder drei Monate später neue Blüten hervorkommen. Mit ihrer Farbe, einem hellen Violett, sind sie nicht zu übersehen. Auch nicht für die Bienen. Mit dicken Pollenhöschen an den Hinterbeinen kriechen sie nach intensiver Suche am Blütengrund aus den Kelchen hervor und fliegen zu ihren Bienenstöcken zurück.

An dieser Pflanze ist alles giftig. Die Blüten, die Blätter und die zwei bis drei Handbreit tief im Boden sitzende Zwiebel. Nur der Pollen ist nicht giftig. Wo Herbstzeitlose auf Wiesen wachsen, die von Rindern beweidet werden, bleiben die Blüten von den Kuhmäulern ebenso unangetastet, wie im Frühsommer ihre dicken, sattgrünen Blätter. Genauso meiden die Gänse in den Stadtparks die Herbstzeitlose. Beweidung kommt dieser Giftpflanze zugute, weil sie Gräser und Kräuter, ihre Konkurrenten, kurzhält. Hier im Wald, wo kaum Rehe leben (dürfen), fehlt die Beweidung. Nur an wenigen Stellen treffe ich bei meinen Waldgängen die wunderbaren blauvioletten Blumen. Ich las, dass ihr Gift die Teilung von Zellen hemmt. Wegen dieser Eigenschaft ist es Bestandteil wichtiger Medikamente, die sich gegen das Wuchern von Zellen richten, gegen Krebs also. Kannte Kirke, die alte Zauberin der griechischen Antike, diese Wirkung? Die Herbstzeitlose ist nach der Landschaft Kolchis am Schwarzen Meer benannt, in der ihre Kollegin Medea gelebt und gewirkt haben soll. Wurde damals mit dem Gift der Herbstzeitlose Heilung angestrebt? Für heutige Vorstellungen wäre dies ein unkalkulierbares Risiko. Homöopathische Dosierungen halfen nicht. Die alten Heilerinnen mussten hart an die Grenze zum Tod gehen, um Leben zu erhalten. Das Leben der meisten Menschen währte kurz. Sie waren bereit, die Risiken einzugehen. Wir sichern uns mit Tierversuchen ab. Vermeintlich mindern sie das Risiko, das mit jedem Medikament verbunden ist. Das tun sie aber nur für die Pharmafirmen und für den Gesetzgeber. Jedes Mal, wenn wir ein wirkkräftiges Medikament zu uns nehmen, ist es ein Experiment mit uns selbst.

In unserer Zeit wird ihr Vorkommen nicht mehr geschätzt. Auf den Wiesen ist die Herbstzeitlose der Überdüngung zum Opfer gefallen. Im Wald wird ihr das Licht genommen, weil andere Pflanzen wuchern. Das Mähen der Ränder der Forststraßen begünstigt nicht die blauviolette Blume des Herbstes, sondern die Massen der Springkräuter. Seit dem Hochsommer rieche ich sie überall. Zu übersehen sind sie auch nicht, denn sie bilden regelrechte Wände entlang der Straßen und Wege. Ihre rosaroten, blutroten oder weißen Blüten, die diese übermannshohen Stauden tragen, schaukeln an dünnen Stielen. Für Bienen und Hummeln stellen sie einladende Füllhörner mit Nektar dar. Aus Südasien, aus der Himalaya-Region stammen diese Drüsigen Springkräuter. Die Forststraßenpflege und die Rückegassen sind ihre besten Freunde. Vor ihrer hohen Front finde ich Gruppen und Streifen unauffälliger Gewächse mit kleinen, weiß geränderten Blütenköpfchen. Der deutsche Name Franzosenkraut zeugt davon, dass das Vordringen dieses Krautes den Franzosen zugeschrieben wurde. Doch es stammt nicht aus Frankreich, sondern aus Südamerika. Am Waldrand gibt es gerade ein Feld in Blau. Kleine blaue Blüten bilden große, gebogen büschelförmige Trauben so dicht an dicht, dass tatsächlich das ganze Feld wie blau eingefärbt wirkt. Es wird als Zwischenfrucht angebaut und Büschelschön oder Bienenfreund genannt, weil Honigbienen diese Blüten gern aufsuchen. Eingeführt wurde es aus Kalifornien. Brusthohe Stauden am Forstwegrand mit an zu klein geratene Margeriten erinnernden weißen Blüten sind ebenfalls Exoten. Sie kamen aus Nordamerika, Kanadisches Berufkraut genannt. Von jenseits des Atlantiks stammen gleichfalls die Goldruten mit ihren großen goldgelben Blütenständen. Im Auwald fallen sie mir erst auf größere Distanz auf als die anderen Blüten im Herbst, so intensiv leuchten sie. Stets wimmelt es an ihnen vor Bienen, Schwebfliegen und anderen Insekten. Pflanzen aus fernen Kontinenten hat unsere Zeit nicht nur in Gärten und Parkanlagen versammelt, sondern auch in den Wäldern. Darin gedeihen Bäume ferner Herkunft, wie die Roteichen und die Douglasien aus Nordamerika. Wovon würden die Bienen leben können, denen ich zusehe, wie sie die Blüten von Goldruten untersuchen und bearbeiten, gäbe es diese fremden Arten nicht? Daheim im Garten ist die ostasiatische Buddleja, der Schmetterlingsflieder, der Magnet für Falter, Bienen, Hummeln und andere Insekten. Vom Hochsommer bis weit in den Herbst hinein holen sie sich an den Blüten dieses Sommerflieders Nektar. Wovon lebten sie, bevor diese Pflanzen eingeführt worden sind, die Naturschützer so sehr verteufeln?

Bei meinen Waldgängen suche ich nach jenen heimischen Pflanzen, die früher all den Insekten Pollen und Nektar geliefert hatten. Fündig werde ich nicht. Wäre ich eine Biene, würde ich vergeblich die Forststraßen auf und ab fliegen. Brennnesseln und Adlerfarn bieten keinen Nektar. Allenfalls kämen die Köpfe der großen Disteln in Frage, in die sich, wie ich bemerke, weil ich aufmerksam geworden bin, kräftige Hummeln hineinzuzwängen versuchen. Aber von solchen Disteln stehen nur wenige am Forststraßenrand. Zu wenige gewiss, um für die Bienen weite Anflüge aus den Ortschaften zu entlohnen.

Etwas anderes finde ich. An Stängeln des Drüsigen Springkrautes sitzen große Raupen. An ihrem Körperende tragen sie ein kleines, spitzes Horn. Die Raupen sind verwaschen graubraun. Ein Stückchen hinter dem kleinen Kopf tragen sie eine rundliche rosafarbene Zeichnung. Was sie bewirkt, wird deutlich, wenn ich die Raupe leicht anstoße. Sofort zieht sie den Kopf zurück. Das Vorderende schwillt nun keulenförmig an. Aus den rosa Ringen wird ein Paar großer Augen. S-förmig aufgerichtet sieht die Raupe nun wie eine kleine Schlange aus. Das Zucken mit dem Vorderkörper verstärkt die Schlangenwirkung. Ich bin sehr beeindruckt und zucke zurück, obwohl ich weiß, dass die Raupe völlig harmlos ist. Sie kann nicht beißen und sie hat auch kein Gift. Die Springkräuter, die sich so massenhaft vermehrt haben, nutzt der Schwärmer, von dem diese Raupen stammen, als neue, überreich vorhandene Nahrung: Es ist der Mittlere Weinschwärmer, ein altrosafarbener, sehr schöner, lange recht seltener Schmetterling.

Während ich die Raupen betrachte und in kindlicher Begeisterung dazu reize, vorzutäuschen, eine Schlange zu sein, werde ich beschossen. Von allen Seiten her schlagen Körnchen ein; durchaus spürbar. Manche bleiben im Haar stecken. Nun weiß ich, was die Bezeichung Springkraut bedeutet. Die reifen Samenbehälter, längliche Kapseln, springen bei Berührung auf und schleudern mit erstaunlicher Wucht die reifen Samen fort. Meterweit. Dabei rollen sich die Kapselwände spiralig zurück, so dass sie selbst wie kleine, elfenbeinweiße Blüten aussehen. So nahe, wie ich ihnen nun bin, bekomme ich noch mehr von dem bezeichnenden Geruch des Drüsigen Springkrautes in die Nase. Man riecht es schon auf zehn oder zwanzig Meter Entfernung, wenn es, wie meistens, in großen Beständen wächst. Im Spätsommer riecht der Auwald nach Springkraut. Aber auch der Forst bekommt dieses nicht unbedingt angenehme Aroma ab, wenn Springkrautbestände über viele Meter die Straßenränder säumen. Dann überlagert ihr Geruch sogar das angenehm Harzige der Fichten.

Draußen auf der Flur wird Mais geerntet. Mais ist der Fremdeste der Fremdlinge, weil es ihn in dieser Zuchtform ursprünglich nicht einmal in seiner Mittelamerikanischen Heimat gegeben hatte. Fremd sind aber eigentlich auch die Fichten des Forstes, durch den ich gehe. Von Natur aus würden sie hier nicht vorkommen. Die Region würde mit Buchenwald bestanden sein. Die Bienen, die ich an den Springkrautblüten bewundere, gehörten gleichfalls nicht hierher. Sie sind Haustiere und Abkömmlinge südöstlicher Bienen. Also ist eigentlich sehr viel, fast alles »fremd«, was ich im Forst bei meinen Waldgängen antreffe. Und doch empfinde ich den Wald als Natur.

Im Nacken spüre ich plötzlich ein Krabbeln. Ich greife danach und habe ein Insekt zwischen den Fingern, das so flach gebaut ist, dass ich es kaum festhalten kann. Die beiden Flügel glänzen. Einer fällt ab. Kurz darauf auch der zweite. Sie wird nun verhungern, diese Lausfliege, weil sie mir entkommt und flügellos geworden zu Boden fällt. Ihr Ziel waren Reh oder Hirsch. Nach dem Hirsch ist sie benannt: Hirschlausfliege. An diesen Waldtieren saugt sie Blut. Manchmal auch am Vieh, so dieses überhaupt noch auf die Weide kommt. Ich war ein Irrtum. Meine Hautwärme hatte die Lausfliege angezogen. Wäre sie an einem Reh gelandet, hätte sie die Flügel auch gleich abgeworfen und einem Floh ähnlich im Fell gelebt, Blut gesaugt und nach einem Partner gesucht. Meine Reaktion war instinktiv. So wie ich Stechmücken oder Bremsen spontan erschlage, so packte ich auch hier zu. Der Herbst ist die Zeit der Lausfliegen. Sie sind selten geworden, wo das Vieh das ganze Jahr über im Stall bleiben muss. Kaum jemand kennt sie noch. Ein Mitgefühl kann ich für sie dennoch nicht entwickeln. Das Vor-Urteil sitzt fest. Seit Urzeiten wahrscheinlich. Der Schmetterling, der auf meiner Haut landet und nach Salzen sucht, die mit dem Schweiß abgesondert wurden, erfreut mich. Täte dies eine Fliege, bekäme ich eine andere Empfindung. Die große Libelle, die gerade an mir vorbei über der Forststraße nach Insekten jagt, bewundere ich. Steht sie plötzlich im Schwirrflug auf der Stelle, reckt die Beine vor und den Kopf nach unten, weiß ich, dass sie eine Fliege oder eine Mücke gefangen hat und sogleich verzehrt. Taumeln dabei zwei perlmuttern glänzende Flügelchen zu Boden, war sie erfolgreich und ich möchte die Jägerin loben. So sind wir Menschen. Schon beim bloßen Zusehen werten wir. Was »gut« oder »schlecht« ist, entspringt unserer »Sicht«. Der inneren, urteilenden Sicht, nicht derjenigen der Augen.

Noch ist der Sommer nicht zu Ende, aber schon fallen Blätter. Auf meinem Waldpfad zum Fluss liegen sie in großer Zahl. Zuerst erkenne ich gar nicht, dass es Blätter sind. Sie heben sich nur als dunkelgraue Dreiecke vom Kies ab. Wo sie im niedrigen Bewuchs am Rand und in der Mitte des Wirtschaftsweges gelandet sind, fallen sie noch weniger auf. Die dunklen Dreiecke machen etwa die Hälfte der Menge an Blättern aus, die andere ist dumpf zitronengelb, fast so wie das dürr gewordene Gras. Als ich sie genauer betrachte, wird klar, worum es sich handelt. Pappelblätter sind es. Gelb ist die Blattoberseite, dunkel die Unterseite. Von Schwarzpappeln stammen sie. Im Auwald gibt es diese selten gewordene Pappel in schönen großen, sehr knorrigen Exemplaren. Manche, die jüngeren Schwarzpappeln vor allem, haben sich mit Kanadischen Pappeln vermischt und Hybride gebildet. Die Naturschützer missbilligen diese Verfälschung. Warum, das verstehe ich nicht so ganz. Denn noch viel stärker sind die Weiden gemischt. So sehr, dass nur wenige Spezialisten in der Lage sind, festzustellen, wer sich mit wem gekreuzt hat. Doch allesamt sind sie heimische Weidenarten. Ihre Hybridisierung sehe ich an den Formen ihrer Blätter, die jetzt auch abfallen. Von schmal lanzettlich und lang sichelförmig reicht ihre Vielfalt bis zu eiförmig rundlichen Formen. Silbrig ist die Blattunterseite bei den Silberweiden. Deshalb heißen sie so. Sie sind die Hauptbaumart im Auwald am Fluss. Wo auf Schlick, den das frühsommerliche Hochwasser hinterließ, ihre Samen keimten, gibt es im Spätsommer bereits einen Jungwuchs, der zwanzig bis dreißig Zentimeter hoch gewachsen ist und sehr dicht steht. Silberweiden können großflächig Reinbestände bilden. Völlig natürlicherweise. »Monokulturen« legen üblicherweise zwar die Menschen an, weil sie genau von dieser oder jener Pflanzenart Erträge ernten wollen, aber es gibt sie auch von Natur aus. Die Schilfwälder, die überall im Auwald an den Altwässern und an Lagunen des Flusses sowie an Seeufern wachsen, sind auch solche natürlichen Bestände, bestehend aus einer einzigen Art, also natürliche Monokulturen.

Wenn die Blätter fallen, wird die Zusammensetzung der Baumbestände im Auwald deutlicher sichtbar als im Sommer. Da treten die Arten hervor als klar erkennbares Mosaik. Grauerlenbestände, die Stämme schlank mit bleifarbener, nicht ganz glatter Borke, wechseln mit Silberweiden oder Gruppen von Pappeln. Die dritthäufigste Baumart, die Traubenkirsche, hebt sich nun mit ihrem dunkelgrünen, ins Rötliche changierenden Laub wieder ähnlich deutlich ab wie Anfang Mai, wenn sie schäumend milchweiß blüht. Die Büsche der Pfaffenhütchen tragen weithin leuchtende Früchte: Purpurne Kappen in der Form von Bischofsmützen mit dottergelben, eiförmigen Samen, die daraus hervorstehen. Glänzend korallenrot sind die Beeren des gewöhnlichen Schneeballs. Dennoch hängen sie lange, oft den ganzen Winter über, weil sie offenbar kaum ein Vogel mag. Schwarz mit dunkelroter Tönung sind die Beeren des Schwarzen Holunders. Hellgrün die locker zapfenartigen Früchte des Wilden Hopfens. Sie haben es mir besonders angetan, weil ich Bier mag. Die Auwälder an den oberbayerischen Flüssen sind voller Wildem Hopfen. Ob dieser die Qualität des Kulturhopfens gefördert hat? Das würde man mich sicher in Japan fragen.

In der Zeit zwischen ausklingendem Hochsommer und Herbst sind die Auwälder und die Laubwälder im September und Oktober besonders bunt. Was sodann als Goldener Oktober bezeichnet wird, stellt eigentlich schon den Ausklang dar. Dann reicht eine kalte Nacht und die Blätter rieseln auch ohne nennenswerten Wind zu Boden. Vorher durchlaufen sie die Palette der Farben, die mich jedes Jahr wieder höchst beeindruckt.

Im Auwald setzt der wilde, lianenartig kletternde Wein den Kontrapunkt mit flammendem Rot seiner fünfteilig gefingerten Blätter zum Dunkelgrau und Gelb der Pappel- und zum verblassenden Grün der Weidenblätter. Die großen, in breite Spitzen auslaufenden Blätter des Bergahorns werden gelbgrün, die des schmalspitzigen Spitzahorns dagegen zitronengelb. Schmutzigbraun fällt das Herbstlaub der Eichen, der heimischen, nicht der nordamerikanischen Roteichen. Deren Blätter werden dunkel blutrot. Manche Ahornblätter ziehen meine Aufmerksamkeit auf sich, weil sie schwarze, unregelmäßig geformte Flecken bekommen haben, die ein schmaler gelber Saum umgibt und vom dunklen Grün abhebt. Diese Flecken stammen von einem Pilz. »Teerfleckenpilz« wird er recht bezeichnend genannt. Davon befallene Ahornblätter bleiben länger am Baum als fleckenfreie. Zudem besuchen Ameisen diese Blätter. Offenbar tritt an den Stellen mit Pilzbefall etwas aus, das die Ameisen mögen. Süß muss es sein. Ich frage meinen Mann, ob der Pilz diese Süße erzeugt. Er weiß es nicht und findet auch nichts dazu. Teerfleckenpilze sind forstwirtschaftlich bedeutungslos.

Beim Betrachten der Herbstblätter versinke ich in eine meditative Stimmung. Die Farben tragen dazu bei. Ihre feinen Nuancen, ihre subtile Schönheit vor dem Laubfall, ihrem Tode. Uns gefallen die Herbstfarben. Sie gehören zum Herbstlicht. Sie sind vielfältiger als das Grün im Frühjahr. Dieses kommt in Nuancen, bleibt aber Grün. Es dunkelt nur nach von gelblich hellem zu kräftig dunklem Grün. Doch wenn die Blätter ihre Funktion erfüllt haben und zum Abwurf bereit gemacht werden, kommt bis auf Blau das ganze Farbspektrum über Gelb zu Rot und Braun zustande. Ganz unterschiedlich. Das Grün verstehe ich. Es ist die Farbe des Blattgrüns, des Chlorophylls. Dieser Farbstoff nimmt Licht auf, ähnlich wie die Photovoltaik, und setzt damit die chemischen Lebensprozesse in Gang. Grün ist die Farbe des Lebens. So lernt man es wohl auch hier in der Schule, wo die Biologie Lebenswissenschaft heißt, aber hauptsächlich als

Chemie gelehrt wird. Doch was ist mit Rot und Gelb oder Braun? Beim Betrachten so umgefärbter Blätter verlieren sich die Fäden des Denkens. Ich weiß, weil ich es so gelernt habe, dass Blattgrün und andere wertvolle Stoffe im Herbst dem Blatt entzogen und in der Rinde und im Stamm gespeichert werden. Nächstes Jahr werden diese für die Bäume wertvollen Stoffe wieder genutzt für die Bildung neuer Blätter. Rot, Gelb und Braun fallen aber mit den Blättern ab. So gefärbt, liegen sie am Boden. Als Herbstlaub. Als Abfall. Warum hält der Baum Grün, nicht aber Rot oder Gelb zurück? Was geht im Baum vor, in diesem seltsamen Lebewesen, das seine eigene Produktion an Holz aus vielen Jahren immer nur als dünne lebendige Hülle umgibt? Geschützt von der gleichfalls toten Borke vollzieht die lebende Rinde all diese Vorgänge. Von der Neubildung der Blätter bis zu deren Tod mit teilweiser Speicherung ihrer Inhaltsstoffe.

Beim Nachdenken darüber versinke ich in den Geheimnissen des Lebens. Was ist eigentlich Wachstum? Der Baum wird größer über dem toten Material, das er eingeschlossen hat. Die lebenden Blätter sterben, nicht aber das lebende Gewebe der Rinde. Ein gelbes oder rotes Herbstblatt in der Hand stehe ich da, staunend und ratlos zugleich. Noch mehr wundert mich, dass ein anderer Aspekt der Farbe aus den geheimnisvollen Kammern des Wissens auftaucht, die wir unablässig füllen, aber nicht ganz wunschgemäß kontrollieren können. Allzu gern würden wir sicherstellen, dass das für uns Wichtige gespeichert wird. Und jederzeit wieder hervorgeholt werden kann. Wie in einem PC. Dass das Gehirn mitunter Ähnliches von sich aus macht, erlebe ich gerade. Rot taucht auf. Rot von Rotwein, den ich mindestens so schätze wie das Bier und genieße, nicht aber gegen den Durst trinke. Rot von Roten Rüben, von Blaukraut, Gelb von Karotten. Diese Farbstoffe sind gesund und höchst wichtig, teilt das Gedächtnis mit. Rot wirkt als Abfangjäger für »freie Radikale«. Das sind Teile von Stoffen, die bei unseren Lebenstätigkeiten im Körper freiwerden. Treiben sie sich zu lange darin herum, verursachen sie Schäden. Rote Farbstoffe aus der Nahrung fangen diese freien Radikale ab, binden und vernichten sie. Gefahr gebannt, ganz im Wortsinn. Gelbe Farbstoffe wirken ähnlich. Im Gelb der Karotten steckt sogar ein Vitamin. Und so fort. Ich habe viel gelesen über gesunde Ernährung. Das Verwunderliche ist, dass mir all das jetzt durch den Kopf geht, während ich das Herbstblatt betrachte.

Denn nun verstehe ich erst recht nicht, warum die Bäume Blätter abwerfen, die diese so gesunden Substanzen enthalten. Rotes Weinlaub wird als Heilmittel für Menschen verarbeitet. Die Herbstfärbung ist offenbar eine gigantische Naturapotheke von Stoffen, die freie Radikale abfangen und unschädlich machen können. Sie landen am Boden, werden zersetzt und zu Humus. Nach und nach geschieht dies über die Jahre und Jahrzehnte. Schützen sie dort im Boden das Lebendige auch vor freien Radikalen? Weshalb sind sie entstanden? Den Nebel meiner Ratlosigkeit lichten einige Ergebnisse der Forschung, die ich zurate ziehe. Und ich staune! Denn meist sind sie schon in den grünen Blättern vorhanden, diese Farbstoffe. Sie schützen vor dem starken Licht der Sonne und gleichzeitig auch vor freien Radikalen. Solche entstehen bei der normalen Lebenstätigkeit der Blätter, wie auch in unserem Körper. Blätter erzeugen also nicht nur organische Stoffe mit der Photosynthese, sondern sie schützen selbst ihre empfindlichen Strukturen mit Farbstoffen. Vergleichbares geschieht in unserer Haut. Setzen wir sie der Sonne aus, wird sie braun. Menschen, deren Vorfahren aus Regionen mit starker Sonneneinstrahlung stammen, werden rascher und intensiver braun als solche aus sonnenarmen Gebieten. Doch zu viel Bräune schirmt zu viel Licht ab, das gebraucht wird, um Vitamine in der Haut zu erzeugen. Vitamin D vor allem. Bei den grünen Pflanzen verhält es sich ganz ähnlich. Die Lichtmenge, die einwirkt, muss reguliert und auch die Zusammensetzung der Strahlung passend gefiltert werden. Ultraviolettes Licht schädigt die empfindlichen Strukturen. Davor müssen sich die Pflanzen ebenfalls schützen wie wir. Wo sie sehr starker Strahlung ausgesetzt sind, werden sie im Sommer rot. Jetzt im Herbst heizen die Farben die Blätter zusätzlich auf, dass sie schneller austrocknen und abfallen. Das bunte Herbstlaub hat mich also hineingezogen in die Grundgeheimnisse des Lebens. Es tröstet mich, dass offenbar längst nicht alle davon gelüftet sind.

Rot oder Gelb können den Unterschied machen zwischen Leben und Tod. Die Pflanzenwelt ist nicht nur grün; sie ist auch rot, gelb und braun. Sie ist farbig. Sie muss farbig sein. Und die Blüten, schießt es mir als Frage durch den Kopf? Sind so viele Blüten farbig, weil die Farben vor dem zerstörerischen Licht schützen? Wieder kommt aus irgendeinem verborgenen Winkel des Gedächtnisses eine Verbindung zustande. Stand am Anfang der Farbigkeit von Blüten nicht der Besuch von Insekten? Nützten diese im Lauf der Evolution nur die Notwendigkeit aus, dass die Pflanzen ihre Blüten mit Farbstoffen schützen oder zur erfolgreichen Befruchtung damit aufwärmen müssen? Die Vorgänge der Fortpflanzung sind besonders wärmebedürftig, aber auch strahlungsgefährdet. Weil kurzwellige Strahlung Mutationen erzeugen und Störungen verursachen kann. Wie hatte ich im Frühsommer das Rot des Klatschmohns bewundert. Am Vormittag entfalten sich die seidenzarten Blüten, jedoch nur für einen Tag. Dann fallen die Blütenblätter ab. Sie leuchten in einem Rot wie die Liebe. Aber die Bienen sehen dieses Rot gar nicht. Sie reagieren auf das für uns unsichtbare Ultraviolett, das von den Ansatzstellen der Blütenblätter reflektiert wird. Rot ist eine Farbe für die Augen der Vögel und, eine Besonderheit unter den Säugetieren, für uns Menschen. Rot nimmt Wärme auf. Rote Blüten heizen sich selbst auf. Auch kräftig blaue tun das, wie die Kelche der großen Enziane im Gebirge. Gelb strahlt mehr Licht ab. Auf Gelb fliegen die meisten Insekten, die am Tag nach Blüten suchen. Licht ist Farbe und gibt Wärme zugleich. Zerstörerisch und förderlich ist es. An den Herbstblättern wird mir klar, dass ich die Farben viel zu sehr auf uns Menschen bezogen betrachtet hatte. Jenseits der Farben, die ich sehe, gibt es andere, die weder ich noch alle übrigen Menschen erkennen. Sie existieren dennoch. Unsere Sinne eröffnen Einblicke ins Licht. Doch vieles sehen wir nicht.

Langsam gehe ich weiter. Immer wieder zögere ich und halte ein mit meinen Schritten. Denn ich spüre eine Hemmung, einfach auf die Blätter zu treten, die am Boden liegen. Sie sind mir kostbar geworden, diese Herbstblätter. Buddhistisches Denken könnte an ihnen ansetzen: ein Bemühen, zur Erleuchtung zu gelangen. Zu einer unter vielen möglichen Erleuchtungen. Ein Schmetterling fliegt direkt vor mir auf. Es ist ein Vertreter der Eulenfalter des Herbstes. Die Farben und Muster auf der Oberseite der Flügel passen zu den Tönungen des Laubes. Schon wieder ein Rätsel! Sehen die Schmetterlinge denn, wie das Laub aussieht? Oder sehen es nur die Vögel und fangen all die Falter weg, die dem tarnenden Untergrund zu wenig ähneln? Geschah diese Anpassung aktiv oder wurde sie im Lauf langer Zeiten passiv erzwungen durch Tod und Überleben? Wahrscheinlich trifft Letzteres zu. Aus dem Sterben entsteht das Neue. Daher ist jede Wiederkehr anders. Nie wiederholt sich das Leben in genau gleicher Weise. Auch keiner meiner Waldgänge verläuft gleich, füge ich ganz bescheiden diesen Gedanken hinzu.

NEBEL

Vom Vorfrühling mit Föhn bis zu den goldenen Tagen des Herbstes fällt es leicht, die Waldgänge zu machen. Licht und Farben erfrischen, selbst wenn die Temperatur nicht so ganz den Wunschvorstellungen entspricht. Sommerregen können sehr schön sein. Den

Sommerwind zu spüren, gehört zu den sinnlichen Erlebnissen wie die Sonne auf der Haut und der Duft von Blüten, den wir in uns aufnehmen. Den ersten Schnee erwarte ich zumeist mit Spannung. Mein Hund überschlug sich stets vor Begeisterung, so sehr mochte er den Schnee. Doch zwischen dem milden Herbstlicht und dem kalten Glanz der Wintersonne liegen in jedem Jahr Tage oder Wochen der Düsternis. Hochnebel macht den kurzen Tag zu einer langen Dämmerung. Noch düsterer wird es zu dieser Zeit im Wald. Besonders düster, weil die Bäume keine Schatten mehr werfen. Damit verlieren sie an Gestalt, an Inhalt. Zudem herrscht Stille. Die Vögel singen nicht mehr. Selten einmal höre ich ihre Rufe, etwa wenn ein Schwarm Meisen durchs Gebüsch neben mir streift. Ich bin sicher, dass sie damit Kontakt zueinander halten. Die Kleinen sehen einander bei der schwachen Helligkeit nicht mehr. Ihr Wispern drückt aus, »hier bin ich«, verbunden mit der Frage, »und wo seit ihr?« Die winzigen Schwanzmeisen, die nur aus einer kleinen Federkugel mit langem Stiel zu bestehen scheinen, rufen ihr »si, si, si, ...« ununterbrochen. Plötzlich macht eine »zrrrp, zrrp«. Dann fliegen mehrere los. Von einem Busch zum nächsten oder ins Geäst eines anderen Baumes. In kleinen Bögen schwirren sie. Immer halten sie als Schwarm zusammen. Zählen kann ich sie kaum jemals, weil sie nicht stillhalten. Ein Dutzend Schwanzmeisen bildet die Gemeinschaft, vielleicht auch mehr oder etwas weniger. Allein sind sie nie. Die einzelne Schwanzmeise würde die Nacht nicht überstehen.

Im Novembergrau bewundere ich sie am meisten, diese kleinen Federbällchen, diese Überlebenskünstler. Die anderen Meisen tun sich leichter, meine ich, weil sie zu den Futterhäusern kommen. Was ihnen dort an qualitativ hochwertiger Nahrung geboten wird, würden sie draußen im Wald nicht mehr finden. Schon gar nicht in den wenigen Stunden, die der Tag im »Toten Herbst«, wie es der oberbayerische Volksmund nennt, an Licht bietet. Was suchen sie, die

Schwanzmeisen? Sie sind nicht scheu. Sie lassen sich zusehen bei ihrer Suche nach Nahrung. Aber ich kann nicht erkennen, was sie aufpicken. Dabei picken sie aus jeder Lage. Mit dem Rücken nach unten, fast senkrecht hängend mit dem Schwanz nach unten. Mit einer Faust am Ästchen, mit der anderen nach etwas greifend. Es muss Kleineres, Winzigeres als Mücken sein, wonach sie suchen. Auf meinen Wegen im Auwald treffe ich die Schwanzmeisen immer wieder. Ist es jedes Mal der gleiche Schwarm oder sind es andere, die von irgendwoher gekommen sind? Die im Auwald nistenden sind an ihren schwarz gestreiften Köpfchen von den weißköpfigen Wintergästen zu unterscheiden. Aber es gibt auch Mischlinge mit schwach gestreiftem Kopf.

Noch etwas kleiner und zierlicher sind die Goldhähnchen. Genauer, die Wintergoldhähnchen. Die Zwillingsart, das Sommergoldhähnchen, verlässt uns im Herbst und überwintert im Süden. Die Wintergoldhähnchen bleiben hier. Auch in Zeiten scharfer Fröste und bei hohem Schnee halten sie aus. Wie die Schwanzmeisen turnen sie im Gezweig und ziehen oft auch mit diesen umher. Fünf Gramm Leben, eingehüllt in daunenweiche Federchen. Fünf Gramm, in denen das Feuer des Lebens nicht ausgehen darf in der Spätherbst- und Winternacht. Am Tag müssen sie so viele Spinnen- und Insekteneier oder winzigste Insekten finden, wie sie selbst wiegen, um ihr mehr als 40 Grad heißes Innenleben befeuern zu können. Ein paar Grad senken sie es in der Nacht ab. Das spart Energie. Aber es ändert nichts daran, dass sie an der Schwelle zum Tod leben. »Si, si, si, …« Die Schwanzmeisen bestätigen mir meine Gedanken und die Goldhähnchen stimmen mit höherer, kaum noch vernehmbarer Tonhöhe ein. Im Dämmerlicht des Novembernachmittags bekomme ich größten Respekt vor diesen Vögelchen. Fast schäme ich mich dafür, dass ich in eine trübe Stimmung geraten war, weil mir das Licht zu schwach und der Tag zu kurz erschienen. Novembermelancholie. Nur Menschen, denen es eigentlich gut geht, können es sich erlauben, sich ihr hinzugeben. Das Wispern der Vögelchen hat mich wach gemacht.

Wieder einmal, wie so oft, hatte ich mich allein von den Augen leiten lassen. Für sie war das Licht zu schwach. Die Konturen verschwammen. Das machte mich unsicher. Wenn wir nicht mehr »scharf« sehen, leidet auch die Klarheit des Denkens. So mein Eindruck. Die kleinen Meisen hatte ich zuerst gehört und trotz Suche minutenlang nicht gesehen. Schwache Sicht schärft das Gehör. Auch den Geruchsinn, wie ich nun bemerke. In der unbewegten, von feinstem Nebel durchsetzen Waldluft stelle ich ausströmende Bodenaromen fest. Vielleicht von Pilzen oder von anderen Ausdünstungen. Sie formen eine fremdartige Welt aus Empfindungen, die ich zwar riechen, aber nicht benennen kann. Es nützt nichts, wenn ich mein Denken auf Japanisch umstelle. Die fehlenden Worte liefert es mir auch nicht. Zudem merke ich, dass meine Hände kalt und feucht werden. Meine Nase beginnt zu tröpfeln. Nun verschwinden die Waldgerüche. Die Welt um mich herum wird milchig. Dabei hellt sie sich sogar etwas auf, aber das ist eine Täuschung. Der Nebel hat sich gesenkt. Ich sehe nur noch ein Dutzend Schritte weit. Das Wispern der Meisen ist wie verschluckt. Eine sonderbar gelassene Panik erfasst mich. Dass mir die Sinne immer weniger zutragen, nehme ich hin. Die Konturen lösen sich auf, die Töne entschwinden und ich rieche nichts mehr. Zeit zum Heimgehen. Oder war dies eine Illusion, ausgelöst von der Umkehrung meines Denkens nach innen? Ich weiß es nicht. Die eigenen Schritte höre ich kaum, obwohl nebelnasses Laub die Forststraße bedeckt. Mein Hund löst mich aus dieser Zwischenwelt. Er will heim. Gut so. Ich war ruhig geblieben, weil er bei mir war, dieses Kraftbündel voller Leben und Selbstsicherheit. Nebel stört ihn nicht. Die Welt sieht er nicht bunt, aber dafür ungleich heller als ich. Auch im trüben Licht des späten Novembers.

Dezember ist es geworden und die Luft ist klar und frisch. Nachts gab es leichten Frost. Nur so viel, dass das Laub auf dem Waldpfad starr wurde und die dürren Blätter feine Ränder aus silberglänzenden Kristallen tragen. Ich hebe mir eines auf, ein Hainbuchenblatt. Am Rand ist es fein gezackt wie eine Säge. Jeder Zacken trägt einen deutlich größeren Kristall. In den Einbuchtungen dazwischen sind sie kleiner, feiner. Plötzlich lösen sie sich auf und vergehen. An der Blattspitze bildet sich ein Tropfen. Mein Atem hatte das bereifte Blatt getroffen und die Schmelze ausgelöst. Ein wenig betroffen von dieser Unachtsamkeit nehme ich ein anderes, größeres Blatt auf. Es hat einen langen, elastischen Stiel, eine Fläche größer als meine Hand und weit längere Spitzen und Zacken. Vom Bergahorn stammt es. Die Oberseite ist noch fahl grün, die Unterseite aber verdorrt bräunlich mit purpurnem Überzug. Eiskristalle sitzen gleichfalls an den Spitzen. Sogar von der Blattoberfläche richten sie sich in Gruppen auf. Doch das Hainbuchenblatt war schöner. Die Kristalle hatten sich daran geradezu perfekt ausgebildet. Andere Blätter tragen nur teilweise Reif, weil sie einander etwas abgedeckt hatten. Das Gesamtmuster des bereiften Laubes auf dem Boden wirkt eindrucksvoller. Der leichte Bodenfrost hat eine abstrakte Schönheit geschaffen. Sie richtet sich an kein Auge. Sie hat keine Signalwirkung. Sie ist einfach da. Entstanden, weil sie den Naturgesetzen der Kristallisation folgte. Einen Sinn kann ich den Strukturen nicht zuschreiben, die der Reif geformt hat. Die Ursache war die Nadelbildung von Eis, als die Feuchtigkeit auf dem Blatt gefror. Wieder und wieder vertiefe ich mich in die Betrachtung bereifter Blätter. Sie sind einfach schön. Über dieses Prädikat denke ich nach. Was meint »einfach«? Empfinde ich Schönheit, weil die Bereifung das vorhandene Blatt auf einfache Weise überformt und damit verändert hat? Oder auch nur, weil die Blattformen damit verstärkt wurden? Vielleicht auch, weil der silberweiße Reif die vielen kleineren und größeren Flecken überdeckt, die sich gebildet haben, weil die Zersetzung der Blätter begonnen hat?

Die Blattoberfläche formte der Reif zu einer neuen Landschaft um. Einer Miniatur-Winterlandschaft, wie auf einem Tuschebild. Das war und ist ein geschätztes Genre in der ostasiatischen Kunst. Warum aber zeigt mir die kleine Fläche eines Tuschebildes sofort eine ganze weite Landschaft? Auf dem Ahornblatt hingegen sehe ich ein Bild ohne Bild? Ich müsste mir eine Landschaft hineindenken. Ich müsste den Strukturen, die tatsächlich vorhanden sind, einen neuen Sinn geben, um sie als Bild wahrzunehmen. Bei diesen Überlegungen wird das bereifte Blatt zum Quell von Haikuzeilen. Was die wenigen, dem festgelegten Muster von fünf, sieben, fünf Silben folgenden Zeilen beinhalten, was sie »aussagen«, das zu erkennen ist Aufgabe der Leser. Bedeutung erlangt das Haiku erst über die Deutung, die hineingelegt wird. Der Verfasser gibt sie nicht vor. Sie darf nicht vorgegeben werden.

Ein bereiftes Blatt als Haiku. Dieser Gedanke fasziniert mich. Am Abend, wenn ich mir die Mußezeit nehme, Haikus zu schreiben, wird er sicher wiederkommen und zur Herausforderung für eine treffende Formulierung werden. Hier und jetzt im Wald ist weder die passende Zeit noch der rechte Ort dafür. Zu stark, zu direkt wirkt die Wirklichkeit. Der Reif ist kristallisiertes Wasser. Die Blätter waren am Vorabend nass. Die Kristalle bildeten sich in der langsam absinkenden Kälte der Nacht. Das ist die Wirklichkeit. Die Wirkung ist eine andere, vom Nachdenken darüber geformte, neue Wirklichkeit. Oder etwas Unwirkliches? Ich lächle über diese Gedanken, die mir zu tief schürfend anmuten. Die Betrachtung der silbrig glänzenden Kristallchen auf dem Herbstlaub kann gerade so gut schlichter Genuss sein. Eine subtile Schönheit, die erfreut, auch weil sie so vergänglich ist. Ein Hauch von mir hatte genügt, sie verschwinden zu lassen.

NESTER

An klaren, sonnigen Wintertagen achte ich bei meinen Waldgängen auf ganz besondere Nester. Sie sind sehr klein, meistens nur etwa so groß wie eine Kinderfaust und kugelrund. Es gibt sie an den Straßenrändern im Auwald, wo ein Wasserlauf in der Nähe ist. Im Forst können sie im Brombeergerank an Gräben stecken. Aber im Auwald gibt es sie häufiger. Wenn man sie zu entdecken weiß. Selten hängen sie mehr als kniehoch im Gestrüpp. Einigermaßen erkennbar werden sie erst, wenn alles dürr geworden ist und der Bodenbewuchs allmählich in sich zusammensackt. Dann heben sich die kleinen Kugeln vom Hintergrund ab. In dieser Zeit sind sie leer. Denn es sind die Sommernester von Zwergmäusen. Diese Kleinsten unserer Mäuse sind winzig. Ausgewachsen wiegen sie nur fünf bis zehn Gramm. Sechs bis acht Zentimeter werden sie lang. Meist sind sie rötlich braun bis hell ockerfarben. Soweit die Charakterisierung; sie lässt sich ausführlicher in den Bestimmungsbüchern für Säugetiere oder im Internet nachlesen. Ihr wissenschaftlicher Name drückt ihre Winzigkeit aus: *Micromys minutus*. Über ihr Leben verrät er nichts. Dabei ist gerade dies das Spannendste. Wie kann so ein Zwerg leben und sogar ohne Winterschlaf den Winter überleben? Ich sah sie nur einmal und das war im Sommer. Da kletterte eine im niederen Röhricht am Ufer eines Gewässers im Auwald. Mit dem Kopf nach unten gerichtet, bewegte sie sich langsam, nicht hektisch, wie bei Mäusen sonst üblich, den Halm hinab. Mit ihrem etwa körperlangen, dünnen Schwanz hielt sie in flachen Windungen den Halm locker umklammert. Geräuschlos verschwand sie. Sie war weder erschrocken noch in irgendeiner Weise geschädigt. Zwergmäuse verhalten sich so. Sie fressen Samen von Schilf und von Uferpflanzen, auch kleine Insekten. Ihre Sommernester bauen sie so kunstfertig, dass sie sicher für Vogelnestchen gehalten werden, wenn man sie überhaupt einmal findet. Doch sie sind kugelrund und es gibt nur einen winzigen Eingang an der Seite. Dieses Loch ist meistens zu. In diesen Nestchen bringen die Weibchen ihre Jungen zur Welt. Zwei bis sechs sollen es pro Wurf sein und mehrmals im Jahr gibt es Junge. Nach wenigen Wochen sind die früh im Jahr geborenen Jungen selbst schon wieder fähig zur Fortpflanzung.

Ohne groß zu rechnen ergibt sich daraus, dass in wenigen Jahren der Auwald, ja das ganze Land überflutet sein müsste mit Zwergmäusen. Doch sie sind selten. Fast immer sogar sehr selten. Auf meinen Auwaldgängen finde ich den Winter über nicht mehr als eine Handvoll Nester. Dabei kenne ich die Stellen, an denen sie vorkommen, recht gut. Also müssen sie extrem hohe Verluste erleiden, diese Mäusezwerge. Sie sind so klein, dass sich für Fuchs und Marder, für Katze und Kauz die Zwergmausjagd sicherlich nicht lohnt. Was sie kurzhält, weiß ich nicht. An den seltenen, gleichwohl höchst drastischen Verlusten, die Überschwemmungen verursachen, kann es nicht liegen. Solche gibt es im Forst nicht. Doch dort sind die Zwergmäuse noch seltener als im Auwald.

Ihre Nestchen schaue ich mir gern genau an. Kugeln aus feinen aber festen Grashalmen sind es. Stecke ich einen Finger hinein, ist zu spüren, dass sie innen weich ausgelegt sind mit noch feineren und kürzeren Fasern. Manchmal, vor allem im Brombeergeranke, haben die Mäuschen Blätter so eingebaut, dass sie von oben oder von der Seite die Nestkugel wie ein Dach schützen. Vor Regen und im Winter, wo sie nicht mehr gebraucht werden, sogar vor dem Schnee. Im Winter ziehen sich die Zwergmäuse in den Boden oder in große, dichte Reisighaufen zurück. Heißt es. Wie sie darin überleben und woher sie die tägliche Kraftnahrung nehmen, die sie in Höhe des eigenen Körpergewichts brauchen, um zu überleben, steht nicht dabei. Wahrscheinlich kommen sehr viele im Winter um. Sonst müsste es weit mehr Zwergmäuse geben. Wenigstens so viele wie die viel größeren, gröbere Kugelnester bauende Rötelmäuse. Diese kurzschwänzigen Mäuse flitzen oft über die Waldwege. Das geht so schnell, dass ich meistens nur die Bewegung sehe, nicht die Maus selbst.

Rötelmäuse werden häufig, wenn die Buchen im Wald reichlich Bucheckern und die Eichen Eicheln tragen. In solchen Zeiten der Fülle geht es den Käuzen und Eulen, den Bussarden und Turmfalken gut. Überall sehe ich sie auf Mäusejagd, mitunter sogar einen Fuchs am Tage, wenn ich früh draußen bin oder die Abenddämmerung bevorsteht. Das Auf und Ab der Mäuse nimmt starken Einfluss auf das Tierleben im Wald. Aus vielen Einzelbeobachtungen formt sich für mich das gleiche Bild, das wissenschaftliche Untersuchungen ergeben. Für mich werden sie dadurch überzeugend und nachvollziehbar. Die Zwergmäuse gehören nur am Rand dazu. Ich erfasse ihre stets geringe, gleichwohl deutlich schwankende Häufigkeit nur über die Kugelnester, die ich finde. In den Forschungsergebnissen sind sie fast nie oder in zu geringer Zahl vorhanden. Sie führen ein verborgenes Leben, von dem ich nur die kunstvollen Hinterlassenschaften mitbekomme.

Damit entsprechen sie seltsamerweise dem größten Tier, das es in den Wäldern gibt, in denen ich meine Shinrinyoku-Gänge mache. Es ist extrem scheu und bei den Landwirten höchst unbeliebt. Richtig verhasst ist es jenen, die Massen von Mastschweinen im Stall haben. Denn sie fürchten, dass der wilde Verwandte und Vorfahr des Hausschweins, das Wildschwein, die Afrikanische Schweinepest übertragen könnte. Wildschweine werden daher intensiv verfolgt. Noch viel intensiver als die Rehe, die als Forstschädlinge gelten, weil sie Knospen von Bäumchen fressen, die von den Förstern gar nicht als natürlicher Nachwuchs vorgesehen sind – in der Hauptmenge. Gepflanzte Jungbäumchen können auch betroffen sein. Aber bei der praktizierten Rückegassen-Holzernte gibt es keine Anpflanzungen in den schmalen, finsteren Schneisen. Natürlicher Jungwuchs kommt darin auch nicht auf. Die Rehe werden dennoch mit Ansitzjagd und dazu im Spätherbst mit groß angelegten Drückjagden »kurz« gehalten. Bei den klugen Wildschweinen gelingt dies offenbar nicht. Sie bemerken die Menschen auf für sie sichere Distanzen. Wahrscheinlich unterscheiden sie auch bestens zwischen den für sie gefährlichen Jägern und harmlosen Menschen wie mir. Bei meinem Kommen springen sie später ab aus der Suhle, in der sie sich in der Hitze des Hochsommers gekühlt hatten. Auch wenn ich sie selten sehe, und wenn, dann als geräuschvoll dahineilende Schatten zwischen den Bäumen, bewundere ich sie seit einer ebenso überraschenden wie eindrucksvollen Entdeckung: Wir waren im Auwald unterwegs, und es war Frühling. Die Schneeglöckchen blühten. Schmetterlinge flogen, und da und dort verströmte ein Seidelbastbusch seinen zarten Duft. Buchfinken sangen, erste Mönchsgrasmücken auch. Da fanden wir an einem selten begangenen Pfad einen Wildwechsel, der seiner Größe nach gewiss nicht von Rehen stammen konnte. Im weichen Boden waren geschwungene Hufe abgedrückt, nicht außen gerundete wie die von Hirschen. Die Fährten führten zu einem Altwasser, das aufgrund der langen Trockenheit nur wenig Wasser enthielt. Große ovale wannenartige Gebilde zeigten an, dass sich hier Wildschweine gesuhlt hatten. An Baumstämmen in der Nähe klebte Schlamm, den sie sich danach abgerieben hatten. An einem Dickicht, erstaunlich nah am Weg, erblickten wir, was wir noch nie gesehen hatten: mehrere Lager einer ganzen Wildschweinfamilie. Mit einem besonders gut geschützten Wurfnest etwas abseits der gut ein Dutzend zählenden Lagerstätten. Dieses war mit dürrem Gras und zerriebenem Holz ausgepolstert, sodass es den Eindruck eines riesigen, geradezu urzeitlichen Vogelnestes machte. Überall lagen Borsten der Wildschweine und es roch ganz deutlich nach ihnen, obwohl den Lagerstellen zu entnehmen war, dass sie zumindest seit Tagen, wenn nicht Wochen, nicht mehr benutzt worden waren. Die Kleinen waren inzwischen sicherlich groß genug, mit ihrer Mutter und der Rotte umherzustreifen. Sich nirgends länger aufzuhalten, ist die Überlebensstrategie der Wildschweine. Ich war zutiefst beeindruckt. Dass ausgerechnet das größte in den Wäldern hier vorkommende Tier ein fein ausgepolstertes Nest für seine Jungen baut, das hätte ich nicht vermutet.

Daran dachte ich, als ich an jenem leicht frostigen, trockenen Dezembertag ein erstes Zwergmausnest des Winters fand. Die Mäuschen haben Hände, auch wenn wir sie Pfoten nennen. Damit weben sie so kunstvoll die Fasern zusammen, wie es kein Vogel besser hinbekäme. Aber die riesigen Schweine haben nur ihr Maul zum Fertigen des Nestes. Ich möchte ihnen wünschen, dass sie heil nach Berlin kämen, wo sie in der Stadt ein freieres, weit weniger verfolgtes Leben führen können als hier auf dem Land. In der »Hauptstadt der Wildschweine« lebt es sich nicht schlecht für die Wildschweine. Nicht ganz so sicher wie in einem großen Wildpark, aber dafür freier. Ein letzter Gedanke zu den Tieren gesellte sich dazu: In der Stadt, in München, waren Eichhörnchen für mich eine alltägliche nette Erscheinung. Hier draußen auf dem Land sind sie extrem selten. Kaum jemals sehe ich eines. Und wenn ja, ist es auf der Hut, nicht entdeckt zu werden. Es geht ihnen nicht so gut, den freilebenden Tieren auf dem Land; auch nicht im Wald.

SCHNEEPILZE

Tief sauge ich die Luft ein. Erfrischend kühl an diesem frostigen Waldmorgen strömt sie in meine Lungen. Atemzug für Atemzug. Heute praktiziere ich sie intensiv, die bewusste Atmung, die den Kopf klärt und die Lunge füllt. Zum Shinrinyoku gehört das Einatmen der Waldluft. Atmung ist geradezu zentral, wenn es um das Körperliche des Waldgangs geht. Im Herbst und Winter atmet der von Kleidung weitestgehend abgedeckte Körper nicht annähernd so gut mit wie im sonnigen Frühling und im Sommer, wenn wir uns öffnen können. Die innere Oberfläche der Lunge muss nun weitgehend allein die Aufnahme der Waldluft übernehmen. Dass ich richtig, zumindest angemessen atme, sehe ich an den weißen Wölkchen und ihrer Reichweite, die meine Nase nach jedem Atemzug verlassen. Ich hatte mir vorgenommen, darauf zu achten, den eigenen Atem zu sehen. Das gehört zum Hinausgreifen, zur nach außen gerichteten Meditation. Führe ich zu viel meiner Atemluft wieder zurück beim nächsten Einatmen, mache ich es falsch. Unzureichend zumindest. Meine Atemluft soll den Bäumen gehören, soll ihnen zugutekommen. Solange am Tag die Lufttemperatur noch deutlich über Null liegt und die leichten Nachtfröste den Wurzelbereich nicht einfrieren lassen, machen die Nadelbäume weiter mit ihrer aktiven Lebenstätigkeit. Sie nehmen mein Kohlendioxid auf und geben Sauerstoff ab. Dieser Austausch stimmt mich zutiefst zufrieden. Auch wenn mir bewusst ist, dass ich den dabei ablaufenden, höchst komplizierten chemischen Vorgang nicht verstehe. Allerdings verstehe ich auch die Vorgänge in meinem PC nicht, oder was in den vielen Geräten geschieht, die wir ganz selbstverständlich benutzen. Wichtiger ist mir der fundamentale Unterschied. Die Bäume, der Wald und ich, wir sind Leben. Die Geräte nicht. Sie haben keine Empfindungen. Die Welt des Lebendigen ist eine andere Welt als die der Sachen, der Technik.

Wo aber sind die Grenzen? Bei der Betrachtung der Eiskristalle an den toten, aber von lebenden Organismen besiedelten Blättern, die sie allmählich zersetzen, war ich an eine Grenze gestoßen. Noch deutlicher wird sie mir, als ich etwas finde, das bis vor wenigen Jahren als Gebilde strittig war: Schneepilze. Schon auf mehrere Meter Entfernung fallen mir die ersten auf. Gleißend weiß dehnen sie sich über einen dürren, am Boden liegenden Ast über zwanzig bis dreißig Zentimeter aus. Mitunter sind sie bis zu einem halben Meter lang. Zweifingerbreit ragen sie in die Höhe. Man könnte sie für Schnee halten, der von einem Ast zu Boden gefallen war und sich dabei seltsamerweise nicht auflöste. Die »Schneepilze«, wie ich sie apostrophieren sollte, sitzen fest. Ich kann sie mitsamt dem Ast emporheben und von allen Seiten betrachten. Wie sauber gebürstet und dabei leicht krumm hochgedreht sehen sie aus. Nicht unähnlich einem stehenden Teppichsaum, dessen Wollfäden fein säuberlich in gleicher Höhe abgeschnitten wurden. Wer sie zum ersten Mal sieht, diese Schneepilze, wird sich staunend einem Rätsel ausgesetzt sehen.

Nirgendwo liegt Schnee, weder am Boden noch auf den Ästen. Doch da und dort und sogar auf dürren Ästen einen Meter hoch über dem Boden gibt es sie. Als lang gestreckte, saubere und bläulich-weiß schimmernde, glänzende Gebilde. Fasst man ein Stückchen davon, zerfließt es im Nu zu nichts weiter als einem Tropfen Wasser. Betrachtet man es von der Seite mit der Lupe, wird die andere deutsche Bezeichnung verständlich: Haareis.

Tatsächlich sieht das Gebilde aus, wie zu dichten Reihen und Bändern feinster Eishaare zusammengepackt. Eishaare, die mehrere Zentimeter lang gewachsen sind und sich nicht verzweigen. Sie bleiben sichtlich voneinander getrennt, obgleich sie sich dicht an dicht berühren. Wasser ist eine ganz außergewöhnliche Substanz. Eine unnormale in so gut wie jeder physikalischen Eigenschaft. Dass es zwischen null und hundert Grad flüssig ist, unter null festes Eis und über hundert Dampf, den es aber bei allen anderen Temperaturen auch gibt, lernt man in der Schule. Als Lernstoff. Das Leben lehrt uns, dass das feste Eis leichter ist als Wasser und auf diesem schwimmt. Oder dass nasse Wäsche bei Frost gefriert, aber dennoch trocknet. Auch dass wir weit abhängiger von Wasser als von Nahrung sind, das unterscheidet Durst von Hunger unter lebensbedrohlichen Situationen. Wir müssen viel trinken und entsprechend viel Wasser als Harn wieder ausscheiden. Die Bäume nehmen wie alle Pflanzen Wasser auf, schleusen es durch ihren Körper und scheiden es wieder aus. Sie verdunsten Wasser und kühlen damit sich selbst, ihre empfindlichen chemischen Vorgänge und den Wald als solchen. Vom Wasser, das die Bäume abgeben, entsteht ein eigenes Waldklima. Deshalb machen nicht einfach fünf oder ein Dutzend oder hundert Bäume einen Wald. Zu einem solchen wird ein Baumbestand erst dann, wenn darin ein eigenes Klima zustande kommt. Dieses Eigenklima unterscheidet den Wald so sehr von der Flur oder von unseren Wohngebieten, Dörfern oder Städten. Diese beeinflussen vor allem die Temperatur. Die Wälder schaffen darüber hinaus eine eigene Wasser-Atmosphäre. Soweit reichte mein Wissen im Wesentlichen. Das Haareis lag jenseits davon in den nicht überschaubaren Welten des Nichtwissens. Tröstlich für mich, dass ich das Phänomen der Schneepilze schon lange kannte, bis von Schweizer Wissenschaftlern eine überzeugende Erklärung gefunden wurde.

Haareis bildet sich an feinsten Pilzfäden, die sich aufrichten, wenn Frost die Rinde sprengt, unter der sie wachsen. An ihnen setzt sich die Luftfeuchte ab und das Haareis wächst heran. Genau in dem von den Pilzen befallenen Bereich und dann so weit in die Höhe, wie die Pilzfäden die Eishaare tragen können. Leben, repräsentiert durch die Pilze, die lebendig sind, und nicht lebendige Vorgänge treffen aufeinander und fabrizieren eines der rätselhaftesten und reizvollsten Gebilde, die der Winter zu bieten hat. Sie entstehen nur, wenn tagsüber und bis in die Nacht hinein noch kein Frost herrscht, die Luft aber völlig mit Wasserdampf gesättigt ist und dann allmählich leichter Bodenfrost einsetzt. Nach solchen Abenden gehe ich besonders gern in den Wald und schaue nach Schneepilzen. Finde ich welche, freue ich mich darüber so, als ob ich richtige Pilze gefunden hätte, die gut schmecken. Wie die Austernseitlinge zum Beispiel, die es in meinen Wäldern im Spätherbst und Frühwinter gibt. Die Schneepilze bewundere ich auf Abstand. Ich will sie nicht zum Schmelzen bringen. Sie vergehen von sich aus ohnehin so schnell, dass oft schon gegen Mittag nichts mehr von ihnen zu sehen ist. Immer wieder zeige ich sie anderen Waldgängern und wundere mich darüber, dass sie kaum jemand kennt. Wahrscheinlich werden sie nur für Schnee gehalten. Für Schnee, den es aber so nicht geben dürfte. Ihr Geheimnis zu kennen, macht mir Freude. Zudem sind es die angenehmsten Wintertage, in denen sie ihre kurze Existenz den besonderen Bedingungen der Witterung verdanken. Deshalb achte ich gern auf sie.

SCHNEE

Schneetage gibt es nicht viele in der Gegend, in der ich lebe. Wir sind zu weit entfernt von den Alpen. Aber schneelos bleiben die Winter dennoch nicht. Am häufigsten schneit es nach der Jahreswende. Manchmal erst im Februar. Doch auch Ende November oder Anfang Dezember kann reichlich weiße Pracht gefallen sein. Bis Weihnachten hält sie so gut wie nie. Denn dann bekommt das Wetter, wie ich erfuhr, eine »Weihnachts-Depression«. Ich kann sie stimmungsmäßig nachvollziehen. Der Weihnachtsrummel macht depressiv. Ihm wenigstens kurzzeitig zu entgehen gehört zu den angenehmsten Seiten der Waldgänge. Shinrinyoku verdrängt den damit verbundenen Stress besser als jede andere Ablenkung, mit der ich mich zu distanzieren versuche. Wenn man aus einer Kultur kommt, die Weihnachten nicht kennt, aber die amerikanisierte Form zum Shopping mit Christmas-Songs aufgezwungen bekommen hat, wird der vorweihnachtliche Ausnahmezustand in den Städten schnell zum Alptraum. Da gibt es nichts Schöneres als hinauszugehen in den Wald. Seine Stille klingt wohltuender als das

Geklingel in den Kaufhäusern. Seine Luft belebt nach den betäubenden Aromen von Glühwein, gebrannten Mandeln und Kerzen. Das bringt Erholung für Körper und Geist. Liegt gar Schnee in der Vorweihnachtszeit, schicke ich meine Gedanken auf die Wege, die sich als Spuren von Tieren im Wald verlaufen. Wie herrlich ruhig muss es sein, stelle ich mir vor, frühmorgens auf schlanken Rehbeinen uralten Wechseln durch den frischen, pulvrigen Schnee zu folgen. Wechsel, die hinunter zum Fluss führen, wo es immer noch etwas Grün zu knabbern gibt. Tierpfade, die ich nicht gehen kann, weil ich mich zu sehr bücken müsste und Ladungen Schnee von den Ästen in den Hals bekommen würde. Ich sehe eine Fuchsspur. Die Pfotenabdrücke folgen einander wie auf einer unsichtbaren Perlschnur gereiht. Die Fährte des Hasen sieht ganz anders aus. Hinter zwei parallelen länglichen Abdrücken gibt es zwei kurze, die aber versetzt sind. Die viel kleineren der Eichhörnchen sind ähnlich, aber jeweils schön parallel. Die Hüpfspuren der Mäuse amüsieren mich. Sie sehen aus, als ob sie vor lauter Lebensfreude über den Schnee flitzen wollten und dabei ihr Schwänzchen ein wenig nachschleiften, sodass es Striche machte. Oft enden sie in einem genau mausgroßen Loch im Schnee.

Dies sind die für mich am einfachsten zu erkennenden Spuren. Es gibt weitere, die ich nicht zu deuten vermag, je nachdem, ob ich im Forst oder im Auwald unterwegs bin. Stets beeindrucken mich die Abdrücke von Flügeln. Etwa wenn eine Krähe gelandet ist. Dann erkenne ich seitlich neben den tief in den Schnee gepressten Zehen die Spitzen der Schwungfedern. Auch die sanftrandigen Eulenflügel hinterlassen solche Abdrücke. Oft endet zwischen ihnen eine Mäusespur. Manchmal dokumentieren Blutflecken ganz deutlich eines der vielen winterlichen Dramen, die sich zwischen den jagenden Tieren und ihrer Beute abspielen. Schaue ich so ins Leben in der Natur, verschwinden Stress und Weihnachtsdepression im Nu. Es gibt so viel mehr Leben um uns herum, als wir wahrnehmen. Der Winter stellt die größten Anforderungen ans Überleben. Da kann ein einziger Fluchtversuch über Leben und Tod entscheiden. Sogar, wenn er zunächst erfolgreich verlief. Weil die Flucht zu viel Energie gekostet hat. Sie fehlt in der nächsten Nacht. Das entkommene Tier erwacht nicht mehr aus dem Schlaf.

Waldgänge im Schnee mag ich auch aus anderen Gründen besonders. Die Luft ist frisch. Sie dringt in meine Lungen, ohne dass ich intensive Atemübungen machen muss. Der Schnee dämpft die Geräusche. Auch fernere, die vom Verkehr, vom üblichen, mit Lärm erfüllten Leben der Menschen herkommen, sie werden gedämpft oder verschluckt. Das schrille Hupen der Regionalbahn, das ansonsten in längeren Zeitabständen den Wald geradezu durchschneidet, kommt mir weniger schrill, fast entschärft vor. Meine Schritte werden unhörbar im Schnee. Nur selten einmal knackt ein dürrer Ast, auf den ich trat, weil ich ihn nicht sehen konnte. Nach stärkerem Schneefall rutscht von Zeit zu Zeit ein Schneepolster von den Ästen der jungen Fichten, die wie speziell für eine weihnachtliche Stimmung dekoriert am Rand der Forststraßen stehen. Die entlasteten Äste schnellen nach oben. Oft lösen sie darüber oder daneben den Absturz eines weiteren Schneekissens aus. Eine kleine Kettenreaktion.

Geradezu bezaubernd schön ist aber ausgerechnet das, was für die Vögelchen im Wald und für andere Lebewesen zur größten Bedrohung wird: Eis auf den Ästen. Das Glitzern verzaubert uns, weil wir es als Besucher nur kurz genießen. Wir kommen aus einer anderen, unseren Lebensbedürfnissen angepasst warmen Welt. Nur wenn eisglatte Straßen unfallträchtig werden, werden wir gewahr, welche Gefahr vom Eis ausgeht. Schnee schützt und wärmt. Alles Kleine, was darunter leben kann, gewinnt Geborgenheit, sobald sich eine geschlossene Schneedecke übers Land legt. Und auch den Wald einhüllt. Mit dem Eis verhält es sich anders. Bildet es sich auf dem Schnee, weil zwischendurch Tauwetter gekommen war, schneidet es den Tieren, die darüber laufen müssen, bis aufs Blut in die Beine. Manche Rehspur wird zu einer Blutspur, wenn die Schneedecke verharscht. Mich gefährdet anderes, vom Menschen verursachtes Eis, wenn die Forstfahrzeuge in die Forststraßen spiegelglatte tiefe Spuren gefahren haben. Darauf kann nicht nur ich kaum noch gehen, sondern sogar mein Hund rutscht als Vierbeiner immer wieder weg. Im Forst wird natürlich nicht gestreut. Es wird Holzernte betrieben. Zu allen Jahreszeiten. Schnee ist für die Riesenmaschinen der Harvester überhaupt kein Hindernis. Sie sind geeignet, tropische Urwälder kurz und klein zu machen. Nicht überall kann ich im winterlichen Forst zum Waldwandern auf baumfreie Seitenbereiche ausweichen oder gar eine Forststraße finden, auf der nicht gefahren wurde.

Worauf kann ich hoffen? Auf Winterwetter ohne Schnee? Dann werden die Forststraßen Schlammbahnen. Lehmige Erde klebt an meinen Schuhsohlen fest. Tritt um Tritt werden die Schritte schwerer. Der anhaftende Dreck lässt sich kaum abstreifen. Nicht einmal auf Moos, dem ich das eigentlich auch gar nicht antun möchte. Gute Verhältnisse herrschen nur, wenn es rechtzeitig trockenes Frostwetter gegeben hat. Selten genug ist dies der Fall. Nur dann hält der gefrorene Boden den Fahrzeugen stand. Weihnachten mit Eis oder Weihnachten mit Schlamm sind die beiden höchst unerwünschten, jedoch die bei weitem häufigsten Alternativen. Im Auwald sind die Bedingungen kaum besser, weil die Traktoren ganz ähnlich glatte oder schlammige Straßen erzeugen. Das macht dann doch depressiv. Weil der Zugang zur Natur gerade in einer Zeit so sehr erschwert wird, in der man dem Rummel entgehen möchte. Jedes Jahr wieder hoffe ich auf die Weihnachtsfeiertage selbst, weil in diesen Tagen keine Harvester und Traktoren in den Wald fahren. Außer es wird Jagd abgehalten. Dann wird mir der Forst komplett gesperrt.

Wintergänge mache ich in der Regel lieber in den Auwald. Die Bäume tragen kein Laub mehr. Es ist lichter, viel lichter als im Fichtenwald. Bei winterlicher Wolkenbedeckung oder bei Hochnebel bleibt der Forst den ganzen kurzen Tag über düster. Seit Monaten, seit Anfang November meistens schon, trage ich in mir das Bedürfnis, mehr Licht zu bekommen. Nicht solches aus der Beleuchtung daheim. Sondern natürliches Licht des Tages. Nimmt es zu, steigt mein Wohlbefinden. Auch deshalb mag ich Schnee, weil er mir die düstere Zeit aufhellt. Im Auwald schätze ich es, die Sonne zu sehen, auch wenn sie von Wolken etwas abgedeckt wird. Die lichtere Himmelsregion sagt mir, wo sie steht. Ohne auf die Uhr schauen zu müssen, nehme ich auf diese natürliche Weise den Tagesgang der Helligkeit in mich auf. Oft kann ich am späten Nachmittag die sich entwickelnden, farbprächtigen Sonnenuntergänge genießen. Am meisten begeistern sie mich, wenn ich sie gespiegelt im Wasser des ruhig und glatt dahinströmenden Flusses betrachten kann. Im Winter dauert das Schauspiel länger als im Sommer und es findet viel früher statt. Noch am Tag, so wie wir ihn mit unserem künstlich eingestellten Tag-Nacht-Rhythmus empfinden. Für diesen ist es zwischen 15 und 16 Uhr erst Nachmittag, nicht wie draußen Abend mit beginnender Nacht. Auf meinen Wegen kann ich diesen natürlichen Ablauf auf mich einwirken lassen. Ich bilde mir ein, dass mir das guttut. Auch wenn ich daheim mit elektrischem Licht den Tag künstlich verlängere auf das gewohnte, weil vom Leben der Gesellschaft so festgelegte Zeitmaß. Es verhindert nicht, dass ich trotzdem im Winter früher müde werde und später aufstehen möchte als im Sommer.

Könnte ich ein Jahr lang »ganz nach der Natur« leben, also vor Sonnenaufgang wach werden und nach Sonnenuntergang schlafen gehen, würden für mich die Frühsommertage sehr lang, die Mittwintertage aber sehr kurz. Nach Ablauf des Jahres hätte ich dennoch die gleiche Zahl wacher und im Schlaf verbrachter Stunden wie in unserem üblichen Zeitmaß der Tage. Und wahrscheinlich auch ziemlich gleich viel geleistet. Käme mir das zugute? Das Gefühl – beim frühmorgendlichen Aufstehen – sagt mir, dass es besser wäre, dem Helligkeitsrhythmus der Natur zu folgen. Aber würden mir die Tage im Winter nicht doch zu kurz und die Nächte zu lang?

Eine interessante, im Ergebnis ziemlich überraschende Antwort auf diese Überlegungen, entnahm ich dem Verhalten meines Hundes. Angestellt hatte ich sie im Neuschnee wandelnd an einem Sonntag mitten im Januar. Zu dieser Zeit wurde nicht mehr gejagt, und mein Waldgang wurde, dem Sonntag sei Dank, auch nicht durch Forstfahrzeuge beeinträchtigt. Mit abgestelltem Denken (wie ich meinte) schlenderte ich durch den knöchelhohen Schnee. Vor mir trottete der Hund und beschnüffelte Spuren, die ihn interessierten. Wir waren wohl die Ersten an jenem Tag, denn noch gab es nirgends die üblichen gelben Flecken von Hundeurin an Stubben, Stämmen oder irgendeiner anderen markanten Stelle. Mein Hund setzte eifrig neue Duftmarken auf den makellos reinen Schnee. Wir waren früh, aber es war Tag. Er hatte bis zur Morgendämmerung geschlafen, also viel länger als im Sommer. Höchst angenehm für mich, weil ich so nicht weit vor meiner Zeit aufstehen musste, um mit ihm hinauszugehen. Am Abend wird er nun sicher bis gegen 20 Uhr bei uns bleiben, bevor er sich zurückzieht zum Schlafen, dachte ich. Schnell überschlug ich: Munter wurde er ungefähr bei Tagesanbruch. Schlafen ging er aber etwa vier Stunden später nach Sonnenuntergang. Zum Sommer hin wird er immer früher wach werden und hinausdrängen, wenn ich noch reichlich verschlafen bin. Und dann doch auch erst in der Abenddämmerung wieder müde sein. Sein Rhythmus ist ein Kompromiss zwischen dem natürlichen Zeitgeber der Tageslänge und unserem Leben, in das er integriert ist. Wird ihm im Mai oder Juni der Tag zu lang, schläft er einfach zwischendurch mittags oder am frühen Nachmittag. Auf diese Weise hält er eine Tageslänge von 12 bis 14 Stunden bei, die er aktiv ist. Abends passt er sich mehr, recht ausgeprägt sogar, unserem Lebensrhythmus an. Morgens möchte er aber am liebsten dem Tageslicht folgen. Ein geschickter Kompromiss, der für mich den Nachteil hat, dass ich mich nicht einfach mittags oder am Nachmittag hinlegen und schlafen kann, wie er das macht. Das »Vorbild Natur« hat also seine Tücken.

An die Überlegungen des frühen Vormittags denke ich längst nicht mehr, als eine Woche später mein Mann mit dem Hund in der Abenddämmerung heimkommt. Sie waren draußen im Auwald am Fluss. Dort lag der Schnee nicht mehr so hoch und es hatte nachmittags leicht zu tauen begonnen. Wie immer erwartet der Hund, dass er nun gleich sein Futter bekommt. Er hat mich in dieser Hinsicht fest im Griff. Dieses Mal tut er besonders hungrig. Die beiden waren später als üblich heimgekommen. Was das Futter betrifft, geht die innere Uhr des Hundes übergenau, scherzen wir des Öfteren. Mein Mann erzählt den Grund: Schneeflöhe hat er gesehen. In der Au; und sie wandern. Ich schaue, ob ich etwas Seltsames in seinem Minenspiel ausmachen kann. Er wirkt normal, aber irgendwie angeregt, gar begeistert. Schneeflöhe? Gibt es so etwas?, frage ich vorsichtig nach. »Ja sicher, aber sie sind sehr, sehr selten!« Schnell rekapituliere ich, was wir für ein Datum haben. 22. Januar. Damit kann ich nichts Besonderes verbinden. Inzwischen hat der Hund das Futter verschlungen und tut mir das kund, indem er sich an mich drängt. Ich streichle ihn und frage meinen Mann, ob wir dann morgen zu den Schneeflöhen gehen. »Ja sicher, unbedingt, die muss ich fotografieren!« Die klare Ansage verunsichert mich noch mehr. Der Hund rollt sich in seinem Korb zusammen und ist zufrieden. Mein Mann ist es keineswegs. Er vertieft sich in die Computersuche. Morgen werde ich sehen, was er mit den mysteriösen Schneeflöhen meint. Auch wenn sie nachts irgendwie durch meine Träume hüpfen, gewinnen sie keine Gestalt.

Anderntags geht es mit gespannter Erwartung zum Shinrinyoku in den Auwald. Bei ganz gutem Licht um die Mittagszeit, denn die hohen Wolken sind dünner geworden. Dem Hund ist anzumerken, dass ihn die gleiche Strecke wie gestern nicht sonderlich reizt. Eher lustlos schlendert er dahin, kommt aber, wenn mein Mann intensiv den Schnee betrachtet, hinzu. Auf diesem liegen, wie ausgestreut, die Samen der Erlen in großen Mengen. Die winzigen Kerne trägt schon leichter Wind aus den kleinen Zapfen davon, die oben in den Kronen der Grauerlen als schwarze Gebilde sitzen. Die Erlensamen sind überall. Nur wo Weiden und Pappeln den Baumbestand bilden, gibt es weniger von ihnen. Aber immer noch genug, um die Suche nach den Schneeflöhen zu erschweren, wie mein Mann betont. Ich denke, er will ablenken, sage aber nichts. Als er mir dann einige winzige schwarze Pünktchen zeigt, die sich tatsächlich bewegen, bin ich nicht gerade beeindruckt von seinen Schneeflöhen. Auf den Fotos, die er macht, wirken sie wie Körnchen Ruß. Urtümliche Insekten sollen die Schneeflöhe sein. Insekten, die noch keine Flügel entwickelt haben. So etwas wie halb Wurm, halb Insekt. Ein Schwarm Schwanzmeisen, der wispernd vorbeizieht, beeindruckt mich da mehr. Noch mehr die Wasseramsel am Bach, die vor uns hineinhüpft und auf dem Grund ein stückweit dahinläuft. Durchs klare Wasser ist zu sehen, dass sie an und zwischen den Steinen nach den Larven von Wasserinsekten sucht. Vom Fluss her ertönen die Rufe von Gänsen. Enten schnattern. Neben dem Weg liegt auf dem Schnee die Schwungfeder eines Kauzes. Er hat sie wohl bei seinem geräuschlosen Flug letzte Nacht verloren.

Daheim beschäftigen mich die Schneeflöhe nicht weiter. Wahrscheinlich hätte ich sie rasch vergessen, hätten wir sie ein paar Tage später nicht an anderer Stelle im Auwald auf eine Art und Weise angetroffen, die an Zauberei zu grenzen schien. Es hatte zwischendurch wieder ein wenig geschneit. Wir gingen mit dem Hund einen Pfad am Flussufer entlang. Von Zeit zu Zeit streckte er uns eine Pfote entgegen, damit wir ihm die Schneeballen herausdrückten, die sich zwischen den Zehen gebildet hatten. Bei wenigen Grad über null war der Schnee pappig. Aber so ein Waldpfad hatte für den Hund – wie auch für uns – einen besonderen Reiz. Da missachtete er die Schneeballen, so lange es ging. Wir kamen langsamer als üblich voran, weil es viel zu schauen gab und die Pfotenreinigung immer wieder nötig wurde. Als sich der Himmel deutlich rosa verfärbte, drehten wir um. In die Nacht hinein wollten wir mit dem Hund im Auwald nicht kommen. Da fiel uns plötzlich auf, dass unsere Spuren im Schnee schwarz geworden waren. Unsere und auch die Pfotenabdrücke des Hundes. So schwarz, dass sie sich klar und scharf abzeichneten, obwohl der Schnee einen grauen Überzug bekommen hatte. Je tiefer unsere Spuren in den Schnee gedrückt waren, desto schwärzer sahen sie aus. Und dieses Schwarz bewegte sich. In den tiefen Abdrücken brodelte es geradezu. Unmengen von Schneeflöhen waren hineingeraten. Obwohl sie zwei oder drei Zentimeter hoch springen können, waren unsere Fährten zu tief für sie. Einmal hineingefallen, saßen sie fest. Und es wurden immer mehr.

Die ganze Schneeoberfläche war in Bewegung, wie wir jetzt erkannten. Das feine, rußartige Pulver strebte voran, und zwar in Richtung Sonnenuntergang. All diese Winzlinge hüpften oder krabbelten in die gleiche Richtung. Myriaden Schneeflöhe. Klein wie ein Komma. Sogar die Betrachtung mit der Lupe ließ kaum mehr an ihnen erkennen. Nur eben, dass sie erstaunlich gut hüpfen können. Nur eben nicht hoch genug, um den Fallen zu entkommen, die unsere Fußstapfen gebildet hatten. Trotz des schwachen Lichtes in der beginnenden Dämmerung war es kein Problem, unsere geschwärzten Fußabdrücke zu fotografieren. Der Kontrast zum Schnee war gut genug. Jetzt entdeckten wir auch, woher sie kamen. Überall, wo Stängel von Pflanzen oder die Stämmchen kleiner Bäume durch den Schnee ragten, kletterten sie heraus wie aus Kaminen. So, als ob sie die Flucht ergreifen wollten. Danach strebten sie auf dem Schnee dem Sonnenuntergang zu. Ein seltsames Ziel. Ein Ziel, dem wir keinen Sinn zuteilen konnten. Warum sollte diese Richtung besser sein als die anderen? Oder überhaupt etwas Besonderes? Was wollten die Schneeflöhe auf dem Schnee? Erkennbar war kein Grund. Die Schneeoberfläche bot nichts. Außer vielleicht die Gegebenheit, dass die winzigen Insekten darauf besser vorankamen, als das unter dem Schnee möglich gewesen wäre. Doch warum und wohin? Mein Mann wusste darauf keine Antwort und fand auch keine Erklärung bei seiner intensiven Suche. So eine Massenwanderung von Schneeflöhen hatte er noch nie erlebt. Springschwänze, so die Bezeichnung der Urinsektengruppe, zu der die Schneeflöhe gehören, gibt es am und im Boden in Massen. Auch auf Schwimmblättern von Wasserpflanzen, wie Seerosen, und auf der Wasseroberfläche selbst kommen Springschwänze vor. Sie sind so winzig, dass sie die Oberflächenspannung des Wassers wie eine feste Straße trägt. Von feinsten organischen Reststoffen, wie Blütenstaub, leben sie. Warum sie auf den Schnee kamen und darauf fortwanderten, ließ sich nicht zusammenreimen. Jedenfalls verstand ich nun, warum mein Mann nach seiner ersten Beobachtung der Schneeflöhe so aufgeregt zurückgekommen war. Doch das war lediglich ein Hundertstel oder Tausendstel der Menge gewesen, die wir jetzt erlebten. Und nie wieder antrafen in all den Jahren danach. So sehr wir im Winter auf die Schneeflöhe achteten, es gab sie nicht wieder. Sie blieben ein einzigartiges Erlebnis. Kein großes, wie wenn man plötzlich einem besonderen Tier begegnet; einem Wolf etwa oder einem Bären. Keines, das durch herausragende Schönheit beeindruckte und sich damit eingrub ins Gedächtnis. Die Unwirklichkeit des Geschauten wirkte bei den Schneeflöhen mehr. Auch die Unverständlichkeit des Geschehens. Es war, als ob sich ein Fenster zum winzigen Leben im Boden aufgetan hätte. Die Schneeflöhe waren daraus hervorgekommen wie schwärmende Termiten in den Tropen oder, wo es sie noch gibt, die Geschlechtstiere der Ameisen im Sommer. Dann scheinen die Hügel, die ihre Nester bilden, zu rauchen, wenn die Ameisen daraus emporfliegen zu ihrem Hochzeitstanz. Man mag sie belächeln, die Schneeflöhe. Doch aus einer größeren Distanz heraus betrachtet dürften Menschen auch wie Schneeflöhe wirken.

EIN SONNIGER SPÄTWINTERTAG

Kalendarisch haben wir noch Winter. Aber Föhn hat verfrüht blauen Himmel und wohlige Wärme gebracht. Da zieht es mich hinaus in den Kiefernwald an der Isar südlich von München. Die Zugspitze hebt sich taubenblau vom Himmel ab. Sie scheint näher gerückt als üblich. Eine linsenförmige Wolke schwebt wie ein Heiligenschein über ihr. Ich denke an unseren, für Japaner ungleich bedeutsameren Berg, den Fuji-san. Aber meine Blicke richten sich bald nicht mehr in die blaue Ferne. Sie gelten den zarten Blüten der Schneeheide zu meinen Füßen. Rosafarbene Kissen bilden sie zwischen den krüppelig gewachsenen Stämmen der Kiefern. Seit vielen Jahren kenne ich sie. Sie wachsen nicht mehr weiter. Die Natur hat sie in einer Art Bonsai-Zustand festgehalten. Ihre Nadeln sind grün. Die Kiefern leben. Größer und dicker werden können sie nicht mehr. Der Boden ist zu trocken. Das Grundwasser liegt zu tief. So verharren sie in einem Zustand wie festgehalten auf einem Gemälde aus der Zeit der Romantik. Auch die Schneeheide zu ihren Füßen bleibt so, wie sie ist. Sie wechselt lediglich die Farbe. Im Herbst trägt sie kleine elfenbeingrüne Blütenknospen. Bevor sich diese im Spätwinter öffnen, erröten sie. Da scheint die Zeit stillzustehen und doch den Lauf der Jahreszeit anzuzeigen.

Die am Vormittag noch langen Schatten der Kiefern werden kürzer. Ich blinzle immer wieder in die Sonne, während ich auf den Pfaden gehe und darauf achte, nicht über die vielen hervorstehenden

Wurzeln zu stolpern. Ein feines Flöten vernehmen meine Ohren: »phüü«. Dann aneinandergereiht derselbe hingehauchte Ton. Ein Gimpel sitzt auf einer der Kiefern wenige Meter neben dem Pfad und probiert die ersten Töne zu seinem Frühlingslied. Seine rote Brust strahlt heller als sonst in der Föhnsonne. In zwei Monaten werde ich hier die einzigartig lieblichen Gesänge der Fitislaubsänger hören. Meine Augen erfassen nun eine Bewegung. Irgendwo streift sie den Rand des Sehfeldes, aber deutlich genug, um meinen Kopf zu wenden. Im selben Augenblick sehe ich ihn, den Schmetterling, einen Kleinen Fuchs. Durchs Isartal eilt er nach Norden, von der Föhnluft mitgetragen. Fast schnurgerade. Hindernisse, wie Baumkronen, überfliegt er. Vom Kurs weicht er dabei nicht ab. Er ist auf der Wanderung, auf dem Weg nach Norden. Über die Alpen kam er von Süden her. Wo mag er das Karwendelgebirge überwunden haben? Wohin wird er wandern? Vielleicht nach München, vielleicht weiter bis nach Nord- oder Ostdeutschland. Kaum zu glauben, dass manche Schmetterlinge, diese zerbrechlichen Wesen, ähnliche Wanderungen machen wie die Zugvögel. Der Zitronenfalter, der nun auch vorbeitaumelt, war hier im Wald dem Winter ausgesetzt. Er hatte Reif und Tauwetter abbekommen, Frost bis unter minus fünfzehn Grad ausgehalten und sicher so manchen Windstoß im Gestrüpp am Boden, wo er monatelang hing. Den Naturfreunden gelten beide Falter als »Boten des Frühlings«. Mir vermitteln sie das Gefühl, dass ein neuer Jahreszyklus im Kommen ist. Nachhaltiger als die rasch vergängliche Föhnwärme ist diese Botschaft. Mit Shinrinyoku werde ich sie in mir aufnehmen. Und dankbar sein, für Stunden von Ruhe und stillem Glück. Auf dem Rückweg frage ich mich, was mich heute bewegt hat. Unmerklich richtete sich dabei meine nach außen gerichtete Aufmerksamkeit wieder nach innen. Entspannt und gut gestimmt bin ich. Der Weg war das Ziel. Ein neuer Zyklus nimmt seinen Lauf.

III

WALDSPAZIERGÄNGE –
(K)EINE ANLEITUNG

SHINRINYOKU WIRKT

Mein Zugang zum Wald ist eine von verschiedenen Möglichkeiten, Shinrinyoku zu praktizieren. Diesen Weg habe ich mit den ausgewählten Beispielen transparent zu machen versucht. Sie sind, wie Sie gelesen haben, sehr persönlich. Vielleicht untypisch. Aber nachvollziehbar und selbst erlebbar. Denn was ich schildere, gibt es in vielen anderen Wäldern auch. Hoffentlich lesen Sie heraus, wie wohl ich mich fühle auf meinen Waldgängen. Nicht immer, weil es hier und da Beeinträchtigungen gibt. Den Widrigkeiten weiche ich aus oder nehme sie einfach hin, so gut es geht.

Wie sehr Shinrinyoku wirkt, stellte ich oft genug fest, wenn ich vor und nach meinen Waldgängen den Blutdruck mit einem geeichten, also zuverlässigen Gerät maß. Die Absenkung – mein Blutdruck war vor dem Waldgang meistens zu hoch – betrug 20 bis 30 »Punkte«. Der Puls war auf gute Werte um die 60 zurückgegangen. Bester Gradmesser war die Stimmung. Selbst dann, wenn ich mich ärgerte, weil mich Forstfahrzeuge mit ihrem Dahinrasen in Staub gehüllt oder die Forststraße zur Schlammpiste oder zur Eisbahn gemacht hatten, war die Stimmung besser. Der Ärger nagte nicht nach, sondern veranlasste mich, wieder in den Auwald zu gehen. Für mich war das Wichtigste, dass sich mein Denken dort nicht mehr mit dem Tagesgeschehen und den damit verbundenen Problemen befasste, sondern sich auf das Geschaute, auf das mit allen Sinnen Erfasste richtete. Der Wald wurde zum Partner, kaum dass ich in ihn eingetreten war. Zu einem Gegenüber, das mich auf Feinheiten aufmerksam macht, die man übersieht. Dass es sich so verhält, ergab sich aus Waldgängen, die ich mit befreundeten Menschen machte. So angenehm die Gespräche waren, die wir dabei führten, so wenig hatten wir dabei vom Wald mitbekommen. Allzu schnell ist er wieder nur Kulisse. Meine Schilderungen sollen daher zeigen, dass es eine ganze Welt zu erleben gibt. Sie relativiert, was uns belastet und bedrückt. Sie mögen in schlechter Stimmung in den Wald gegangen sein. Doch wenn Sie einen juwelenhaft kobaltblau glänzenden Käfer sehen, der sich mitten auf dem Forstweg auf einem Steinchen stehend hochreckt wie ein Sumo-Ringer, der bereit ist, es mit jedem Rivalen aufzunehmen, werden Sie gewiss über den Kleinen schmunzeln. Und ihm viel Erfolg wünschen bei seiner weiteren Suche nach der frischen Hinterlassenschaft eines Hundes oder nach einem Weibchen. Ich bin sicher, dass der Käfer ihre Gedanken ablenkt.

Shinrinyoku wirkt. Das haben insbesondere Japaner mit umfangreichen Forschungen nachgewiesen. Im Buch von Yoshifumi Miyazaki sind die Befunde auf Deutsch zusammengefasst. Sie belegen, dass Shinrinyoku eine Präventivmedizin ist. Aber dieser wissenschaftlich-medizinische Aspekt der Waldgänge ist nur die eine Hälfte. Die andere betrifft das Denken und die Gefühle. Wie ich eingangs betonte, betrachte ich »mein Shinrinyoku« als nach außen gerichtete Meditation. Es geht mir also um den Abbau von Stress im Denken, um das psychische Wohlbefinden. Das ist schlicht oft nur Ablenkung. Etwas, das uns auf andere Gedanken bringt, wirkt bekanntlich bereits als Verbesserung der Situation. Haustiere lenken daheim am besten ab. Der Hund geht auf uns ein. Er spürt die Stimmung und richtet sein Verhalten danach aus. Auch Katzen können dies. Aber sie führen ein viel eigenständigeres Leben, zumal wenn sie Auslauf haben und nicht in der Wohnung eingesperrt bleiben müssen. Hunde werden daher viel mehr in der tiergestützten Therapie eingesetzt als Katzen. Mit Abstand am besten wirkt sie aber beim gemeinsamen Ausgang. Da bringt einen der Hund geradezu automatisch auf andere Gedanken. Wir müssen auf ihn achten und das lenkt bereits ab. Wie er sich dann im Wald bewegt, führt uns gleichsam hinein in diese andere Welt. Doch es geht auch ohne

Hund, hat man sich erst einmal einigermaßen vertraut gemacht mit den Waldgängen und die Wirkung von Shinrinyoku gespürt. Wie und wo also anfangen?

WELCHE WÄLDER SIND GEEIGNET?

Die kurze Antwort lautet: jeder. Die Zugänglichkeit des Waldes steht uns offen, von wenigen Ausnahmen abgesehen. Deutsche Wälder sind Forste. Sie wurden samt und sonders angepflanzt. Urwald kann sich lediglich an ganz wenigen Orten allmählich entwickeln. So im Nationalpark Bayerischer Wald in der sogenannten Kernzone. Noch natürlicher in Südostbayern auf den Inseln der Stauseen am unteren Inn. Dort wächst seit Jahrzehnten Auwald auf, ohne dass Menschen eingreifen. Nur Biber fällen und zerlegen Bäume. Sie dürfen und sollen dies. Die Inseln mit ihren neuen Urwäldern sind Naturschutzgebiet und die Biber Teil der Natur. Seit fast fünfzig Jahren leben sie wieder am unteren Inn im Grenzgebiet zwischen Bayern und Österreich. Seit annähernd siebzig Jahren entwickelt sich der Urwald auf den Inseln und Anlandungen, die der Inn geschaffen hat. Auch diese dürfen sich naturgemäß entwickeln. Für Besucher sind sie nicht erschlossen. Das Gegenstück dazu bildet der große Staatsforst in Südostbayern. Er wird intensivst forstwirtschaftlich genutzt. Auwälder, die nicht zum Naturschutzgebiet gehören, und private Forste liegen in der Intensität der Nutzung dazwischen. Damit erlebe ich die Bandbreite der Möglichkeiten in deutschen Wäldern schon im Nahbereich. Aber ich machte und mache meine Waldgänge auch an anderen Orten. In sehr trockenen, kaum noch wachsenden Kiefernwäldern zwischen München und dem Alpenrand, gelegentlich in mediterranen Buschwäldern und früher auch mangels anderer Möglichkeiten in gut erreichbarer

Nähe in einem großen Münchner Park, dem Nymphenburger Park. Dort gibt es Zonen, die wenig begangen und tatsächlich waldartig ausgebildet sind. Es ist nicht ungewöhnlich, einem Reh zu begegnen oder von einem Kauz aus seiner Höhle hoch oben im Baum betrachtet zu werden. Die Bäume im Stadtpark dürfen ja alt und hohl werden. Nur wenn sie wirklich eine Bedrohung für die Besucher darstellen, weil morsche Äste herabfallen könnten, werden sie entsprechend repariert oder selten einmal auch entfernt.

Deutschland ist ein waldreiches Land. Das hatte ich zwar mehrfach betont und zum noch viel stärker bewaldeten Japan in Beziehung gesetzt. Aber angrenzende Länder, wie Österreich, die Schweiz, große Teile Frankreichs und andere Gebiete Europas weisen noch mehr Wald auf. Auch solchen, der nicht so intensiv forstwirtschaftlich genutzt wird wie der sagenumwobene Deutsche Wald. Wild ist er kaum noch irgendwo. Wildreich auch nicht, weil sich Wildtiere nicht mit Hochleistungsforsten vertragen. Heißt es. In dieser Hinsicht sind wir in Japan anderer Meinung. Bei uns dürfen in den Wäldern sogar Affen leben, die Japanmakaken. Bären gibt es auf der Nordinsel Hokkaido. Japanhirsche sind weit verbreitet. Die Japanmakaken kennt man hier in Europa, wie auch in Nordamerika besser unter der Bezeichnung Schneeaffen. Denn sie leben in Regionen, in denen sehr viel Schnee fällt. Das hätte sie gewiss nicht berühmt gemacht. Sehr bekannt wurden diese Affen, weil sie wie wir Menschen gern in heißen Quellen baden. Im Winter bei Schnee und Frost tun sie das besonders hingebungsvoll. Verständlicherweise. Da gehen auch wir Japaner noch viel lieber baden als ohnehin. Der kleine Ausblick auf die Schneeaffen leitet daher direkt zum Thema, zum Shinrinyoku. Die Affen führen uns augenfällig vor, welche Art von ›yoku‹, von Baden, sie zu welcher Jahreszeit schätzen. An sie denke ich oft bei meinen Waldgängen. Sie setzen sich auf Äste oder Felsen, um frühmorgens die wärmenden Sonnenstrahlen zu empfangen. Das schätze ich auch, obwohl ich weder

Bäume noch Felsen besteige. Die Sonne lässt sich auch vom Boden aus, auf dem Waldweg, genießen. In heiße Quellen im Wald kann ich hier nicht – leider. Thermalbäder sind in Europa von der Natur getrennt. In Japan gibt es dagegen viele, die frei genug im Wald liegen. Deshalb können sie die Affen auch benutzen. Bei ihrem Leben an der frischen Luft brauchen sie keine speziellen Waldgänge oder Atemübungen. Wir hingegen sind gut beraten, sie zu praktizieren, weil wir zu viel Zeit in geschlossenen Räumen und in schlechter Luft verbringen. Wälder zu Atmen erhalten die Gesundheit und fördern sie. Dies wird nicht nur für Shinrinyoku betont. Auch für Jogging, Walken und für das moderate, genießende Radfahren bietet die Waldluft bessere Bedingungen als jede andere Umgebung. Sie übertrifft sogar die Bergluft, weil wir im Wald mit geringer Anstrengung atmen können. Wie ebenfalls schon betont, können wir dabei die Haut besonders gut atmen lassen.

Also eignen sich grundsätzlich alle Wälder für Shinrinyoku. Aber nicht alle sind gleich gut. Wo mit Schadstoffen belastete Luft zu sehr die Waldluft durchdringt, weil das Waldstück zu klein und den Wirkungen von Gülle und Gift ausgesetzt ist, oder angrenzend dichtem Stadtverkehr, sollten wir lieber nicht zu tief einatmen. Da ist weniger intensiv besser. Messgeräte brauchen wir dazu nicht. Eine normale Nase reicht aus, gute Luft von schlechter zu unterscheiden. So wie das Gehör zwischen Lärm und klingender Stille sehr wohl differenziert. Singen die Vögel auch noch so laut und rauschen die Blätter im Wind, empfinden wir dies nicht als störenden oder gar belastenden Lärm, sondern beruhigend. Dabei kann, wie genaue Messungen ergeben haben, der Schalldruck, den eine wenige Meter entfernt singende Nachtigall erzeugt, durchaus dem eines vorbeidonnernden Lastwagens entsprechen. Doch hundert Nachtigallen wird man auch nur einem einzigen Fahrzeug akustisch vorziehen. Wie auch den süßlich-schweren, fast betäubenden Duft blühender Holundersträucher am Wegrand den Abgasen der

Holztransporter und Harvester, die auf den Forststraßen fahren. Und weht stärkerer Wind, der mich zu beunruhigen beginnt, weil ich mich an Taifune erinnere, ziehe ich gefühlsmäßig doch den herunterfallenden Dachziegel in Ortschaften das vom Sturm losgerissene Blattwerk und die Äste von Bäumen vor. Vorsicht ist dennoch bei den Waldgängen geboten. Vielleicht sollte ich es besser umsichtiges Verhalten nennen.

GEFAHREN IM WALD

Gefahren gibt es überall. Die weitaus größte Zahl unvorhersehbarer Todesopfer und von Verletzungen fordert der Straßenverkehr. Das ist seit Jahrzehnten bekannt. Gleichwohl ist es ohne Folgen geblieben, was das Verhalten betrifft. Die Sicherheit der Autos wurde verbessert, nicht aber die Umsicht und die Rücksichtnahme der Verkehrsteilnehmer. Ich betone dies und füge hinzu, dass schrecklich viele Menschen alljährlich beim Baden ertrinken, um bei der Behandlung der Gefahren im Wald einen Rahmen zu setzen: Von Bäumen erschlagen werden höchst selten einmal Holzarbeiter. Vom Sturm umgeworfene Bäume treffen Menschen weit eher in der Stadt oder auf Alleen im Freien als im Wald. Bei einem Orkan geht kein vernünftiger Mensch hinaus, gleichgültig wohin. Aber es gibt eine spezifische Gefahrenquelle im Wald. Das ist Schneebruch. Hat es nachts stark geschneit und ist der Schnee feucht, werden die Äste stark belastet. Recht plötzlich kann der Druck der Schneemassen zu groß werden. Sie brechen ab oder der ganze Baum wird umgerissen. Das geschieht durchaus bei Windstille. Weht Wind, kommt es meistens gar nicht zur Anhäufung von zu viel Schnee. So schön so ein Winterwald anzuschauen ist, so vorsichtig sollte man sich dieser Schönheit nähern. Auch wenn es lustig ist, plötzlich eine kleine

Schneelawine abzubekommen. Eine Astlage Schnee, die herabfällt, wirkt schwächer als ein fester Schneeball, von dem man getroffen wird. Anders ist es, wenn sie mitsamt dem Ast auf den Kopf fällt. Wir gehen ja nicht mit Sturzhelm in den Wald zu einem Spaziergang. Erfahrungen in dieser Richtung machte ich. Verletzt wurde ich glücklicherweise nie von herabstürzendem Schnee. Auch nicht, wenn bei Wind kleine Äste herumflogen. Es hilft, nach oben zu schauen, um die Bäume einzuschätzen.

Sie sind von Natur aus den Winterbedingungen angepasst, wenn sie, ohne gepflanzt zu sein, im Gebiet vorkommen. Anders ist es bei Bäumen, die aus klimatisch unterschiedlichen Regionen stammen. So rutschen dicke Schneekissen, die gerade um Weihnachten so schön aussehen, wenn sie auf jungen Fichten lasten, von selbst ab, bevor sie zu dick werden. Die Äste sind so geneigt. Das aufragende, aber blattlose Geäst von Eichen ist auch nicht gefährdet von Schneebruch, weil zu wenig Schnee darauf liegen bleibt. Für die weit weniger zähen und harten Weiden gilt dies genauso. Doch setzt früh im Herbst Schneefall ein, wenn die Laubbäume noch Blätter tragen, sollten wir vorsichtig sein. Wie auch bei Blitzeis im Spätwinter und Vorfrühling.

Unnötig, diese Hinweise, werden manche Leserinnen und Leser denken, denn bei solchem Wetter gehen wir nicht in den Wald. Das ist zwar eine vernünftige Haltung, aber vielleicht etwas zu vernünftig. Denn es entgeht einem vieles, was die Wälder auszeichnet, wenn wir sie nur bei gutem Wetter aufsuchen. Beispiele dafür habe ich im Mittelstück des Buches ausgeführt.

Tatsächlich kann das Risiko bei gutem Wetter größer sein. Weil sich so manche durchaus ernstzunehmende Gefahr verborgen hält. Die mit Abstand bedeutendste geht von Zecken aus. Bekanntlich sind diese Biester ausgerechnet bei schönem und warmem Wetter am aktivsten. Wenn ein schattiges, lauschiges Plätzchen zum Lagern und Verweilen einlädt, müssen wir bedenken, dass sie klammheimlich ohne zu sirren, wie die Mücken, auf uns zukriechen. Oder dass wir sie bei einem einzigen Schritt ins Gebüsch ans Bein bekommen. Besonders die winzig kleinen Zecken kriechen so zart, dass sie unbemerkt bleiben. Die großen, fertig entwickelten, die wir daran erkennen, dass sie vier Beinpaare haben, während es bei den Larven nur drei sind, erzeugen eher ein feines Kitzeln. Meistens bemerken wir aber auch sie erst dann, wenn sie sich schon irgendwo am Körper festgesetzt haben und die Stichstelle zu jucken beginnt. Verursacht wird der Juckreiz vom Speichel, den uns die Zecke einspritzt. Dieser verhindert, dass unser Blut in der haardünnen Röhre des Zeckenrüssels verklebt. Es muss dünnflüssig bleiben, sonst kann es nicht durchgesaugt werden. Die Wirkung des Zeckenspeichels entspricht der von Blutverdünnungsmitteln, wie sie nach einem Herzinfarkt medizinisch verwendet werden.

Bliebe es bei diesem Jucken, wie nach Bremsenstichen, wären die Zecken nur lästig, aber nicht gefährlich. Doch mit dem Speichel können uns Bakterien und Viren übertragen werden: Borrelien und die Erreger von FSME. Borrelien erzeugen oft, aber nicht immer, eine Rötung, die sich von der Bissstelle der Zecke mehr oder weniger ringförmig ausbreitet. Sie wird Wanderröte genannt. Tritt sie auf, ist es auf jeden Fall nötig, eine Behandlung mit Antibiotika durchzuführen. Und zwar so rasch wie möglich. Denn wenn sich die Borrelien an schwer zugänglichen Stellen im Körper festsetzen, wie in Gelenken oder gar im Herzmuskel, sind sie nur noch sehr schwer zu bekämpfen. Aber auch ohne Anzeichen einer Borreliose sollte nach Zeckenbissen, vor allem, wenn die Zecke erst entdeckt wurde, nachdem sie sich schon ziemlich vollgesogen hatte, ein Bluttest durchgeführt werden. Zeigt dieser sogenannte spezifische Antikörper an, ist ebenfalls eine Antibiotikabehandlung geboten. Denn sollte uns die Zecke mit Borrelien infiziert haben, helfen Antibiotika. Eine Schutzimpfung gegen diese Bakterien gibt es leider (noch) nicht. Wir müssen selbst aufpassen.

Antibiotika nützen allerdings gar nichts, wenn uns die Zecke mit FSME infiziert hat. Das ist eine Viruserkrankung. Sie ähnelt einer Gehirnhautentzündung und wird deshalb auch Frühsommermeningitis genannt. Manchen Menschen macht sie nichts aus. Sie entwickeln kaum Symptome wie Fieber. Die Mehrheit hingegen reagiert heftig. Das Fieber wird lebensbedrohlich. Gegen FSME kann und sollte man sich impfen lassen. Der Impfschutz wirkt und beruhigt. Wir brauchen nicht nach jeder entdeckten Zecke, die sich schon durch die Haut gebohrt hat, in Panik geraten.

Das gründliche Absuchen auf Zecken gehört daher zu jedem Waldgang fast das ganze Jahr über. Mein Hund bekam sie von Februar bis Oktober. Die Zecken fallen nicht von den Bäumen oder gar vom Himmel. Im Ortsbereich sind sie häufig, weil es da viele Haustiere wie Hunde und Katzen gibt. Freilaufende Katzen bringen sie zwar mitunter von draußen, aber wohl kaum von der Mäusejagd aus der Flur.

Eine andere Gefahr kann im Wald lauern. Es ist dies der Kleine Fuchsbandwurm. Allerdings gibt es ungleich weniger Fälle von Infektionen mit dem Kleinen Fuchsbandwurm als mit FSME und Borreliose. Wie so oft wird die Gefährlichkeit übertrieben. Eier vom Kleinen Fuchsbandwurm gibt es im Fuchskot.

FUCHS- UND MARDERKOT

Von Fuchs- und Marderkot im Wald sollten wir unsere Hunde fernhalten. Manche haben von sich aus kein Interesse daran. Andere beschnüffeln aber alle Exkremente besonders intensiv. Dabei können sie sich mit Eiern des Kleinen Fuchsbandwurms infizieren. Ein Ei reicht in aller Regel nicht, aber am besten ist es, Hunde möglichst fern vom Kot dieser Tiere (und anderer Hunde) zu halten. Was nicht leicht gelingt. Hundehalter wissen das. Deshalb ist es wichtig, beim Waldspaziergang zu erkennen, um welchen Kot es sich handelt, an den der Hund womöglich seine Nase hält.

Fuchsexkremente sind länglich und so gut wie immer deutlich gedreht. Sie beginnen stumpf und enden mit auslaufender Spitze. Häufig enthalten sie Haare, die von Mäusen stammen. Liegt der anfänglich dunkle Kot eine Weile, ohne dass er stärkerem Regen ausgesetzt war, bleicht er grauweiß aus. Die Portionen sind fingerlang und für ein Tier von Fuchsgröße ziemlich schlank. Meistens stinken sie ziemlich, weil die Füchse mit ihrem Kot auch anderen Füchsen ihre Anwesenheit kundtun. Sehr häufig setzen sie ihn daher auf deutlich erhöhten Stellen ab, auf Baumstümpfen oder auf Steinen. Sich die Form des Fuchskotes einzuprägen, ist immer gut. Sollte man unsicher sein, gilt das Prinzip Vorsicht. Sie ist wichtig, weil uns am Rand des Waldweges reife Walderdbeeren verlockend rot ins Auge stechen können. Sie schmecken köstlich. Doch da sie so dicht am Boden wachsen, können sie am ehesten Eier vom Fuchsbandwurm abbekommen haben, wenn ganz in der Nähe Fuchskot liegt. Ungewaschen sollten wir die Walderdbeeren daher besser nicht verspeisen. Ist aber meterweit in der direkten Umgebung kein Fuchskot vorhanden und gibt es auch keine Stellen, auf denen Füchse diesen bevorzugt und regelmäßig absetzen, ist das Risiko entsprechend gering. Gleiches gilt für Heidelbeeren oder, im Frühjahr, für Bärlauch, den wir pflücken möchten. Praktisch außer Gefahr sind Himbeeren, weil sie sich hoch genug über dem Boden entwickeln. Fuchsbandwurmeier kommen nicht so hoch hinauf. Dennoch gilt, darauf zu achten, ob Exkremente vorhanden sind.

Auch solche von Mardern. Diese liegen aber meistens direkt am Boden, oft ziemlich frei auf den Forststraßen. Am besten lernt man sie kennen und von Ausscheidungen kleiner Hunde zu unterscheiden, wenn man zur Reifezeit der Wildkirschen und der kleineren schwarzen Traubenkirschen auf sie achtet. Denn dann sind sie oft voller Kirschkerne. Die größeren Kerne der Wildkirschen kann man eigentlich nicht übersehen, so sehr fallen sie im Marderkot auf. Hat man einmal einen Blick dafür entwickelt, erkennen wir auch die kleineren der Traubenkirschen oder, früh im Jahr, die Kerne von gereiften Efeufrüchten. Marder mögen süße Früchte sehr gern. Die Füchse auch, aber sie können nicht so gut klettern. Sie müssen mit den Kirschen vorlieb nehmen, die zu Boden fallen, wenn die Wildkirschbäume überreich tragen. Mit diesen Kenntnissen ausgestattet, lässt sich das Risiko, sich mit dem Kleinen Fuchsbandwurm zu infizieren, praktisch auf null senken. Vor giftigen Tieren brauchen wir im Wald ohnehin keine Angst zu haben. Das Restrisiko Mensch (Mann) muss Frau von Ort zu Ort abschätzen. Sicher liege ich nicht falsch, zu behaupten, dass ein Stadtparkspaziergang zu ungewöhnlichen Tageszeiten oder bei einem Wetter, an dem kaum jemand ins Freie geht, riskanter ist als ein Waldgang. Wir Frauen sollten darauf vorbereitet sein. Die Alarmtechnik bietet Schutz. Eine gute Wahl der Waldstrecke verringert das Risiko. So vorbereitet wird Shinrinyoku rasch zum Erlebnis; vielleicht zum echten Bedürfnis und zu einer Art Sucht.

ASPEKTE DER JAHRESZEITEN

Jede Jahreszeit hat wie jedes Wetter Vorzüge und Nachteile. Heiße Sommertage im schattigen Wald zu verbringen ist ein Genuss. An kalten Wintertagen bei Sonnenschein darin zu wandern ebenfalls. Das bunte Herbstlaub verleiht einen besonderen Reiz, der anders wirkt als das zarte Grün des Frühlings. Wer möchte darüber befinden, was schöner ist? Die besten Tageszeiten für Shinrinyoku sind der frühe Morgen und der späte Nachmittag. Bei meinen Schilderungen in Teil II klang an, dass nicht jeder Tag einfach schön ist, wenn es danach aussieht. Vieles kann den Genuss beeinträchtigen und den Waldgang zum Ärgernis werden lassen. Ein Übermaß an Stechmücken ebenso wie die intensive Forsternte. Die Häufigkeit von Stechmücken hängt vom Wetter ab. Aber nicht nur! Würden die schweren Forstfahrzeuge nicht so tiefe Rinnen in den weichen Waldboden drücken, die sich bei länger anhaltendem Regenwetter mit Wasser füllen, hätten die Mücken im Forst keine Brutstätten. So aber produziert in feuchten Jahren den Sommer über ein viele Kilometer langes Netzwerk von Fahrspuren mehr Stechmücken als die stets feuchten Auwälder.

Der Forst ist ein Wirtschaftsfaktor. Er wird intensiv genutzt. So intensiv, dass kompetente Fachwissenschaftler daran zweifeln, ob die intensive Holzernte tatsächlich noch dem Klimaschutz dient. In der staatlichen Forstwirtschaft zählen »schwarze Zahlen« aus der Bilanz zwischen Aufwand und Ertrag. Sind die Staatsforstverwaltungen den Menschen im Bundesland, den eigentlichen Besitzern des Staatswaldes, wirklich so aufwändig erwirtschaftete Erträge schuldig? Wie würden die Menschen antworten, würden sie darüber befragt? Besonders schlimm empfinde ich, dass im Juni die Ränder der Forststraßen radikal gemäht werden. Da haben die Blumen gerade zu blühen angefangen. Für Hummeln, Wildbienen und Schmetterlinge wird dadurch mit einem Schlag buchstäblich alles vernichtet. Warum? Blumen behindern doch die Riesenmaschinen der Holzernter nicht. Auch nicht die geländegängigen Autos der Jäger. Andere dürfen ohnehin nicht auf den Forststraßen fahren.

Sogar in den Ferienwochen laufen die Holzarbeiten weiter. Würde ich den Staatsforst nicht längst gut genug kennen, bekäme ich Schwierigkeiten, Strecken zu finden, auf denen ich eine Stunde oder zwei gehen kann, ohne Fahrzeugen ausweichen zu müssen. Mir tun die Frauen leid, die mit Kleinkind im Kinderwagen oder mit Kleinen, die gerade genug laufen können, zur Erholung in den Forst gehen. Im Stadtpark hätten sie es besser. Die vielen Radfahrer scheint der Zustand der Forststraßen seltsamerweise nicht sonderlich zu stören. Sie hätten einen geteerten, einige Meter von der Autostraße abgesetzten Radweg draußen zur Verfügung. Viele fahren offenbar lieber auf dem Split und den krumm gemachten Forststraßen. Krumm mit erhobener Mitte, dass das Regenwasser ablaufen und den Straßenkörper nicht zu sehr durchweichen kann. Die schweren Maschinen geben das vor. Waldpfade, auf denen man nur gehen, nicht aber fahren kann, gibt es sehr wenige. Für Menschen, die nicht gut zu Fuß sind, eignen sie sich meistens auch nicht. Wer mit dem Hund Gassi geht, schätzt solche Pfade jedoch sehr. Allerdings kann man da den Hund kein Stück vorauslaufen lassen, weil man ihn nicht mehr im Blick behalten könnte. Nicht der Rehe wegen. Die gibt es kaum im Forst, werden sie doch extrem dezimiert, sogar mit speziellen spätherbstlichen Treibjagden.

Wenn es so viel Negatives anzumerken gibt, mag es verwundern, dass ich dennoch sehr gern in den Forst gehe. Die Erklärung ist einfach. Mit der Zeit, über die Jahre, lernte ich den Widrigkeiten auszuweichen. Mein Blick hat sich dafür geschärft. Ich versuche, mir die jeweils günstigsten Strecken zu suchen. Das gelingt nicht immer, aber oft genug. Noch wichtiger für die persönliche Bilanz ist aber das Erlebte.

Der Kaisermantel, der eine Blüte umtänzelt, die den Messern der Mähmaschine entgangen ist, entschädigt bei stiller Betrachtung für Vieles. Für den Falter wirkte das Forstfahrzeug vielleicht wie ein schadlos vorübergegangenes Unwetter. Andere hat es erwischt. Tot liegen sie auf der Forststraße. Totgefahren. Die Straßen sind schnurgerade angelegt. Die Zeit der Pferdegespanne ist vorüber, die Baumstämme an Ketten aus dem Wald gezogen hatten. Sie prägten ihre Wege und diese wurden geschwungen. Nicht tauglich wären sie für Langholz-Lastwägen. In sogenannten Bauernwäldern lernte ich sie noch kennen, die alten Waldwege. Sie zu begehen, ist angenehm. Der Körper schlendert ganz von selbst mit in ihrem weit ausgezogenen Rhythmus aus flachen Kurven. Im Auwald gibt es sie noch. Manche Strecken dort mag ich deshalb besonders gern. Sie erinnern an große städtische Parkanlagen. Dort, wie im Schlosspark von Nymphenburg, winden sie sich ganz ähnlich durch den alten Baumbestand wie die mir vertrauten Auwege.

GEDANKEN UND WÜNSCHE

Was will ich damit ausdrücken? Einmal, dass wir uns den deutschen Wald gegenwärtig nicht einfach als Ort der Ruhe und Erholung vorstellen sollten. Forste werden bewirtschaftet. Sicher nicht überall gleich intensiv. Aber sie sind kein Park für die Erholung der Menschen. Ein angemessener Anteil der Staatsforste sollte uns, der Bevölkerung, für diesen reinen Erholungszweck zur Verfügung stehen. Kommunalwälder werden diesen Ansprüchen besser gerecht. Längst sollte Wald in die Stadtplanung mit einbezogen sein. Für Privatwälder gelten andere Regeln. Doch es hängt ganz maßgeblich von der Einstellung zum Waldgang ab, was wir davon bekommen. Wer die Waldesruh der Dichter und die Wunschvorstellungen der Romantik vom Deutschen Wald erwartet, wird sicher oft bitter enttäuscht. Große Stadtparks oder kommunale Stadtwälder erfüllen solche Vorstellungen meistens viel besser. Andere Länder auch. Im nahen Österreich wird in den grundsätzlich gleichartigen Wäldern ungleich weniger intensiv gewirtschaftet. Ungenutzt sind sie deswegen nicht. Die Intensität ist nicht so hoch. Und die Mentalität eine andere.

Vielleicht passe ich mit meiner japanischen Art gar nicht so gut in die deutschen Wälder. Das vermute ich, weil sich hierzulande kein Widerstand gegen die intensiven Formen der Forstbewirtschaftung regt. Ich kenne auch keine Initiative für Ruhezonen im Wald. Damit meine ich nicht jene notwendigen Tabuzonen in Nationalparks, die von der Erholungsnutzung freigehalten werden. Sondern Ruhezonen für Menschen, die sich dorthin begeben und nicht von Holzarbeiten oder anderem Krach gestört werden möchten. Ruhezonen, in denen die Sinne den Wald aufnehmen können. Ruhezonen mit Gesang der Vögel, Rauschen der Blätter – sowie Rauch- und Handyverbot.

Ein ungebührliches Ansinnen? Gewiss nicht. Fitnessstrecken sind als Trimm-dich-Pfade mit vielen Millionen aus der Staatskasse und aus kommunalen Mitteln schon vor Jahrzehnten angelegt worden. Ungleich mehr wird Jahr für Jahr für Sportstätten aufgewendet. Warum sollte da nicht auch die stille Walderholung in gebührender Weise möglich gemacht und gefördert werden? Der Staatswald steht hierfür zur Verfügung, möchte man meinen. Denn er ist für alle da, nicht für die Holzwirtschaft allein. Shinrinyoku braucht solche Ruheräume. Dem Wald täten sie ganz gewiss auch gut. Zu sehr wird überall in ihm herumgewirtschaftet. Wenn die Schilderungen im Kernteil meines Buches entsprechend aufgenommen werden, müsste man so eine Forderung geradezu zwangsläufig erheben. Sonst bleiben derartige Erlebnisse wenigen Privilegierten vorbehalten, die aus den Umständen heraus zur passenden Zeit den richtigen Ort im Wald (auf)suchen können. Shinrinyoku sollte aber allen offenstehen, die sich davon Entspannung und gesundheitsfördernde Wirkungen erhoffen. Und zwar nicht allein körperlicher Art für Lungen und Haut, sondern auch für den Kopf, für das Denken. Die belastenden Gedanken, den Stress des Alltags zurückzudrängen, gelingt uns nur mit weit geöffneten Sinnen. Beim Waldgang sollten wir uns nicht verschließen müssen, weil wir auch dort Lärm und

Gestank ausgesetzt sind. Die nach außen gerichtete Meditation setzt voraus, dass der Wald uneingeschränkt wirken kann. Dass der Zugwind des Forstautos uns nicht den Schmetterling fortweht und das zarte Lied des Rotkehlchens verstummen lässt. Oder der aufgewirbelte Staub Nase und Augen reizt. In den Shinrinyoku-Zonen, wie ich sie nennen möchte, sollten wir unbedingt davon verschont bleiben. Über Trimm-dich-Pfade fahren auch keine Autos.

Shinrinyoku-Zonen sind kein weltfremdes Wunschbild. Sie einzufordern gehört zu den Rechten der Bürger demokratischer Staaten. Dieses Bedürfnis in angemessener Weise zu erfüllen, ist Pflicht des Staates. Etwas, das der Gesundheit so sehr dient, der physischen wie der mentalen, verdient eine besonders hohe Priorität. Japan hat mit Shinrinyoku etwas sehr Gutes aus Deutschland übernommen, es stark verbessert und populär gemacht. Für ein wirkungsvolles »Waldbaden« wird dort wie hier der richtige Wald gebraucht. Einen solchen in leicht erreichbarer Nähe zu haben, wünsche ich allen Menschen.

NACHWORT UND DANK

»Waldbaden«, Shinrinyoku, findet gegenwärtig viel Interesse in Deutschland und in anderen Regionen. Zweifellos stimulieren Waldspaziergänge mit geeigneten Übungen unsere inneren Abwehrkräfte und fördern damit das Wohlbefinden. Worum es beim Shinrinyoku geht, erläuterte ich im einführenden Teil. Das Hauptstück des Buches bilden aber meine eigenen Waldspaziergänge. Vieles erlebte ich dabei. Große Eindrücke, wie entwurzelte und zersplitterte Bäume nach einem Sturm, wechseln mit den kleinen Erlebnissen im Lauf der Jahreszeiten. Diese reichen vom skurrilen Kampf gegen Stechmücken über daumennagelgroße, ultramarinblau glänzende Käfer und Motten, die Bäume silbern einspinnen, bis zu Begegnungen mit Füchslein und Faltern. Im Lauf der Jahre schärfte sich mein Blick für das Leben im Wald, in das man eintaucht, sofern sich die Sinne dafür öffnen. Gefühle kommen auf. Stimmungen entstehen. Kleine Erlebnisse geben neue Kraft.

Was wir beachten sollten bei solchen Waldspaziergängen, habe ich im abschließenden Teil erläutert. Unsere Wälder sind keine gefährliche Wildnis. Aber selbst der intensiv bewirtschaftete Forst ist kein Stadtpark. Wir müssen uns vertraut machen mit den Wäldern, in die wir gehen. Und achtsam werden. Spaziergänge zur Unterhaltung macht man besser im Stadtpark. Nur wenn wir uns mit allen Sinnen dem Wald öffnen, erfassen wir seine besondere Atmosphäre und sein vielfältiges Leben. Dies sollten meine Schilderungen vermitteln. Vielleicht kann Sie mein Büchlein bei Ihren Waldspaziergängen rund ums Jahr begleiten.

Zustande kam es dank eines Anstoßes, den Dr. Martin Brinkmann gab. Von seiner Idee war ich zunächst so überrascht, dass ich mir gar nicht vorstellen konnte, meine Waldspaziergänge könnten für andere Menschen von Interesse sein. Doch kaum befasste ich mich näher mit seinem Vorschlag, tauchte ich auch schon ein in das Schreiben über den Wald. Eine Flut von Erlebnissen erfüllte mich. Sie hatten sich, so gut wie unbewusst, über die Jahre angesammelt. Nun durften sie hervorquellen. Was sie in ersten Entwürfen erzeugten, fand die uneingeschränkte Zustimmung meines Lektors Christian Koth. Für seine Ermutigungen und Unterstützungen bin ich ihm ganz besonders dankbar. Sehr erfreulich gestaltete sich sodann die Zusammenarbeit mit Martina Arendt und Christine Reisach vom Lektorat; herzlichen Dank! Dass der renommierte Carl Hanser Verlag mein Buch in das erste Programm von hanserblau aufgenommen hat, war ganz großartig und viel mehr, als ich zu hoffen gewagt hätte. Damit nahm ich gern den Stress auf mich, der mit dem Schreiben verbunden war. Dass dieser nicht zu groß wurde, dafür sorgte mein Mann mit immer neuen, spannenden Waldspaziergängen, die den Ausgleich bewirkten. Ich danke ihm für seine Geduld, für seine vielfältige Hilfe und vor allem für die vielen Erläuterungen, die mir ein besseres Verständnis des im Wald Gesehenen und Erlebten eröffneten. Gern hätte ich schließlich meinem Hund das fertige Büchlein unter die Nase gehalten und ihm danach auf geeignete Weise für seine Begleitungen gedankt. Dass er das nicht mehr erleben konnte, stimmt mich traurig. Mehr als ein Jahrzehnt lang war er häufiger Begleiter, Beschützer und die Sicherheit, dass ich den richtigen Pfad fand.

LITERATURHINWEISE

Bücher über »Waldbaden« und Shinrinyoku gibt es inzwischen in großer Zahl und es erscheinen immer mehr. Bei den allermeisten handelt es sich um Ratgeber mit einem Themenspektrum, das von hauptsächlich medizinischen Aspekten über esoterische bis zu spirituellen Erfahrungen reicht. Diese Veröffentlichungen kommentiere ich hier nicht, weil mein Buch klar anders ausgerichtet ist. Es ersetzt daher nicht die Anleitungen zu Qigong-Übungen oder zur Meditation im Wald. Bei den nachfolgend angeführten Büchern hingegen gibt es thematische Berührungen und Überschneidungen mit meinem *Eintauchen in den Wald.* So etwa bei den Büchern von Peter Wohlleben und bei Torbjørn Ekelund, der seine Übernachtungen im norwegischen Wald im Jahreslauf schildert. Hansjörg Küster erläutert die Geschichte des Waldes in Mitteleuropa, Dietrich Böhlmann informiert umfassend über die Lebensweise der Bäume und »warum sie nicht in den Himmel wachsen«. Zwar ein nordamerikanisches Beispiel, aber höchst interessant mit Bezug auf unsere Verhältnisse ist das Buch von David Suzuki und Wayne Grady über Bäume und besonders auch David G. Haskells *Das verborgene Leben des Waldes* mit einem Jahr Naturbeobachtung, auch in Nordamerika. Darüber hinaus füge ich eine Liste original japanischer Publikationen zum Shinrinyoku an, die mir eine gute und Sicherheit verleihende Grundlage geboten hatten. Dass man stets aus mehr Quellen schöpft als bewusst wird, gilt selbstverständlich auch für meinen Text. Dennoch kann niemand die ganze Fülle überblicken. So bleibt uns nur die Dankbarkeit dafür, dass wir an Wissen teilhaben dürfen, das viele Menschen in langen Zeiten zusammengetragen haben. Und die Hoffnung, dieses Wissen auch sinnvoll genutzt zu haben.

Abeln, Simon: 111 Gründe den Wald zu lieben. Berlin 2018.

Böhlmann, Dietrich: Warum die Bäume nicht in den Himmel wachsen. Eine Einführung in das Leben unserer Gehölze. Wiebelsheim 2009.

Coulmas, Florian / Judith Stalpers: Japan – die 101 wichtigsten Fragen. München 2011.

Ekelund, Torbjørn: Im Wald – Kleine Fluchten fürs ganze Jahr. München 2018.

Haskell, David G.: Das verborgene Leben des Waldes. Ein Jahr Naturbeobachtung. München 2015.

Hiller, Karl / Günter Bickerich: Gift und Arzneipflanzen. Wien 2002.

Küster, Hansjörg: Geschichte des Waldes. München 2003.

Lohmeyer, Till R.: Faszination Pilze. München 2001.

Louv, Richard: Das letzte Kind im Wald. Freiburg 2013.

Miyazaki, Yoshifumi: Shinrinyoku. Heilsames Waldbaden. München 2018.

Suzuki, David / Wayne Grady: Der Baum. Eine Biografie. München 2012.

Wohlleben, Peter: Der Wald – Eine Entdeckungsreise. München 2016.

Wohlleben, Peter: Gebrauchsanweisung für den Wald. München 2017.

JAPANISCHE LITERATUR

Akiyama Tomohide 秋山智英『森林の特性と健康』Gute Eigenschaften des Waldes und Gesundheit (森林医学 Waldmedizin I, 342–1360) Tokyo 2006.

Inomata kiyoo 猪股清郎『空海「即身成仏」の世界』Kuukai, Annahme von Buddhas Natur durch körperliche Erfahrung. Tokyo 2010.

Kagamimori Sadanobu/Naoi Akira 鏡森定信・直井明『アロマセラピー』Aromatherapie (森林医学 Waldmedizin I, 117–145).

Kamiyama Keizo 神山恵三『森の謎』Das Rätsel des Waldes. Tokyo 1983.

Li Qing 李卿『免疫機能と森林セラピー』Abwehrkraft und Waldtherapie 2009 (Waldmedizin 森林医学 II, 98–116). Tokyo 2009.

Miyaji Masanori/Kaneyama Hitomi/Kagamimori Sadanobu 宮地正典・金山ひとみ・鏡森定信『ドイツの気候医学と日本の森林セラピーへの活用』Deutsche Medizinische Klimatologie und ihre Anwendung in der japanischen Waldtherapie (Waldmedizin 森林医学 II, 44–60). Tokyo 2009.

Miyazaki Yoshifumi 宮崎良文『森林浴はなぜ体に良いか』Warum tut Shinrinyoku dem Körper gut? Tokyo 2003.

Morimoto Kanehisa 森本兼曩『今なぜ森林医学か』Warum gerade jetzt die Waldmedizin? (森林医学 Waldmedizin I 2–13). Tokyo 2006

Murao Kouichi 村尾行一『森林業』Forstwirtschaft. Deutscher Wald und die japanische Forstwirtschaft. Tokyo 2017.

Shinkai Noritoshi 新貝憲利『森林療法と精神療法』Waldtherapie und Psychotherapie (森林医学 Waldmedizin I, 100–116). Tokyo 2006.

Tanaka Atsuo 田中敦夫『森を歩く、森林セラピーへのいざない』Im Wald spazierengehen, Einladung zur Waldtherapie. Tokyo 2009.

Terabayashi Shun 寺林 峻 (Hrsg.)『書写山』遊歩ガイド Shoshazan. Führer zum Spaziergang. Kobe 1998.

Uehara Iwao 上原 巌『森林療法の勧め』Empfehlungen zur Waldtherapie. Tokyo 2005.

Uehara Iwao 上原巌『森林セラピーの実際』Praxis der Waldtherapie (森林医学 Waldmedizin I, 157–180). Tokyo 2006.

DER AMMERSEE-CLAN

Inga Persson hat Germanistik, Kunstgeschichte und Philosophie studiert, 1994 promovierte sie. Anschließend schrieb sie jahrelang im Auftrag anderer: erst für Bundestagsabgeordnete, später für ihre Agenturkunden. Heute lebt sie mit ihrem Mann und ihrem Sohn am westlichen Ammersee und betreibt dort die traditionsreiche Pension »Schatzbergalm«.